上海教育丛书

促进幼小衔接的
小学课程行动

陈群波　谭轶斌 / 著

上海教育出版社
SHANGHAI EDUCATIONAL
PUBLISHING HOUSE

《上海教育丛书》历届编委会

总　序

建设一流城市，需要一流教育。办好教育，最根本的是要建设好教师队伍和学校管理干部队伍。

在长期的教育实践中，上海市涌现了一大批长期耕耘在教育第一线呕心沥血、努力探索，积累了丰富经验的优秀教师；涌现了一批领导学校卓有成效，有思想、有作为的优秀教育管理工作者。广大优秀教育工作者教育教学和管理工作的经验，凝聚着他们辛勤劳动的心血乃至毕生精力。为了帮助他们在立业、立德的基础上立言，确立他们的学术地位，使他们的经验能成为社会的共同财富，1994年上海市领导决定，委托教育部门负责整理这些经验。为此，上海市教育局、上海市中小学幼儿教师奖励基金会组织成立《上海教育丛书》编辑委员会，并由吕型伟同志任主编，自当年起出版《上海教育丛书》（以下称《丛书》）。1995年上海市教育委员会成立后，要求继续做好《丛书》的编辑出版工作。2008年初，经上海市教育委员会领导同意，调整和充实了《丛书》编委会，并确定夏秀蓉同志任执行主编，协助主编工作。2014年底，经上海市教育委员会领导同意，调整和充实了《丛书》编委会，确定尹后庆同志担任主编。《丛书》的内容涵盖了基础教育和中等职业教育的各个方面，包含有较高理论水平和学术价值的著作，涉及中小学教育、学前教育、师范教育、职业教育、校外教育和特殊教育，以及学校的领导管理与团队工作，还有弘扬祖国优秀文化、促进国际教育交流等方面的著作，体现了上海市中小学教育改革与发展的轨迹，体现了上海市中小学教育办学的水平与质量，体现了优秀教师和教育工作者的先进教育思想与丰富的实践经验。《丛书》出版后，受到广大教师、教育工作者及社会的欢迎。

为进一步搞好《丛书》的出版、宣传和推广工作，对今后继续出版的《丛书》，我们将结合上海教育进入优质均衡、转型发展新时期的特点,更加注重反映教育改革前沿的生动实践,更加注重典型性、实用性和可读性。希望《丛书》反映的教育思想、理念和观点能起到抛砖引玉的作用,引发大家的思考、议论和争鸣;更希望在超前理念、先进思想的统领下创造出的扎实行动和鲜活经验,能引领当前的教育教学改革工作,使《丛书》成为记录上海教育改革历程和成果的历史篇章,成为广大教师和教育工作者的良师益友。限于我们的认识和水平,《丛书》难免会有疏漏和不尽如人意之处,诚恳地希望广大读者提出宝贵意见,帮助我们共同把《丛书》编好。

《上海教育丛书》编委会

序一

黄浦江是滋养上海大地的母亲河,矗立在黄浦江上的十余座大桥是联通浦江两岸、繁荣上海发展的纽带。在上海基础教育界,以学习准备期、零起点教学、等第制评价、"小主综"课程等为标志的幼小衔接课程行动,正是在小学与幼儿园、学校与家庭、学生与未来之间架起的"童心桥"。

儿童是家庭和国家的未来,小学是儿童接受正规启蒙教育的始端。从幼儿园进入小学是儿童发展的转折期,儿童面临学习方式、行为规范、社会结构、期望水平和学习环境等方面的变化以及由此带来的生理、心理、社会和学习等适应的挑战。要让小学生从进入小学的那一刻起,产生对学校、老师和同学的亲近之情。

学生在学校的学习,不仅包括知识学习,还包括品行成长、德性升华、精神发展、身体锻炼、人际交往等。很多家长对孩子有很高的期望,因而加倍努力培养孩子,但"加倍努力"都着力在孩子的知识学习上。怎么看待一个人的完整性,怎么看待教育的功能,这对所有教育工作者、家长乃至整个社会来说都是十分重要的问题。它决定着我们会为学生的成长创造怎样的具体环境和过程,而这种具体环境和过程每天都在发挥作用,日积月累地对学生的成长产生关键的影响。

大家熟悉的"不要让学生输在起跑线上"的口号是有问题的。什么叫赢?什么叫输?非要考进名校才是赢?其实不是。每个人都应该按照自己的目标和路径去发展。什么叫起跑线?其实学生的认知发展、身心发展是有不同起跑线的,我们笼统地讲不要让学生输在起跑线上,有的时候就是在把脱离学生成长规律的要求强加给学生。为了不输在起跑线上,一些家长从孩子出生开始,便饥不择食地寻找"教育大计"。网站上有很多帖子,比如说,幼小衔接是教拼音、识字、剑桥英语和数学,这是在引导家长进入误区。不管是学龄前提早学习这些知识,还是到了一至二年级在课外加班加点,家长都是为了让自己的孩子比别人学得好一些,这就叫抢跑。不输在起跑线上的"提前",就是抢跑的提前,抢跑的红利在学生三至四年级基本会结束。提前起步有什么问题?在学习过程中,有些学生似乎听过了,似乎懂了,其实不是真正的懂,因为学生已经尝试过了,对知识不再有新鲜感,在课堂上反而会麻木,养成不倾听老师讲授的习惯。这对学生的后续学习是不利的。到了中高年级弊端就显露出来了,学生没有潜力,没有思维能力,这个问题很严重。

今天提前学习、过度学习,把学生童年的时间都用成人的方式、成人的目标、成人的期望做了完整、精细的安排,可能会使学生丧失童年。没有自由活动的空间,最后损伤的是什么?是创造力!而创造力的损伤,往往一时看不出来。因此,我们要给学生自由活动的空间。

我们的教育要根据学生心理的成熟水平和实际的接受能力来进行设计。我们不能"随大流",别人学什么我们就学什么。学生成长的重要指标并不只是分数,还包括品行、人格、情感、个性、人生态度等,这些都是学校教育的内容。今天的学校教育活动和课程一定要重视创新与实践,培养学生的正确价值观、必备品格和关键能力,关注信息化给学生学习带来的影响。

培根曾说,读书本身是学不到应用之道的。应用之道是书本之外和书本之上的一种智慧,是靠体验来获得的。因此,除了知识接受式的学习,记住知识的解释性意义之外,我们一定要让学生参加实践。让知识联系生活,让理论联系实际,学习要观照实践,应该将此作为学习原则和学习方式。教师应更多关注学生的精神成长,通过教育过程的充分展开,让学生的道德更加完善,精神更加健全,情感更加丰富,成为完全意义上的人。

记得在2013年,上海刚提出零起点教学时,不少教师对此存在很多困惑和疑虑:小学一年级的教学是不是要清空学生的大脑?很多学生进入小学前已经掌握了一定的知识,零起点真的能做到吗?如果教育不关注学生现实的起点,怎样体现因材施教?其实,所谓零起点教学,并不是把学生定义为一张白纸。学生进入小学一年级时大多为6周岁,他们有着非常丰富的生活体验,有着不同程度的经验获得,这些体验和经验有的体现为认知水平的提高,有的体现为情感能力的提升,这些都构成了日后学校学习的重要基础,尤其是母语的学习。如学生学说话,会说"我吃饭",而不是说"我饭吃",他们虽然没有接受过语法教育,但在生活环境里,他们会用通顺的语言表达方式说出自己的想法,这就是他们的起点,这是一种基于生活经验的起点。家长带着孩子到马路上,到公园里,会给他们指认一些具体的文字符号,并告诉他们具体意思,孩子也许不会写,但他们认识,这是经验性的习得,多看几次就会记住一些基本的文字符号,还会做一些迁移,他们以后看到这些字就能够复原出读音,说出意思,这就是基于生活实践的学习过程。

学校的课程应该在学生生活经验的起点上融合学科的基本要求,因此学习就不能光教识字,还要教学生写字,要有笔画、笔顺的要求,要有拼音的要求,相关的字词要有拓展、会运用。这些系统的课程,要求通过有序的学习设计来提高学生的各种技能,并且能够实现课程所要求的各种综合能力和素养的形成。从这两方面的区分就能看出,所谓零起点,并不是不让学生有自己的生活经验和生活积累,而是指学龄前儿童在入学前,没有必要提前进入以掌握教材知识点为目标的学校学习状态。所谓零起点教学,并不是指在白纸上起步,而是基于学生生活经验进行符合课程标准的教学设计和实施,强调基于儿童经验发展连续性特点进行课程教学衔接,以此促进儿童经验连续发展。

从前几年开始,上海又把综合活动课程化,在小学低年级探索实施衔接性的主题式综合活动课程(以下简称"小主综"课程),引领和支持学生玩中学、做中学、探中学。同时,以学习习惯、社会情绪、思维方式等适应小学生活的素养培育为导向,建立学科研究基地,深入开展各学科教与学方式变革的研究,总结提炼生活化、活动化和综合化的教学方法与策略。

学习准备期、零起点教学、"小主综"课程等成果经验,与 2019 年《中共中央 国务院关于深化教育教学改革全面提高义务教育质量的意见》中强调的"严格按课程标准零起点教学,小学一年级设置过渡性活动课程,注重做好幼小衔接"主张高度契合,与 2021 年《教育部关于大力推进幼儿园与小学科学衔接的指导意见》中强调的"入学适应期"和"采取游戏化、生活化、综合化等方式实施,强化儿童的探究性、体验式学习"要求高度吻合。

上海幼小衔接课程行动为教育"双减"政策的推进做出了积极贡献,同时也为小学生的健康快乐成长提供了更多保障。这座由上海小学教育人共同构建起的幼小衔接"童心桥",已成为引航上海小学教育迈向未来的创新之桥。

上海市教育学会会长

尹后庆

2024 年 10 月

序二

义务教育课程改革中存在着一些顽疾性问题,"久治不愈",进而成为社会性问题,其中,"中小学生的课业负担过重""幼儿园小学化"较为突出。两者其实具有密切的关系,中小学生的学业竞争通过学校、家庭与社会的各种渠道冲击着幼儿园的教育改革,并把学习压力下移到幼儿阶段。减轻中小学生的课业负担、幼儿园"去小学化"成为社会共识。

国内解决幼小衔接问题存在三个薄弱点:一是缺乏小学向幼儿园的主动衔接以及幼小之间的双向衔接;二是缺乏心理和社会性上的衔接支持;三是缺乏回到儿童学习的衔接意识。即使有研究者意识到这些问题并有所探索,也多呈碎片化、局部性、阶段性特点。

世界各国为解决幼小衔接问题进行了大量的探索。各国推进幼小衔接的路径主要有两大类:一是从学段入手,对如何实现幼小衔接、小幼衔接或双向衔接提出要求;二是从课程与教学入手,强调设计专门的衔接方案或课程来实施幼小衔接。在两条路径中,后一条路径得到了越来越多国家的认同。

为贯彻落实党的十八大、十九大和全国教育大会的精神,进一步深化课程改革,2019 年,中华人民共和国教育部启动修订义务教育课程,并把纵向学段间有机衔接不够、横向学科间有效配合不足作为要解决的重要问题。

上海市教师教育学院(上海市教育委员会教学研究室)(以下简称上海市教委教研室)顺应国际上从课程与教学视角促进幼小衔接的新趋势,带领全市各小学开展了持续性探索。2007 年首创学习准备期并全面推进,2011

年推出快乐活动日,2013 年率先全面推行零起点教学和等第制评价,2017 年率先探索过渡性综合活动课程,并在国家课程教学中探索教与学方式的变革。上海始终用符合儿童学习和发展规律的课程与教学,助力学生实现从幼儿园到小学的"软着陆"。"促进幼小衔接的小学课程行动"这一成果荣获 2022 年上海市基础教育教学成果奖特等奖、2023 年国家级基础教育教学成果奖一等奖。该成果呈现出以下特征。

一是从课程视角明确提出促进幼小衔接的理念与思路。

上海市教委教研室针对幼小衔接中幼儿园"一头热"以及注重形式衔接的情况,尊重儿童发展的连续性特征,坚守小学生健康快乐成长的价值核心,从 2007 年起,就以小学为主体,以课程为载体,打通幼小学段壁垒,推进小学向幼儿园的主动衔接和实质衔接,从"培养适应教育的学生"转向"提供适合学生的课程"。这一方面明确了幼小衔接的课程视角,另一方面也从政策层面强化了学段衔接的综合要求,呈现了"课程与学段衔接双管齐下、突出课程行动"的实践思路。

二是系统建构了幼小衔接的小学课程行动框架。

上海市教委教研室全面而系统地建构了幼小衔接的小学课程行动框架,提出了推进幼小衔接的三大课程主张,即以在渐进适应中促进学生健康快乐成长为目的、以适合学生的课程为关键、以多维衔接为抓手;确立了协同实施、互哺共进的两条课程衔接路径,即国家课程的教学落实、专门衔接课程的开发与实施。这一行动框架衔接方向明确,衔接路径清晰,课程教学衔接结构性强,不仅在实践中具有很强的引领和指导作用,也深化了我国幼小衔接的研究,提升了我国幼小衔接的研究水平。

三是积极创新我国幼小衔接的实践举措。

上海从系统性、全局性、连续性等方面深入探索幼小衔接,在传承已有经验的同时，积极创新实践。不同阶段推出的学习准备期、零起点教学、"小主综"课程等举措，使上海的幼小衔接实践不断向纵深发展。上海以生活化、活动化、综合化为抓手，探索课程教学的合宜性和连续性，注重核心素养、课程内容、学习方式的多维衔接，强调课程与学生经验、社会生活的联系，支持低年级学生在做做、玩玩、探探中学习，培育学生适应小学生活与学习的核心素养。此外，跨学段、跨学科联合教研，指导性、支架性文本支持，把点上突破与面上推进相结合，令上海小学课程生态不断改良。

华东师范大学课程与教学研究所教授

2024 年 10 月

目　录

▶ 第一章

立足课程视角的幼小衔接

『本章导语』

幼小衔接不是一个新名词,但以往多侧重于幼小结对、参观互访等行为上的衔接,指向学生学习的课程教学衔接不多,心理与社会衔接不足,小学主动衔接幼儿园较少。为此,上海市教委教研室从 2007 年起坚持以小学为主体,以课程为载体,引领全市教师深入实施学习准备期、零起点教学、等第制评价、"小主综"课程,并努力变革国家课程教与学的方式,共同促进低年级小学生在身心、生活、社会、学习等方面的适应。

第一节 学习准备期:课程与儿童发展的互相调适

一、儿童发展应远离暴力式开发

心理学研究成果表明,分离是人类的基本焦虑。当大班的学生从熟悉的幼儿园来到陌生的小学求学,他们将面对一个新的场所,面临一次角色转换,会出现焦虑、不安、恐惧,乃至创伤感,但这是人成长必须付出的重要代价。此时,作为成人的我们,是否能意识到学生会经历这样的"创伤"?

试看,今天的家长们花大把的钱,义无反顾地把孩子送进一个个培训班,强行挤占孩子的玩耍时间;逼着孩子在入小学前认识一千个字,背诵五十首古诗,学会一百以内的加减法……这种暴力式开发和掠夺不仅无益于学生的成长,还会加深学生的"创伤"。我们该怎么做,才能帮助学生尽快弥合这种"创伤"?

曾有记者采访一位诺贝尔奖获得者,问在他的一生中,最重要的东西是在哪所大学、哪所实验室里学到的。诺贝尔奖获得者说是在幼儿园。记者问他为什么以及他在幼儿园里学到了什么。诺贝尔奖获得者说:"在幼儿园里,我学会了很多很多。比如,把自己的东西分一半给小伙伴们;不是自己的东西不要拿;东西要放整齐;饭前要洗手;午饭后要休息;做了错事要表示歉意;学习要多思考,要仔细观察大自然。"这就是早期教育的价值,它会成为人的一生全面和谐发展的基石。

在学生从幼儿园进入小学这一阶段,我们最需要关注的是非智力因素。如果提早学习知识,往往会带来"习得性愚蠢",让学生逐渐产生对学习的无能感,最终丧失自信心。即使学生在一开始会领先一点,这种先发优势也会像昙花一样,没过多久就荡然无存了,但学生产生的无能感、丧失的自信心,花再多的时间可能都无法弥补。成人若强行塞给学生不需要的东西,只会给学生带来挫败感和创伤感。遵循学生的身心发展规律,是培养学生的必然要求。

格塞尔曾做过孪生子的爬梯试验。一对同卵双生子甲和乙,甲从出生后第四十八周起接受爬梯及肌肉训练,每日练习十分钟,连续六周;乙从出生后第五十三周开始,仅训练了两周,就赶上了甲的水平。由此得出结论:在儿童生理成熟之前的早期训练,对最终结果并无多大作用,只有在生理上有了完成这种动作的准备,训练才会产生事半功倍的效果。

二、课程与儿童发展互相调适

上海从 1998 年拉开"二期课改"帷幕,2001 年陆续完成课程方案、各学科课程标准、各学科教材等的编制工作,从 2002 年起进入试验推广阶段,从 2004 年起在小学起始年级全面推广。

新课程、新教材的实施带来了新气象,也不可避免地带来了学习负担加重等新问题。上海市教育委员会(以下简称上海市教委)在广泛听取学校、家长和社会人士意见的基础上,决定在小学一年级开学后的第二至四周设置学习准备期。2007 年 9 月,上海市教委出台《关于小学低年段(一至二年级)课程调整方案》,在全市小学一年级起始阶段设置二至四周的学习准备期,在全市 50 所课改基地学校进行试点。学习准备期设置"综合活动",用"综合活动"取代拓展型课程、探究型课程;同时要求语文、数学、英语等学科放慢教学进度,减少教学内容,注重学生学习兴趣的激发和学习习惯的培养,让学生在活动和游戏中顺利实现从幼儿园到小学的"软着陆"。

上海市教委教研室旋即推出《上海市小学学习准备期教学指导意见(征求意见稿)》[①],引导教师树立衔接意识,注重兴趣激发、活动体验、习惯培养和社会适应,把教学时间主要花在对小学新生学习兴趣的激发和学习习惯的培养上,减轻新生由角色转变带来的不适以及引发的各种心理负担。

根据试点经验,从 2008 年 9 月起,此项工作在全市小学全面推进,逐步实现小学新生从幼儿园到小学的"软着陆"。

人生是一场单程旅行,童年无法复制,也不可替代与逆转,儿童的学习经历因其珍贵而让人产生敬畏。尊重儿童的身心发展规律是教育工作者始终

---

① 由上海市中小学(幼儿园)课程改革委员会办公室于 2007 年内部印刷。

追求的目标。课程政策实施过程既是政治的也是技术的,这个过程非常复杂,而且高度互动。学习准备期是立足儿童发展,使课程与儿童发展互相调适的产物。

三、综合活动与幼儿园课程紧密衔接

上海市教委教研室研制的《上海市小学学习准备期综合活动实施指导意见(征求意见稿)》①强调,学习准备期综合活动旨在帮助儿童实现从幼儿园到小学两个不同教育阶段的平稳过渡,并让儿童在心理、思想、行为上为小学学习生活做基础准备。学习准备期综合活动的设计应遵循儿童身心发展规律,呵护儿童对小学生活的美好憧憬,促进儿童身心健康发展。此外,学习准备期综合活动要体现有别于学科的综合性和通识性。综合活动教学时间为四周,总课时量为十六至二十课时,安排在小学一年级新生入学的第一个月。

活动目标共三条:一是能初步适应并喜欢学校生活,愿意和老师、同学交往;二是能对学习、活动产生一定的兴趣,并不断产生好奇心;三是了解学校生活的基本行为规范,并积极付诸行动。

综合活动围绕学习兴趣培养、学习习惯和行为习惯养成、师生情感交流三个要素,按模块或主题进行设计与实施,可参考表1-1。

表1-1 学习准备期综合活动主题与内容例举

模块	主题	内容例举
进入新角色	我是一名小学生	入学仪式
熟悉新环境	1. 我们的学校 2. 我们的班级 3. 我们的老师 4. 我的同伴 ……	1. 熟悉学校环境、设施等 2. 布置温馨教室 3. 认识任课老师、工作人员 4. 认识同伴 ……

---

① 由上海市中小学(幼儿园)课程改革委员会办公室于 2007 年内部印刷。

（续表）

模块	主题	内容例举
了解新规范	1. 学校的一天 2. 校园礼仪 3. 卫生和安全 4. 自我管理 5. 体验服务 ……	1. 作息制度,学习、活动、休息时间安排 2. 进校、在校、离校礼仪 3. 自我保护,相互保护 4. 用餐,如厕,看课表,课前准备,合理利用时间 5. 体验班级劳动、校园劳动,帮助他人 ……
养成好习惯	1. 学习用具的使用与整理 2. 倾听与发言 3. 完成任务的意识 ……	1. 如何使用学习用品和整理书包 2. 如何倾听与发言 3. 按照老师的要求完成任务 ……

学校要依据指导意见和实际情况,对学习准备期综合活动进行整体规划,制订小学一年级学习准备期综合活动课程计划,并组织和指导教师进行校本化实施。其学习内容与材料选择,应考虑该年龄段学生的生活经验和认知基础。活动内容要丰富多样,注意避免与学科学习准备期教学内容(尤其是品德与社会学科教学内容)的简单重复。品德与社会学科教师要向全年级教师介绍本学科学习准备期的教学内容与要求,帮助教师正确理解、协调综合活动和品德与社会学科之间的关系。教学形式应灵活多样,建议采用做游戏、示范、情境模拟、训练、竞赛、唱儿歌、讲故事等形式,便于学生模仿、感受和尝试,增强活动的趣味性。原则上利用拓展型课程、探究型课程的课时。可适当集中,也可分散使用课时。学校要合理安排学习准备期综合活动的任课教师,任教一年级的各学科教师都要参与综合活动的实施,共同承担教学任务,使综合活动与各学科的教育活动形成教育合力。

综合活动要注重评价。就评价内容而言,要关注上学态度、学习兴趣、与人交往、生活条理、行为习惯五大维度。就评价方式而言,强调要通过肯定、鼓励、赞扬来激励学生,使学生获得自信和成功的体验;要随时观察和及时记录学生的情感、态度、行为表现;鼓励学生和家长参与评价,加强家校互动,引导家庭教育。

与此同时,学校还要加强组织管理,对课程开发和实施中形成的经验进行总结,并做好学习准备期综合活动资料的积累、整理工作。学习准备期结束后,学校要汇总有关信息,对学生的达标情况进行统计,填写学习准备期综合活动学生达标情况统计表(见表1-2)。

表 1-2　学习准备期综合活动学生达标情况统计表

评价项目	学生达标情况(百分比)(在相应的选项下打"✓")				
	0～59%	60%～69%	70%～79%	80%～89%	90%～100%
进校、在校和离校时能主动向老师和同学问好或告别					
能独立找到教室、专用教室、老师办公室和卫生间					
能按时上学不迟到					
能辨别上课铃声					
上课能认真听讲					
能独立整理书包					
能在每节课前按课表准备好学习用具					
能文明用餐,爱惜粮食					
上下楼梯能靠右走,不争抢,不打闹					
升旗时能肃立,对国旗行注目礼					
能叫出班级半数以上同学的名字					

评价项目	学生达标情况（百分比）（在相应的选项下打"√"）				
	0～59%	60%～69%	70%～79%	80%～89%	90%～100%
能正确称呼自己班级的任课老师					
能按要求完成老师布置的任务					
能爱护教室里的各种物品，不乱丢垃圾					
喜欢上学和参加活动					
……					

（注：学校一年级学生总人数为_____人。）

综合活动的设置，是对学科课程的有力补充。它与不分科的幼儿园课程衔接非常紧密。2008年，上海市教委教研室研制了《上海市幼儿园幼小衔接活动的指导意见》，强调幼儿园幼小衔接活动与小学学习准备期综合活动要做到有机结合。无论是幼小衔接，还是小幼衔接，都要立足学生的身心发展特点——身体动作发展、认知发展、情绪发展、社会性发展、语言发展等，针对小学和幼儿园在课程安排、教学形态、表现评价等方面的差异，注重培养学生的学习兴趣、学习习惯、生活习惯和情绪情感。

2011年，上海市教委出台《上海市小学实施"快乐活动日"指导意见（试行）》（沪教委基〔2011〕53号），引导学校从一年级开始，每周集中半天时间，开展班团队活动、体育活动、社区服务、社会实践等综合活动，支持学生在轻松愉悦的活动中学会做人、学会做事、学会锻炼、学会合作，在体验中激发兴趣、开发智力、强身健体。

可以说，快乐活动日是对学习准备期中综合活动的延续和发展。快乐活动日倡导课程整合，打破传统学科界限，使课程与儿童生活相联结，把儿童经验置于课程核心,把儿童社会性、自主性和合作性的发展作为根本目标,并突破教室或学校单一环境的限制,让儿童在与伙伴、环境的交互过程中获得真实体验,将儿童从学科知识重压中解放出来,使其健康快乐成长。

四、学科教学注重兴趣和习惯培养

学习准备期课程包括综合活动和学科课程,综合活动注重主题性、体验性和趣味性,学科教学强调放慢教学进度、控制节奏、精简内容、改进评价,引导教师关注学生学习兴趣的激发和学习习惯的培养,增进师生情感交流,加强小学与幼儿园的衔接。品德与社会、语文、数学、英语、音乐、体育、美术等学科都有相应的学习准备期学科教学指导意见。

以数学学科为例,通过设置三周的学习准备期和设计"说一说""分一分""数一数""写一写""比一比"等教学活动,激发学生学习数学的兴趣,明确数学课堂常规,培养学生的数学学习习惯,让学生初步接触分类、对应等数学思想方法,为后续学习做好准备,具体内容见表1-3。

表1-3 数学学科学习准备期教学活动示例

单元	内容		课时	说明
我们的教室——学习准备	分一分	分物品	2	课本第2至5页
		分图片		
	数一数	指着数,听着数,摸着数	1	课本第6至9页
		10以内的数	3	课本第10至17页
	比一比	比多少,比高矮	1	课本第20至21页
	几个与第几个		1	课本第18至19页
	数射线		1	课本第22页

表1-3中对数学学科第一册课本第一单元《10以内的数》的内容进行了梳理和调整,设计了"分一分""数一数""比一比""几个与第几个""数射线"等内容。

各学科学习准备期教学指导意见都提供了教学设计案例。教学活动设计充分关注儿童现实生活,建立起知识和生活经验之间的关联,注重激发学生的学习兴趣。仍以数学学科为例,在讲授"分一分"时,先呈现小胖没有整理的书桌,请学生把具有相同特征的物品放在一起,引导学生初步建立分类的数学思想方法,再让学生按颜色、形状、大小等标准对物品进行分类,其中就包含"听""说""做"的常规,帮助学生养成认真观察和倾听、先举手再响亮发言、按一定标准有序操作等习惯。在教学过程中,建议教师采用不同方式对学生的学习表现进行即时评价,激励学生积极参与学习。

五、区校创造性实施学习准备期

上海市教委相关政策文本推出后,全市各区、校纷纷响应,形成了许多具有创造性的做法。

如上海市杨浦区教育学院制定了区域实施方案,强调学科教师在进行学习设计时要关注学生学习习惯养成、学习兴趣保持和学习情感培育。对各个学科都要培养的学习习惯,在不同的学科方案中应体现不同的培养和训练要求。综合活动方案主要针对学校生活和学习环境设计活动专题,确立达成目标。区域内还有 26 所幼儿园和小学组成 13 对合作伙伴,通过常态化的互研互访,使小学教师进一步了解一年级学生在环境适应、行为适应、学习适应上的各种需求。

杨浦区还推出了全区共享的课程。以"做游戏,学科学"课程为例,教师认识到一年级学生处于从前运算阶段到具体运算阶段的过渡期,需要借助具体的活动器材来认识事物,积累经验。因此,当学生全身心地投入活动时,教师总会及时拿出实物。

发现是人的基本冲动。有研究结果表明,假如一个科学家带着他的书和仪器被流放到一个荒岛上,他将不会再自找麻烦去研究太阳系、万有引力定律或微积分,甚至再也不会打开书本,但他再也不会静止下来,直到把荒岛最偏僻的角落都探索完毕。大人是这样,儿童更是这样。发现感和探究欲是人的天性。这样的课程体现了对儿童天性的遵从,符合儿童的认知,符合这一年龄段儿童处于"理性的睡眠时期"的特点。

再如,上海师范专科学校附属小学在学习准备期常态实施的基础上,重新梳理学习准备期教学内容,构建了基于新入学儿童学习需求的"壹"课程。"壹"

包含小学第一步、一个月的时间、统整为一个完整的学习准备期课程三层含义。整个"壹"课程以"一项主题任务＋一次综合活动"的形式展开,以"上学快乐多""介绍我自己""交个好朋友""熟悉新环境""学习妙趣多"五个主题(分五周)为经线贯穿整个课程,并将萌发和提升学生的自我认识、自我管理等意识与能力的教学理念渗透其中。[①]　具体内容见表1-4。

表1-4　"壹"课程实践学习内容一览表

主题	星期日	星期一	星期二	星期三	星期四	星期五	星期六
第一周 上学快乐多	—	—	—	—	9/1 综合活动1:幸福起航(90分钟)	9/2 音乐任务卡:唱唱演演上学去(35分钟)	9/3 —
第二周 介绍我自己	9/4 —	9/5 美术任务卡:我的"大名片"(60分钟)	9/6 语言任务卡:猜猜我是谁(35分钟)	9/7 英语任务卡:happy me(35分钟)	9/8 整合学科任务卡:他是谁(90分钟)	9/9 综合活动2:菁菁校园(70分钟)	9/10 —
第三周 交个好朋友	9/11 —	9/12 综合活动3:中秋月儿圆又圆(105分钟) 英语任务卡:hello, friends(35分钟)	9/13 整合学科任务卡:我的朋友圈(70分钟)	9/14 体育任务卡:找朋友(35分钟)	9/15 中秋节 —	9/16 —	9/17 —

---

① 张奕春.重构学习准备期课程,促进幼小无痕衔接——上海师范专科学校附属小学的"壹"课程建设[J].上海课程教学研究,2016(9).

（续表）

主题	星期日	星期一	星期二	星期三	星期四	星期五	星期六
第四周 熟悉新环境	9/18 （补周五） 语文任务卡：一起吟古诗（35分钟）	9/19 整合学科任务卡：校园探秘行（45分钟）	9/20 品德与社会任务卡：认识课程表（35分钟）	9/21 自然任务卡：探访"科学乐园"（35分钟）	9/22 美术任务卡：我的"线条之旅"（70分钟）	9/23 综合活动4：欢乐对对碰（70分钟）	9/24 —
第五周 学习妙趣多	9/25 —	9/26 快乐活动日报名：百里挑一（35分钟） 英语任务卡：dear teachers（35分钟）	9/27 数学任务卡：火眼金睛"闯三关"（20分钟）	9/28 美术任务卡：画一画我的名字（70分钟）	9/29 语文任务卡：谁的字最漂亮（35分钟）	9/30 综合活动5："壹"起嗨（60分钟）	—

　　学校把相关内容分为"学生每日任务卡"和"学生每周综合活动"两大主导板块,凸显情境性,淡化学科性,引导学生在游戏中体验、学习,逐步适应、过渡至小学 35 分钟课堂模式及相应的教学方式。学生每日抽取一张任务卡(与学习准备期学科教学内容结合),根据任务提示,在教师指导下独立或合作完成学习任务。其中既有单学科任务,也有几个学科整合后设计的任务。根据不同的任务设计,课时为半节至三节不等(每节按 35 分钟计)。表 1-5 展示了单学科任务卡的设计框架。

表 1-5　单学科任务卡的设计框架

学科	音乐	任务名称	唱唱演演上学去	活动时长	35 分钟
任务目标	1. 引导学生以欢快的情绪、自然的声音演唱歌曲《上学歌》 2. 指导学生进行歌曲律动、小乐器伴奏创编,参与情境表演 3. 引导学生在歌唱和表演中表达自己对小学生活的喜爱之情				
学生挑战任务卡	小朋友,上学是一件快乐的事情,请你用快乐的心情唱唱、演演、奏奏《上学歌》,完成后可以前进一格				

（续表）

教师操作指南	1. 此任务设计基于《唱游》(一年级第一学期试用本,上海音乐出版社)第一单元《上学》的内容,指导学生学会唱《上学歌》 2. 引导学生在学会唱《上学歌》的基础上进行即兴的律动创编,培养学生勇于创作和表现的品质 3. 引导学生用小乐器为歌曲即兴伴奏,用唱唱、演演、奏奏的方法,感受和表现上学的愉快心情
学生学习成果	设计"音乐树"评价卡,"音乐树"从下到上分别结有 do、re、mi、fa、sol、la、si 七个果子,代表从低到高七个评价标准,教师根据学生的表演情况在不同的果子上敲音符章

　　学校还对学习准备期中几个学科教学内容相近的部分进行整合、重组,设计了整合学科任务卡。表 1-6 展示了整合学科任务卡的设计框架。

表 1-6　整合学科任务卡的设计框架

学科整合	品德与社会＋英语	任务名称	我的朋友圈	活动时长	70 分钟
任务目标	1. 帮助学生尽快熟悉新同学和教师,消除由于人际环境陌生带来的紧张与不适 2. 增强学生与他人交往的愿望与能力				
学生挑战任务卡	请找到你的朋友,和他一起唱一唱、演一演 Morning 歌,完成"我的朋友圈"作品制作,完成后可以前进一格				
教师操作指南	1. 此任务卡设计参考:(1)《品德与社会》(一年级第一学期试用本,上海科技教育出版社)中的《认识你我他》;(2)《英语》(牛津上海版一年级第一学期试用本,上海教育出版社)光盘资料"My friend"活动资料包的相关内容 2. 指导学生完成"我的朋友圈"作品制作,可参考《品德与社会》教材中"我的好朋友"活动作业 3. 引导学生说一说自己结交了哪些好朋友,请其中的七位伙伴在"花盆"中写上他们的名字,在 Morning 歌曲伴奏中,为写上伙伴名字的"朋友花"涂上伙伴喜欢的颜色 4. 教师教唱 Morning 歌,引导学生以小组为单位,配上适当的表情与动作,和伙伴合作表演 5. 建议教师在教学活动中随机拍摄: (1) 照片:学生展示的"我的朋友圈"作品 (2) 视频:学生的演唱过程				

（续表）

活动流程板块	1. 导入活动（品德与社会教师） （1）学生介绍已结识的朋友 师：开学了，小朋友一定结识了新朋友。让我们来介绍一下自己的朋友。 （2）学生介绍结识新朋友的方法 师：小朋友是怎么结识这些新朋友的？让我们来说一说。 师：和朋友一起学习、做游戏真开心。让我们来试着结识更多的朋友。 2. 制作"我的朋友圈"作品（品德与社会教师） （1）结识新朋友 师：让我们在 Morning 的歌曲声中，试着结识更多的朋友。音乐停，小朋友也请停下，数一数自己交了多少个朋友。 （2）完成《品德与社会》教材中"我的好朋友"活动作业 师：请小朋友说一说自己结识了哪些好朋友，请其中的七位伙伴在"花盆"中写上他们的名字，在 Morning 歌曲伴奏中，为写上伙伴名字的"朋友花"涂上伙伴喜欢的颜色。 （3）展示完成的作品 师：小朋友结识了那么多朋友，真快乐！快把你的作品向朋友们展示一下。 3. 学唱 Morning 歌（英语教师） （1）教师讲解歌词，学生跟读，教师正音 师：同学们喜欢我们刚才听的这首歌吗？让老师来告诉你们这首歌的歌词大意。（讲解过程略）请小朋友跟着老师读一读，注意发音哦！ （2）学生学唱歌曲 师：多优美的旋律，让我们跟着录音来唱一唱。 （3）学生和新朋友表演歌曲 师：让我们和新朋友一起握握手，抱一抱，唱一唱，演一演。 （4）课后唱一唱和演一演 师：小朋友有了自己的"朋友圈"，会唱好听的 Morning 歌。课后，大家可以向老师、同学、家长介绍一下自己"朋友圈"的作品和新结识的朋友，并为他们表演新学的歌曲。
学生学习成果	1. 学生完成的"朋友花"作品 2. 学生介绍"我的朋友圈"的照片 3. 学生表演 Morning 歌的视频

（注：为体现学科融合，在第一至二部分品德与社会课学生活动时，可以把第三部分英语课将要学唱的歌曲作为背景音乐，相关活动也可作为第三部分英语课堂教学的课前导入。）

为了更好地过渡至后期的快乐活动日，同时不断拓宽学习时空，激发学生的学习动力，在情境、活动中激活学生的认知和情感，让学习变得更有趣，学校还设计了每周一次的综合活动,整合各类课程资源。活动时长建议为二至三节(每节按 35 分钟计)。表 1-7 呈现了综合活动的设计框架。

表 1-7 综合活动的设计框架

活动名称	欢乐对对碰	活动时长	90 分钟
活动目标	1. 引导一年级学生学习与高年级同伴交往,初步培养他们与人沟通的意识和能力 2. 引导一年级学生深入体验学校快乐活动日课程,让他们在高年级同伴的帮助下选择自己喜爱的课程			
活动准备	1. 资料方面 (1)"朋友贴"六大组,每组六个(共三十六对) (2)我的课程选择单(四至五年级学生口授,一年级学生完成) (3)我的活动自评表(四至五年级学生口授,一年级学生完成) 2. 教师方面 (1)一年级班主任在课前把"我的活动自评表"发给学生 (2)四至五年级班主任在课前把"朋友贴"发给结对学生 (3)面向一年级学生开放的快乐活动日课程应考虑到一年级学生的年龄特点,适当安排若干互动环节			
活动流程	1. 结识新朋友(认一认)30 分钟 (1)四至五年级学生把"朋友贴"贴在胸口,在教师带领下来到一年级教室,每六人一组进入教室 (2)一年级学生手持右上角含有"朋友贴"图案的活动自评表,寻找与自己的活动自评表图案相同的哥哥姐姐做朋友 (3)一年级学生找到结对的哥哥姐姐后,和他们握握手,相互拥抱,庆祝认识新朋友 (4)四至五年级学生先示范介绍自己,一年级学生再仿照介绍自己,介绍内容包括班级、姓名、爱好等 (5)一年级学生跟随哥哥姐姐体验他们的快乐活动日课程 2. 快乐初体验(玩一玩)35 分钟 一年级学生在四至五年级学生的带领下进入各走班教室体验快乐活动日课程,要求是认真听、仔细看、能参与,每个一年级学生至少回答一个问题或参与一次活动 3. 认识我自己(选一选和评一评)25 分钟 课程体验结束后,一年级学生在四至五年级学生的帮助下完成"我的课程选择单"和"我的活动自评表",根据自己的兴趣爱好选择十月将开设的快乐活动日走班课程,并正确认识自己参与活动的情况,进行自我评价			

（续表）

活动评价	一年级学生从兴趣维度对自己在本次活动中的参与情况进行评价，进而认识自我和正确评价自我

（注：活动流程部分仅供参考，教师可根据学情和个人教学特长、风格进行适当的调整。）

"壹"课程结合课程标准要求，设计了契合一年级学生的课程内容，通过创设情境、开发实践环节等方式，激活学生的认知和情感。学校积极探索课程结构变化，加强学习准备期学科教学统整，加强各学科与综合活动之间的有机联系，同时，关注学生学习的全过程，采用多元评价方式将评价融于日常教育教学中，帮助一年级学生养成良好的学习习惯、行为习惯、礼仪习惯等。

从2011学年起，上海市教委推出快乐活动日，要求全市各小学根据学校和学生实际情况以及相关教育要求，系统设计活动内容和形式，具体包括班团队活动、体育活动、社区服务和社会实践活动、专题教育活动等限定拓展活动以及自主拓展探究活动、兴趣活动、社会调查活动、参观考察活动等实践活动，做好时间安排工作。学校可全校集中统一安排活动，也可分年段、年级、主题进行安排。快乐活动日的课时安排计入拓展型课程和探究型课程的课时，每次按四课时计，每学年安排三十次，每学年课时总量为一百二十课时。

阿利埃斯在《儿童的世纪》中指出，童年是社会建构的产物。但很多时候，童年被围于学校的高墙之内，并被结构化。快乐活动日以综合性的学生活动为主要形式完成相关教学任务，突破教室或学校单一环境的限制，打破传统的学科界限，将儿童经验置于课程核心，把儿童社会性、自主性、合作性的发展作为目标。教师立足儿童需求和实际活动环境设计学习活动，让儿童在与环境的交互过程中获得真实体验。在这一过程中，知识与技能的掌握并不是关键。

根据上海市教委的这一政策导向，全市各区、各校积极响应。如上海市实验小学意识到这种特殊学习经历的价值，整体架构了符合学校课程文化和所在区域文化的"快乐333"课程，设有快乐大转盘、创智游戏坊、成长体验营三大板块和"我型我秀"俱乐部、"小眼睛大世界"天下行、多才多艺成长季、七彩游戏嘉年华、益智益趣DIY、阳光体育大挑战、快乐时光文化节、行业探秘万花筒、启蒙养正修身苑等十大类课程。上海市静安区市西小学认识到爱玩游戏是儿童的天性，游戏中蕴藏着儿童发展的需要和教育的契机，推出了"快乐市西"手绘游戏地图活动,让百条种游戏遍布校园的每个角落,还把教学楼走道变身为"老上海弄堂",让儿童在各种活动中感受并发现世界。长宁区虹桥机场小学描绘了学校"蓝天"课程半日活动飞行航线,包括聚焦航空航天资源的蓝色航线、聚焦博物馆资源的红色航线、聚焦科学生活的绿色航线、聚焦未来职业理想体验的黄色航线。教师按照课程规划,带领学生到上海航天博物馆、上海昆虫馆等场馆去体验课程,并实施"蓝天课程护照"评价。

"当教育与生活世界剥离之后,儿童的人格将不可避免地被分裂成两个世界——在一个世界,儿童像一个脱离现实的傀儡一样,从事学习;而在另一个世界,他通过某种违背教育的活动来获得自我满足。"①注重儿童与环境交互的综合活动,回归儿童真实生活世界,把儿童从沉重的学科知识重压下解放出来,使儿童获得全面发展。

2004 年颁布的《上海市普通中小学课程方案(试行稿)》在小学阶段课程目标中明确指出:"小学课程要着重形成学生良好的道德行为习惯和学习习惯,培养学生学习的兴趣,呵护学生的好奇心和求知欲。"兴趣、好奇心、求知欲贯穿课程方案和各学科的课程标准,成为小学课程改革的价值目标。而上海首创的学习准备期课程与教学,因其人本性、活动性、综合性受到了学生及其家长的普遍欢迎,转变了教师的教学观念和行为,更从课程教学视角为小学向幼儿园的衔接搭建了稳固的阶梯。

第二节 零起点教学:让儿童葆有学习内驱力

一、教育是社会生态的子系统

自学习准备期、快乐活动日推行以来,小学生的负担得到了一定程度上的缓

---

① 联合国教科文组织国际教育发展委员会.学会生存[M].北京:教育科学出版社,1996.

解。但相关调研结果显示,小学新生中提前学习的比例依然较高,很多学生在入小学前上过各种兴趣班,如奥数班、写作班、英语班、乐器班、书法班、美术班。有的学生能把《人民日报》整版读下来,当然也有少部分学生几乎不识字,不同学生的学习起点差距很大。很多"抢跑"的学生在课堂上注意力分散,有些在培训机构"跑歪"的学生进小学后难以纠正,部分家长的焦虑感依然无法消除。

教育是社会生态的子系统,教育的事从来就不仅仅是教育一家的事。社会价值取向的异化影响了现行的教育。社会价值取向一定程度上决定了人才观和考评体系。由于我国人口众多,在人才选拔、成果评定上,易操作且较为公平的办法无疑是统一考试,是"数位化"的考量。再加上"独生子女现象",谁都不愿输在起跑线上,只要能抢先,奥数、英语、认字,一股脑儿照单全收。

卢梭提醒我们:"大自然希望儿童在成人以前就要像儿童的样子。如果我们打乱了这个次序,就会造成一些早熟的果实,它们长得既不丰满也不甜美,而且很快就会腐烂:我们将造成一些年纪轻轻的博士和老态龙钟的儿童。"

上海市于2013年2月率先提出在小学阶段实施零起点教学和等第制评价的要求。零起点教学概念的提出,主要针对的是当时众多学前儿童"抢跑",即过早过多地进入学科知识学习的现象。实施零起点教学意味着教师必须严格按照课程标准,不拔高教学要求,不争抢教学进度,不加大教学难度,不忽视学生差异,不扼杀学生兴趣。这意味着学生进入小学学习,不需要以任何的学科知识积累为条件和基础,也意味着教师在教学中不以部分学生可能已掌握的知识多少为教学起点,而应该结合全体学生已有基础与生活经验,根据他们实际存在的个体差异,以课程标准的要求为依据开展教学。

等第制评价是指用等级指标评价学生的学业成绩和综合表现。除等第评价外,所有学科还要提供具体且有针对性的评语。用等第制评价代替百分制,目的是淡化具体的分数差异。简单地用分数排队,既不能反映学生真实的认知水平差异,也不能反映学生真实的学习习惯和态度差异,而其造成的后果却是众多教师、家长和学生只关注分数,忽视能力、兴趣、习惯、态度等要素。

为了科学地推进零起点教学和等第制评价,上海市教委教研室将之明确为"基于课程标准的教学与评价"。2013年8月,上海市教委颁布《关于小学阶段实施基于课程标准的教学与评价工作的意见》(沪教委基〔2013〕59号),要求全市各小学严格按照课程标准的要求开展教学和评价活动,以促进学生的全面发展与个性发展,保障全体学生接受公平且高质量的教育,切实减轻学生过重的学业负担和心理负担,进一步深化小学课程教学改革。

二、正确认识基于课程标准的教学

美国等发达国家普遍推行标准驱动的课程教学改革,其成果固然值得借鉴,但与我国毕竟国情不同,改革背景各异。美国是要挽狂澜于危急之中,"不让一个学生掉队",因此不断提高教学和评价要求;而我们的主要目的是解决学生负担重的问题,因此要合理控制知识与技能层面的要求,强调兴趣、习惯、态度和价值观。

当前为数不少的教学,并未完全以课程标准的目标和要求为依据。有些教学主要基于教材,这样的教学容易把学生当作容器,很难走出知识本位的泥淖,教师注重的是"怎么教"而非"教什么"和"为什么教"。有些教学基于教师的经验,中老年教师基于自身的直接经验,青年教师基于间接经验,这样的教学随意性很大,教学要求往往被拔高,教学进度常常被加快。有些教学甚至主要基于考试,考什么就教什么,考试成了教学的风向标,学生学习的内部动机被掩埋,创新意识被扼杀,学习差异被模糊,学业负担被加重,而教师自身的课程权利也被消解。

基于课程标准的教学方式主要反映了教学、评价和课程标准之间的关系。小学实施基于课程标准的教学与评价,意味着不再把课程标准仅仅视作一个供阅读的文本,而是要让课程标准对教学与评价真正发挥作用,并促使教师的实践体现出目标、教学、评价的一致性,从而提高教学质量。

在教育学的"鱼牛"童话中,青蛙代表的是教师,小鱼代表的是学生,小鱼把从青蛙那里得到的新信息和自己头脑中原有的信息相结合,构建出了新的"鱼牛"形象。这与建构主义的学习观不谋而合。知识并非通过教师的讲授来传递,而是通过知识的处理和转换而形成。学生并非生活在真空中,即便是刚入学的小学生,在日常生活中也已经形成了很多"前经验"。因此,在学习中,他们会从已有的个人经验出发形成新的认识。

基于课程标准的教学,目的是引导教师在分解课程标准内容标准、确立阶段(或单元、模块)教学目标和课时教学目标的基础上,结合小学生已有的生活经验和知识经验设计学习活动,还原知识的实际价值和问题情境,让小学生在真实的学习情境中去经历和探究,去亲自尝一尝梨子的味道,在体验、认识、发现的过程中掌握知识与技能。

怀特海之所以提出小学是"浪漫阶段",是因为在一个陌生环境中,人的心智的第一个过程是在一堆概念和经验中开展一种有点儿散漫的活动。这是一个发现的过程,一个习惯于奇特想法的过程,一个提出问题、寻求答案的过程……8 至 13 岁的儿童常专注于这种令人激动的过程。在这里,好奇心占据了主导地位——那些摧毁这种好奇心的蠢人应该受到诅咒。①

在教育界内,一道"雪融化了是什么"的题目,只因学生"异想天开"地答为"春天",而引发了一场关于标准答案的教育大讨论。教育不是为了培养"书呆子"或者"解题机器",教育的意义和目的从根本上说就是学以致用,知识如果不能转化为能力和素养,教育也就丧失了其本质功能。因此,在教学过程中,教师要不断保护和激发学生的学习兴趣,倾听学生的想法,尊重学生的理解,洞察学生想法的由来,并及时调整教学,相机进行指导。

学习虽是学生内在发生的,但活动是让学习发生的重要前提。基于课程标准的教学不能以传统的讲授或传递理念来实施,不能按部就班地"教教材",也不能给学生固定答案,而是要创设情境,设计难度适宜的学习活动,并在活动中给学生提供线索和支持,让学生觉得自己是聪明的和有能力的,从而让每个学生成为自己学习旅途中的英雄。

基于课程标准的教学还要关注不同学生的差异。每个人都是不可复制的孤本,不同学生在学习行为、人际关系、学习策略、学习风格、认知风格、价值观与内驱力等方面存在很大的差异,教师应充分考虑这些因素,并把它们作为教学设计和实施的出发点。关注了学生差异的教学,会对学生的学习兴趣和学习态度产生更加持久的影响。在差异化的课堂中,教师会主动制订计划并采取有益的方法,以满足和回应学生在准备水平、学习兴趣和学习需要方面的差异。有的小学生擅长用图像来学习,有的小学生喜欢用听觉促进学习,有的小学生乐于通过直觉思维发现创造,有的小学生借助聚合思维解决问题。教师要认识

---

① 怀特海.教育的目的[M].庄莲平,王立中,译.上海:文汇出版社,2012.

并发挥小学生的长处，甚至可以把他们的个体差异作为教学的组成部分，以丰富多样的方式开展教学，以多维的眼光评价学生。

教师不仅要关注过程和结果的差异性，还要关注课程内容的差异性。香港小学课程改革中，针对华语和非华语学生，推出了同一本故事书四个层次的版本，不同能力的学生所阅读的故事内容相同，但深浅程度不同。华语学生阅读原著故事，非华语学生阅读附有大量插图的简化版故事。

总之，基于课程标准的教学要从原先的控制不断走向交互。对于交互的课堂，教师首先要认真倾听学生的发言，而非忽略或假装倾听，其次要持续提供让学生得到成功的大量机会。倾听、联系、返回是教师从教的专家转型为学的专家的重要标志。① 交互的课堂要求教师正确对待学生的差异，因为差异不仅不是教学的障碍，反而是教学的资源。教师应对课堂上的旁生枝节加以欣赏和包容，并巧妙利用"错误"资源，及时调整教学进程。教师不必过于重视知识性目标的达成，也不必过于重视学科教学的逻辑理路。

三、为基于课程标准的教学提供实施支架

自 2004 年颁布各学科课程标准以来，基于课程标准的教学与评价在叙说层面已基本达成共识，但在实践层面依然存在着知行分离的现象，教师有心却无力。如何分解课程目标，精准把握课程内容与水平要求；如何强化评价的诊断、激励与促进功能，避免"分分计较"；如何提升教师基于课程标准的教学与评价设计和实施品质……围绕着这些问题，上海市教委教研室组织区、校力量积极构建支持系统，为教师解决课程实施问题并提升课程实施品质提供行动支架，实现"目标—教学—评价"的一致性，引导教师科学开展基于课程标准的教学与评价，提升课程实施品质。

目标导向是基于课程标准的教学与评价的关键特征。教师在实践中普遍感到需要把高度概括的课程目标转化为日常教学所需的单元目标与课时目标。为此，小学段学科教研员积极梳理各学科内容结构，聚焦学科学习价值，使课程目标内涵指向更为清晰。一是对各学科 2004 年版课程标准中的"课程内容与

---

① 佐藤学.学校的挑战:创建学习共同体[M].钟启泉,译.上海:华东师范大学出版社,2010.

要求"部分进行了结构化梳理,突出了课程模块的相对独立性及主题单元的内在关联性,使得课程内容结构更加清晰,学习内容重点更为凸显。二是进一步明确了学科课程的学习价值,强调了在知识与技能学习过程中的思想方法培育和元认知策略形成,突出了在学习过程中激发兴趣、培养习惯和形成价值观念的重要性。三是围绕课程内容结构及其重点,聚焦课程学习价值,对课程标准中各年段的"课程目标"进行了修订完善,使课程目标的价值内涵指向更加清晰,三个维度的目标表述更加明确。

在此基础上,各学科教研员明确了课程内容的学习水平,使课程目标的达成结果更加精准。各学科教研员牵头编制小学学科教学基本要求,在课程内容结构化的基础上,根据学生发展规律划分各课程模块学习内容的水平;依据学科特征界定各学科水平的内涵,并用列举关键行为动词的方式区分水平的描述;按不同学习内容,限定不同水平应该达到的学习要求,从而使目标达成结果更加精准。小学各学科教学基本要求通过界定学习水平和限定学习要求,既发挥细化课程要求、控制学习水平的作用,有助于破解"随意拔高教学要求"的难题,又为进一步分解课程目标打下了坚实的基础。

此外,各学科教研员积极探索课程目标分解技术,使目标逐级具体化的技术路径得以明确。从课程目标到教学目标的逐级分解,是基于课程标准教学的关键技术和必经之路。针对这一难题,各学科教研员聚焦目标叙写的规范要素,探索目标逐级分解的拆解、分层、分配策略,形成了课程目标逐级分解与具体化的技术路径(见图1-1)。

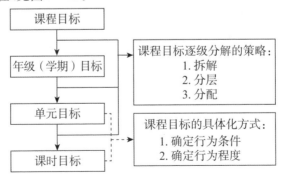

图1-1 课程目标逐级分解与具体化的技术路径

　　拆解策略是指把课程内容中的大概念拆解为具体核心概念,形成行为表现中的学习内容要素。分层策略有两层含义:一是指在知识技能维度,运用代表不同学习水平的动词,与拆解后的学习内容共同组成目标的行为表现;二是指聚焦学科的情感、态度、关键能力,描述其在不同年级的具体表现。分配策略也有两层含义:一是指把拆解后的学习内容联系教材分配于不同年级(学期);二是指把分层后的情感、态度、关键能力分配于不同年级(学期)的目标。

　　在从单元目标到课时目标的具体化过程中,主要采用两种方式:一是确定行为条件,即通过融入相应的学习经历、情境或不同的学习资源、手段、方法,以区分不同层级目标达成的限定条件;二是确定行为程度,即根据学情差异,通过拟定程度副词、限定学习时间、选择达标机会(独立/协同/被指导)以及预设学习质量或描述能力表现的方式,使目标的达成结果更为明确。

　　以下结合音乐学科目标分解中的两个案例加以说明(见表1-8和表1-9)。

表1-8　学科知识与技能内容的拆解、分配、分层示例

课程内容 (大概念)	拆解后的 核心概念	内容的分配 (联系教材)	不同学习水平要求的分层描述
节拍 (知识)	2/4拍 3/4拍 4/4拍	一至二年级	水平A:感受2/4拍、3/4拍、4/4拍的强弱规律
		三至五年级	水平A:知道2/4拍、3/4拍、4/4拍的含义 水平B:感知和听辨2/4拍、3/4拍、4/4拍的强弱规律
	3/8、6/8拍	三至五年级	水平A:知道3/8拍、6/8拍的含义 水平B:感知和听辨3/8拍、6/8拍的强弱规律
演唱 (技能)	齐唱	一至二年级	水平A:初步学会齐唱
		三至五年级	水平B:学会齐唱
	轮唱	三年级	水平A:初步学会轮唱
		四至五年级	水平B:学会轮唱
	合唱	四年级	水平A:初步学会合唱
		五年级	水平B:学会合唱

上述示例体现了音乐学科在知识与技能维度目标上的分解技术：(1)把课程标准中的上位大概念拆解成若干核心概念；(2)联系教材，把拆解后的课程内容分配在不同的年级中；(3)把界定不同层级学习水平所使用的行为动词与拆解和分配后的课程内容相结合，形成分层后的内容标准。需要指出的是，对于学科技能的内容标准，应进一步结合学科的能力要素进行描述，使单元层面的目标更为明确、清晰。

表1-9呈现了针对课程标准所涉及的能力维度的目标分层与分配：(1)聚焦音乐学科所需要培育的关键能力，即音乐的反应能力和音乐的表现能力；(2)描述不同关键能力在不同年级中的分层表现；(3)结合学生实际，把分层描述的关键能力分配于不同年级的目标。

表1-9　学科关键能力的分层与分配例举

能力指向	分层描述	年级分配
音乐的反应能力	能安静聆听并伴随音乐的速度进行表演	一年级
	能按音乐的速度和节拍韵律进行表演(三年级以上持续培养)	二至五年级
音乐的表现能力	能模仿体验唱奏创演的方法，初步知道在音乐表演中控制音量	一年级
	能按简单图谱进行表演，初步学会控制音量进行唱奏	二年级
	能按指挥动作进行表演，学会控制音量进行唱奏	三年级
	能按乐谱提示进行表演，初步学会用合适的音量唱奏	四年级
	能运用音乐符号进行表演，学会用合适的音量唱奏	五年级

表1-10呈现了结合上述课程目标分解技术所拟定的单元教学目标。案例中体现了两种目标分解策略：一是学期教学目标中被分配的学科关键能力，通过融入单元技能维度目标叙写的行为条件或表现程度要素，使单元教学目标指向的学习结果更为清晰；二是学期被分配的知识目标，联系具体教材的内容，被二次分配在不同单元的目标叙写结果。

表1-10 音乐学科单元教学目标例举

学期教学目标例举	单元教学目标例举
2.能安静聆听并伴随音乐的速度进行表演 （指向：音乐的反应能力）	第二单元：5.根据"可爱的动物""叶儿飘飘"的音乐情境与形象即兴创编动作，能伴随音乐的速度进行表演 第三单元：6.根据乐曲中"风和雨""小芽生长"的不同音乐形象即兴创编动作，能伴随音乐的速度进行表演 第四单元：6.通过模仿学会新疆舞的基本舞步和动作，能伴随音乐的速度表演舞蹈
3.能模仿体验唱奏创演的方法，初步知道在音乐表演中控制音量 （指向：音乐的表现能力）	第一单元：3.模仿老师用轻柔的声音演唱《我们爱国旗》 第二单元：3.模仿老师控制音量演唱《一对好朋友》和《小叶子》两首歌曲 第三单元：3.模仿老师控制音量演唱《小雨沙沙》和《小树快长高》两首歌曲 第四单元：5.模仿老师控制音量演唱《摇啊摇》和《音乐是好朋友》两首歌曲
5.感受二拍子的节拍韵律 （指向：音乐的感受与欣赏）	分配于第二单元： 2.在二拍子音乐中感受其一强一弱的节拍规律
11.能感受音的强弱和长短 （指向：音乐的创造）	（强弱）分配于第一单元： 5.探索自然界与生活中的声音，知道音有强有弱 （长短）分配于第三单元： 5.探索自然界与生活中的声音，知道音有长有短

　　需要指出的是，不同的校情和学情、不同教师对教材的解读和重构都会造成目标的差异性。因此，虽然本节呈现了课程目标逐级分解与具体化的技术路径，但教学目标体系仅到单元层面，目的是既揭示思路又为教师制定符合不同校情、学情的课时目标留有空间。

　　零起点教学梯次从试点区校到全市小学，从语文、数学、英语课程向所有课程扩展，最终常态化实施。以青浦区实验小学语文学科组针对一年级第二学期

《寄冰》一课开展的教学实践为例分析。一是解读课程标准,明确低年段语文教学中关于识字、写字的六条目标。二是明确年段目标,明确读准字音、认清字形和理解字义等方面的要求。三是整体把握单元和一年级学生的认知特点,认清该单元教材编写与之前学习内容的衔接,明白小学生在学习这一单元时已初步具有学习字形的知识和能力,不仅能自己分析字形,识记汉字,还能根据汉字的构字规律,化难为易。但对于笔画较多或结构较复杂的字,小学生准确识记仍有困难。四是精准把握学习的重难点。在抽取 18 个学力水平不等的学生进行前测、访谈并分析后发现,教师的预估略偏高,这可能会导致课堂教学节奏偏快,要求偏高。如"寄"字,在教师看来是常见字,很多学生并不认识该字,但他们知道寄信、寄包裹。可见,学生虽然有生活经验,但尚未在头脑中建立起字音和字形匹配的概念,因此,教学重点就落在音和形上。五是设计适切的学习活动并实施教学。教学中注重观察学生在学习活动中参与和完成某项任务的具体表现,并及时作出评价。

零起点教学更要凸显学生的主体性。知识不是靠教师教会的,而是学生在轻松的玩乐中主动建构的。零起点教学更要体现学生发展的全面性。教师不仅要关注学生掌握了哪些知识,更要关注学生生理性、心理性、社会性等方面的发展。零起点教学更要注重学生的个别性与差异性。正如毕淑敏所说,每个人都是不可重复的孤本,教师要寻找到每个学生成长的密码。

第三节　等第制评价:以评价促进儿童更好发展

一、评价与教学是硬币的一体两面

基于课程标准的教学与评价注重基于课堂教学过程的评价,既要让评价融入教学,又要让评价促进教学,还要让教学因评价而更加丰富。评价与教学之间不仅要有一致性,还要追求一体性。评价与教学是硬币的一体两面。

评价与目标、教学之间不一致、不协调乃至相矛盾的情况普遍存在：或评价目标与教学目标相脱节，或评价内容偏重于认知，或评价方式偏重于纸笔测试，或评价时机偏重于总结评价，或评价结果主要用于甄别与选拔，或评价结果过于依赖量化测量，或评价较少顾及个别差异，或评价的信度和效度不高……

上海市教委教研室推出的等第制评价是指用等第来评价学生的学业成绩和综合表现，并提供具体且有针对性的评语。用等第制评价代替百分制，目的是淡化具体的分数差异。

等第制评价并不仅仅指向呈现形式，其实质是倡导"评价促进教学"的理念。等第制评价就评价性质而言，不是常模评价，而是标准评价；就评价目的而言，不仅要评定学习成果，更要助力学生发展；就评价功能而言，是为学与教提供反馈，促进学生学习；就评价维度而言，不仅关注知识技能层面，还关注情意层面；就评价方式而言，不是采用纸笔测验一种方式，而是采用多种方式，注重日常学习过程中的真实性评价。

除等第外，教师还要撰写相应的评语。撰写评语时，教师要提供积极的且与学习目标相关联的反馈；明确哪些做得好，哪些有待改进，提醒如何改进；负面的文字描述要谨慎使用；不使用统一的模板。

等第制评价改变了以往单纯评价知识与技能的倾向，关注非智力因素的改善和情意的培养，把小学生从分数的桎梏中解放出来，有利于小学生全面而有个性地发展。

二、导向注重"软评价"的分项等第评价框架

上海市教委教研室各学科研制出台上海市小学各学科基于课程标准的评价指南（以下简称评价指南），注重对学生学习兴趣和学习习惯的评价。小学基于课程标准的评价如果只关注学业成果的"硬评价"，而忽略了学习兴趣和学习习惯的"软评价"，就无异于捡了芝麻，丢了西瓜。如果把小学低年段评价看作一个金字塔，那么，塔底是学习兴趣，中间是学习习惯，塔尖才是学业成果。只有让儿童在经历、感悟和思考中保持兴趣，养成习惯，他们才能更好地获得知识，形成智慧，最终转化为创造力。基于以上思考，我们研究构建了导向"软评

价"的评价机制。

一是确定了全面落实三维目标的评价框架。评价作为课程极其重要的组成要素,应兼顾课程三维目标的全面达成,进行整体性设计。框架中的评价维度是聚焦课程标准三维目标中的关键要素提炼而成的;评价内容则注重对目标维度中相应学习内容、方法、态度的评价;评价观察点直指课程目标对学生学习表现的结果期待,且用"示例"的方式提出(见表1-11)。由此,学校教师进行评价设计的导向更加明确,评价实施的过程更加规范。同时,评价指南的"示例"方式,又为校本化实践研究提供了自主空间。

表1-11 小学低年段自然学科评价框架

课程标准三维目标	评价维度	评价内容	评价观察点示例	评价方式建议
情感、态度与价值观	学习兴趣	探究兴趣	• 在教师引导下,观察周围的自然事物和现象的意愿 ……	日常观察 自我评价 交流访谈
		……	……	
过程与方法	学习习惯	提问习惯	• 在探究活动中提出问题的意愿	学习记录单 日常观察 ……
		观察习惯	• 观察物体运动时的专注度	
		……	……	
知识与技能	学业成果	学科概念	• 说出物体有不同运动形式的情况 ……	日常观察 竞赛游戏 ……
		科学实践	• 制作简易指南针的情况 ……	

二是研制了分项等第评价标准。实施的分项评价目的是引导教师在关注学科知识与技能学习成效的基础上,重视对学生学习兴趣的激发与学习习惯的培养。它着眼于课程标准三维目标的全面落实,重在促进学生学习兴

趣、学习习惯和学业成果的均衡发展。等第标准的设计则强调以等第观念来实施等第评价,通过研制等第标准(见表 1－12),对学生不同学业表现水平进行质性判断与描述。

表 1－12　小学低年段自然学科分项等第评价指标设计

评价维度	评价内容	评价观察点	等第标准			
			☆	☆☆	☆☆☆	☆☆☆☆
学习习惯	观察习惯	用不同方法观察蜗牛的情况	我只是用眼睛观察	我能用看、听、触摸等多种方式观察	我还能变换角度观察	我能借助放大镜或测量等方法对蜗牛的细节进行观察
	提问习惯	口头表达对蜗牛习性的疑问	我只对蜗牛的外形有疑问	我对蜗牛的外形、运动、食性有疑问	我还对蜗牛的生活环境有疑问	饲养蜗牛后,我对蜗牛的习性产生了更多疑惑

评价指南着重探索了评价结果的统计与分析,用"等第"与"体现等第内涵的评语"相结合的方式全面地反馈学业成果(见表 1－13),旨在引导教师、学生及家长改变"分分计较"的观念。

表 1－13　小学中高年段语文学科期末分项等第评价结果及评语反馈案例

(某同学在三年级第二学期的学业评价表)

阶段课堂表现	倾听	发言	合作	作业
等第	优秀	优秀	合格	优秀
阶段学业成果	基础	阅读	作文	写字
等第	优秀	优秀	良好	优秀

（续表）

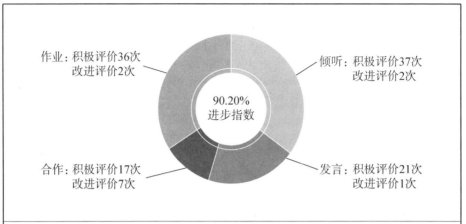

给学生的话：

　　你是班级同学的榜样，上课听讲很专心，发言积极，声音响亮，有自己的见解，真不简单！你能按时、认真地完成作业，经常得到老师和同学的夸奖。希望在小组和同桌活动时，你能积极参与，乐于与同学交流阅读所得，能和同学在互帮互助中共同提高。

　　你的基础知识掌握得很扎实，书写漂亮工整。阅读时，你善于动脑，能主动提问，但理解词句的能力还需要加强。你写作的总体情况尚好，能做到把一件事情基本写清楚，但有些语句尚不够通顺，在这上面还要多下功夫哦！相信你会越来越棒的！

　　分项、等第与质性描述的评语相结合，较大程度上还原了学生的学习状况，对评价结果的统计与分析也促使教师不断反思、完善和调控教学。

　　三是探索融入学生学习过程的评价方法。要从根本上破解"分分计较"的难题，就必须把评价融入教与学的全过程，充分发挥评价对学习的诊断、激励与改进功能，彰显其"形成性"的功能意涵。教师通过融入学习过程的评价，对学生的学习情况和学习状态进行诊断、分析，及时为学生指明学习方向，指导学生改进学习方式并激发学生的学习兴趣，激励学生增强学习信心，进而实现"评价促进学习"。

　　根据评价指南，全市各小学开展了校本化实施。表 1 - 14 是长宁区江苏路第五小学设计的一年级第二学期数学学科"数与运算"模块的评价单。

表 1–14 "数与运算"模块的评价单

学习兴趣			学习习惯							学业成果		
自我体验	主动参与	区角活动	听说习惯		合作习惯	练习习惯				计算掌握	概念理解	简单应用
			倾听	表达		静心专注	书写规范	主动订正				
老师的话:												
学生的话:												
家长的话:												

从表 1–14 中可以看到,教师在对儿童学习习惯的培养中,不仅注重握笔姿势、倾听等显性习惯,还注重专注力、意志力等隐性习惯。此外,三个维度的评价均采用分项方式。分项评价恰如"体检表",能让教师和家长更清晰、全面地了解孩子的学习情况。

三、研制单元教学规格,增强"目标—教学—评价"的一致性

为进一步推进基于课程标准的教学与评价,上海市教委教研室开展了各学科《单元教学指南》的研制工作,形成了基于课程标准实现"目标—教学—评价"一致性的系列规格与整体实现路径。

为实现"目标—教学—评价"的一致性,提升教师的教学设计与实施品质,在研制各学科《单元教学指南》的过程中,我们开发了包括"属性表"和"问题链"在内的、具有可操作性的实现小学基于课程标准的教学与评价的系列规格(见表 1–15)。

表 1-15　实现小学基于课程标准的教学与评价的系列规格

属性表要素例举		问题链例举
1. 目标 设计	□ 目标类型及维度指向 □ 目标表述要素 □ 目标分解的要素差异性	问题 1.1　确定并叙写单元目标 1.1.1 教学内容重点是否清晰,教学基本要求及其水平是否明确? 1.1.2 教学目标涉及哪些维度? 1.1.3 如何通过情景和条件对目标进行具体化描述? 1.1.4 叙写目标时,对学习结果的预设是否清晰、可测和可评?
2. 教学 设计	□ 教学目标 □ 教学重难点 □ 活动水平 □ 教学资源 □ 教学评价	问题 2.1　整体设计教学结构 2.1.1 教学重难点主要通过哪几个学习环节来落实和突破? 2.1.2 每个主要环节的学法设计及指导、反馈是否指向活动目标,并有利于落实重点和突破难点? 问题 2.2　融入教学过程的评价设计 2.2.1 教学评价主要分布在哪几个学习环节? 2.2.2 教学评价指向哪些目标维度? 2.2.3 教学评价是否有助于目标达成?
3. 评价 设计	□ 评价目标 □ 评价维度 □ 评价内容 □ 评价观测点 □ 等第标准 □ 评价工具 □ 评价结果的表述	问题 3.1　评价目标的设计 3.1.1 评价目标的制定是否兼顾了三维目标的测评需要? 问题 3.2　评价观测点与标准设计 3.2.1 评价观测点的设计是否符合目标达成的需要? 3.2.2 评价标准的拟定是否符合不同等第的水平表现? 问题 3.3　评价结果的表述 3.3.1 评语的设计是否体现了等第的内涵? 3.3.2 评语的表述是否有助于学生改进学习?

　　属性表重在引导教师关注基于课程标准开展目标、活动、评价设计的关键要素,体现了对具有较高品质的教学设计与实施的一种结果期待。"问题链"重在引导教师通过问题思考,对整体教学设计与实施进行核查和反思,从而保障

教学设计的结果具有一定的品质。

总之,基于课程标准的教学与评价让小学教育回归本原。教育是一段长见识、增智慧、暖心灵、塑人格的旅程,不是往行李箱内不断填塞物品。我们不能好心办坏事,不能杀鸡取卵,以近害远。

第四节 "小主综"课程:丰富儿童学习经历

一、"小主综"课程应运而生

在全面常态化实施学习准备期、快乐活动日、零起点教学、等第制评价的过程中,依然存在着综合活动目标性、系统性不足和国家课程教学体验性、活动性不足等问题。为此,上海市教委教研室以素养培育为导向,立足衔接性的综合活动课程与国家课程教学,进一步强化课程的生活化、活动化与综合化。

上海市教委教研室开发了专为幼小衔接设计的小学低年级主题式综合活动课程,这一课程在上海教育界被亲切地称为"小主综"课程。该课程不是遵循学科知识的逻辑、面向知识世界的课程,而是遵循儿童学习的心理逻辑、面向儿童真实生活世界的课程。

在幼儿园一日生活中并无学科之分,儿童主要是通过各种各样的游戏获取经验,进入小学后,他们一方面要在生动活泼的课堂上学习语文、数学、英语等学科知识,另一方面要继续在观察、测量、画画、唱歌、实验、记录、表达等过程中扩展经验。经验是儿童学习学科知识的起点,儿童要在符合内在需要和天性的活动中不断获取经验。教师要在考虑儿童已有经验的基础上,尊重儿童特有的认知世界的方式,满足儿童的兴趣与需要,帮助儿童在活动中获得与旧经验相关联的新经验,并逐步实现经验的扩充与扩展,最终让儿童在各种有价值的经验中获得生长。儿童的经验并不是线性的,而是像网一样相互关联、有机组织的。这些经验共同构成儿童对自我、社会、自然的认识。

　　"小主综"课程旨在建立课程与生活世界的关联,打造开放的学习时空,为儿童提供多种多样的学习经历,引导儿童在做做、玩玩、探探中学习,保护和激发他们的好奇心与求知欲,培育儿童爱国爱党、勤于动脑、勇于尝试、敢于表达等适应未来发展的价值观念、必备品格和关键能力,引领他们认识并发展自我,参与并融入社会,亲近并探索自然,初步形成对自我、社会和自然的整体认识,养成良好的生活、学习和交往习惯,提高学习适应性和社会适应性。2017年底,上海市教委教研室研制推出《上海市小学低年级主题式综合活动课程指导纲要(征求意见稿)》,并分批确立九十所市级试点校和黄浦、闵行、奉贤三个整体试点区开展试点,从2022年起在全市小学全面推进。

　　随着基于低年级主题式综合活动课程的小幼衔接的探索推进,我们认识到任务意识、规则意识、自理能力、问题解决能力、人际沟通能力、学习习惯等关键能力和必备品格的养成至关重要,课程助推小幼衔接的关键在于素养培育。更重要的是,课程要为培养担当民族复兴大任的"时代新人"服务,要为学生爱国情怀、社会责任感、创新精神和实践能力等核心素养培育服务。而集综合性、生活性、实践性于一体的主题式综合活动课程有利于学生核心素养的培育。随着该课程的推进实施,其价值和魅力逐渐显现,这一综合性、实践性的课程正成为学生核心素养培育和立德树人根本任务落实的重要载体。

二、"小主综"课程的价值追求

　　与分科课程相比,"小主综"课程是一种综合课程;与学科课程相比,"小主综"课程是一种活动课程。在课程设计与实施中,应努力做到五个坚持和五个强化。

　　(一) 坚持儿童立场,强化生活化、活动化和综合化

　　课程倡导"立足儿童发展,培育综合素养""面向生活世界,强化整体感知""突出实践经历,关注个体差异"等理念,顺应儿童的身心发展规律,从生活化、活动化和综合化三方面,为儿童发展提供适宜的课程。一是生活化,即强化儿童学习与生活世界的关联,创设生活情境,设计真实问题与任务,重点增强儿童对学习任务的熟悉感和把控力。二是活动化,即加强课程与生产劳动、社会实践的结合,引导学生充分接触和感受生活,初步经历游戏、观察、猜想、实验、制

作、劳动、展示等过程,支持儿童在亲身参与的活动中建构经验。三是综合化,即强化整体感知,通过任务和问题驱动儿童跨学科学习,引导儿童应用经验解决真实情境中的问题,促进儿童多种经验的连续、协同发展。

（二）坚持素养导向,强化学习经历

课程旨在引领学生从个体生活、社会生活及与大自然的接触中获得丰富的实践经验,让学生初步形成对自我、社会和自然的整体认识,着力培养学生的家国情怀、创新精神、实践能力和社会责任感。如家国情怀重点体现在感受和体验祖国、民族、地域的历史、传统文化和社会发展成果,理解并遵守社会基本行为规范,初步形成集体思想、组织观念和群体归属感,形成对中国共产党和少先队的朴素感情,为自己是中国人感到自豪。社会责任感重点体现在关注周围的人和事,关心和尊重他人,积极参与学校、社区、社会生活和劳动;珍爱生命,爱护身边的动植物和自然环境,具有保护环境的意识和行为,积极参与环保志愿行动。课程强调参与、体验、感受、探索、尝试、表达等具有过程性和体验性的目标,淡化知识性的学习,但又不排斥知识的自然融入。在主题式综合活动中,学习知识不是直接目标,不是主要目标,而是解决问题、完成任务的手段。

学校可以借鉴沿用课程指导纲要中的目标表述,也可以根据课程指导纲要的目标指向和要求,结合学校的办学理念、育人目标和特色,进行校本化的表述。如上海市奉贤区洪庙小学从形象代言"小蜜蜂"的品质入手,重构了以懂规则、负责任、善学习、乐探究、会合作和勤劳动为关键词的课程目标,并用课程指导纲要的具体目标进行诠释,既彰显了学校育人特色,又体现和落实了课程目标。

（三）坚持主题统整,强化问题解决

课程强调以主题统整活动和任务,并从生活性、综合性和实践性等角度审视主题,提出了主题确立的四个基本要求,即贴近生活、富有趣味、体现综合、形成系统。课程包含"我与自己""我与社会""我与自然"三个领域,按"领域—主题—活动"三级结构呈现课程内容。其中,"我与自己"领域主要包括"运动真快乐""我行我可以""保护我自己""男孩和女孩""保护小宝贝"等主题,"我与社会"领域主要包括"欢乐社区""我爱我家""传统节日""假如我是……""伟大的祖国"等主题,"我与自然"领域主要包括"奇妙的植物""我的动物朋友""有趣的发现""绿色的生活""我们的地球"等主题,具体参见表1-16。

表 1-16　小学低年级主题式综合活动课程内容

领域	主题	活动
我与自己	运动真快乐	1. 欢乐蹦蹦跳 2. 游戏小弄堂 3. 娃娃奥运会 4. 室内运动场
	我行我可以	1. 我的课程表 2. 我的本领大 3. 灵巧的双手 4. 课间好时光
	保护我自己	1. 消防小能手 2. 马路上的安全 3. 病毒，我远离 4. 小眼睛护起来
	男孩和女孩	1. 我们不一样 2. 优势放大镜 3. 团结才能赢
	保护小宝贝	1. 蛋宝宝出生了 2. 蛋宝宝历险记 3. 种子的"摇篮"
我与社会	欢乐社区	1. 美丽的小区 2. 快乐摄影师 3. 想象未来社区 4. 小小志愿者
	我爱我家	1. 家人健康最重要 2. 我的祖辈父辈们 3. 我是班级小主人 4. 我为学校出份力
	传统节日	1. 欢乐过春节 2. 月圆度中秋 3. 重阳敬老行

（续表）

领域	主题	活动
我与社会	假如我是……	1. 假如我是邮递员 2. 假如我是园艺师 3. 假如我是图书管理员 4. 我的职业梦想
	伟大的祖国	1. 文明中国我探寻 2. 多彩中国我描绘 3. 科技中国我畅想
我与自然	奇妙的植物	1. 植物百草园 2. 会变色的花 3. 有趣的树叶画 4. 植物养护记
	我的动物朋友	1. 流浪动物护卫队 2. 引蝶入校园 3. 了不起的小蚂蚁 4. 动物饲养记
	有趣的发现	1. 人造彩虹 2. 小鸟进笼 3. 乐玩跷跷板 4. 水滴放大镜
	绿色的生活	1. 垃圾的旅行 2. 节约金点子 3. 废品大变身 4. 低碳我能行
	我们的地球	1. 我是地球小导游 2. 给风姑娘照相 3. 和太阳游戏 4. 我的飞天梦

比如，"我与社会"领域中的"我爱我家"主题，以学生的社会关系为载体，从父母、祖辈等学生较为熟悉的家人入手，过渡到对所在班集体、学校等的熟悉与了解，促进学生形成主人翁意识和对群体的归属感。再如，"我与自然"领域中的"绿色的生活"主题，主要包括垃圾的旅行、节约金点子、废品大变身、低碳我能行等活动，以环境保护为载体，引导儿童从身边的生活环境、校园环境、自然环境、节约用水、节约用电等方面入手，开展观察、记录、调查、制作、实验等活动，关注身边的环境问题，感受保护环境的意义，树立保护环境、节约资源的意识，强化学生的社会责任感。

课程以问题的发现、探索与解决为主线，通过情境与问题、体验与感知、合作与探究、表现与交流等关键环节，用问题驱动，唤醒学生的经验，自然融入必要的知识学习。对于学生在活动中发现的问题，教师也可在相关学科教学中分析解决。在主题式综合活动设计与实施中，应把握三个要点：一是要创设真实情境中的真实问题；二是要借助两类及以上的经验来解决问题；三是要引导和支持学生亲历解决问题的全过程。

（四）坚持知行合一，强化"玩中学""做中学""探中学"

课程强调综合运用游戏、体验、探究等学习方式，带领学生在校园、社区和自然环境中感受生活、亲历实践、主动探究，让学生经历观察、猜想、探索、实验等过程，以多元有趣的活动支持学生"玩中学""做中学""探中学"。课程鼓励学生走出教室，进入社区、场馆、实训基地等，引导学生通过职业体验、志愿者行动等参与社会活动，在实际工作情境、模拟情境或游戏中真实体验。课程通过问题驱动开展探究式学习，支持学生在观察、调查、实验、记录和思考中主动建构经验，分析并解决问题。课程以设计、制作、表演等真实任务为驱动，开展学习活动，唤醒学生的经验。

如"节气探微"是上海市松江区九亭第四小学二年级主题式综合活动课程的一个主题，包括艾青踏青游、蝉鸣品夏长、霜降孝亲行、饺子团圆乐等活动。学生指着"霜花"天真地问："老师，这朵白色冰晶的花是什么？"教师带领学生开启了霜降孝亲行之旅，在探索霜形成原理的实验中，培养学生探索大自然奥秘的兴趣。该活动聚焦学生爱吃的美食——柿饼，以"为亲人制作柿饼"为任务，引导学生体验霜降吃柿子、尝柿饼的习俗，感受劳动的乐趣。

（五）坚持质性评价，强化过程表现

课程尊重学生的差异，鼓励学生自主选择游戏、对话、写作、表演、演讲、绘画、制作、实验等符合个性、彰显特长的表达表现方式。课程关注学生在活动中的点滴变化和进步，引导学生用各种方式记录活动过程，鼓励学生积极参与问题讨论和成果分享，对自己在活动中的各种表现进行适当的反思。主题式综合活动课程的评价是笼统的，不是精准的；强调的是过程，把评价自然地融入活动中，让评价成为促进活动发展的工具。

如上海师范专科学校附属小学设计了主题为"给风姑娘照相"的综合活动。该活动主要包含三大任务：一是感知与体悟，让学生到自然界中去寻找风，感受风给自然界带来的变化；二是观察与表达，让学生做一个"捕风人"，捕捉一个瞬间或一个镜头，用符号、图案、文字记录自然笔记；三是思考与创造，让学生用创意的形式表达观点，体现多角度的思考途径和多领域的表现形式。学生记录、交流、表达的过程也是评价的过程。

为了给其他学校建设实施主题式综合活动课程提供参考，聚焦"如何确立素养导向、关注经历的课程目标""如何从学生生活出发生成课程主题""如何设计具有综合性、实践性、递进性的活动与任务""如何以多元的活动丰富学生的经历""如何开展关注过程与表现的评价""如何构建促进课程有效实施的保障机制"等关键问题，市、区、校三级联动开展专题研究，进一步总结提炼实践经验，形成课程实践指南《在做做玩玩中学习》，同时围绕课程指导纲要提供的十五个参考主题，根据一月一主题、一周一活动（一个主题四个活动）、一个活动二至四课时的容量进行综合活动设计。课程实践指南侧重方法指导，综合活动设计侧重内容参考，两者结合，为教师实施课程提供了有力的实践支架。

三、"小主综"课程的校本化实施

"小主综"课程实践的关键在于校本化实施，如果脱离学校课程基础、经验和特色统一开展主题活动，其效果必将大打折扣。只有根据课程指导纲要的精神和要求，因地制宜，因校施策，因生存异，"小主综"课程才能吸引更多的学校和教师参与，才能焕发出更强的生命力。

一些学校依据课程指导纲要,结合儿童发展状况、学校特色、可利用的课程资源,对"小主综"课程进行整体设计,将办学理念、办学特色、培养目标、教育内容等融入其中,编制形成了校本化的课程实施方案。上海交通大学附属黄浦实验小学的"小脚丫走进新天地"、普陀区武宁路小学的"开心探长创造营"、松江区第二实验小学的"植梦园"等课程实施方案既落实了上位的课程要求,又很好地彰显了学校的课程特色。

 案例

"童味"课程实施方案

上海交通大学附属黄浦实验小学　王　平

一、课程背景

上海市教委教研室研制的《上海市小学低年级主题式综合活动课程指导纲要(修订稿)》旨在促进儿童从幼儿园到小学的有效衔接,立足小学低年级学生的特点,优化小学低年级的课程。小学低年级主题式综合活动课程从儿童生活出发选取主题,围绕主题设计活动,通过各类活动丰富儿童的学习经历,为儿童后续学习和终身发展奠定基础,落实立德树人根本任务。

小学低年级主题式综合活动课程的一个重要理念是"遵循儿童立场,关注终身发展",这一课程理念正是上海交通大学附属黄浦实验小学的办学追求。在学校的发展规划中,我们进一步把"在这里,童言可以无忌;在这里,童心可以飞扬;在这里,童年可以难忘"概括为"童味"教育,提出了"童味"教育的办学哲学和办学理念。

学校秉承"童味"教育理念,从儿童的视角出发,充分挖掘各类教育资源。结合本校师生的特点与发展需求,学校创设了以"让学生以自己喜欢的方式学,让教师以自己擅长的方式教"为价值取向的教学文化,力求不断优化课程整体结构,努力探索形成一套较为完善的课程体系。《上海市小学低年级主题式综合活动课程指导纲要(修订稿)》恰巧为学校课程的整体优化提供了指导性框架。

上海新天地是一个具有上海历史文化风貌、中西融合的都市旅游景点。如今的新天地已经成为上海的新地标,不仅是中外游客必到之地,更是年轻人经常光顾的时尚场所。学校地处新天地,独特的地理位置为学校提供了特有的教学资源。一个个朝气蓬勃的学生迈入校园,便走进了新天地。学生走进的这个新天地,不只是地理位置上的新天地,更是他们人生路上的一片新天地。因此,我们把课程主题定为"小脚丫走进新天地"。

二、课程目标

小学低年级主题式综合活动课程旨在引领儿童认识并发展自我,参与并融入社会,亲近并探索自然,初步形成对自我、社会和自然的整体认识。学校"童味"教育的目标可以概括为"五会",即会健体、会审美、会沟通、会做人、会求知。

(一) 会健体

会健体是指学生能积极参与各项有益身心健康的活动,养成良好的生活习惯,提高自理能力、情绪控制能力和自我保护能力,珍爱生命。

(二) 会审美

会审美是指学生能用图画、实物、语言、文字、肢体动作或艺术等形式,自信地表达自己的需求、感受、认知和想象。

(三) 会沟通

会沟通是指学生能理解并遵守社会基本行为规范,喜欢与同学、师长沟通交往,与同伴友好相处和合作,文明礼貌,诚信待人。

(四) 会做人

会做人是指学生能关注周围的人和事,关心尊重他人,积极参与学校、社区、社会生活和劳动,初步形成对所在群体的归属感,逐步养成劳动精神;能感受和体验祖国、民族、地域的历史、传统文化和社会发展成果,逐步增强民族自尊心、自信心和自豪感。

(五) 会求知

会求知是指学生对周围世界有强烈的好奇心,善于观察和思考,喜欢提出问题;能探究自己感兴趣的、与日常生活和社会密切相关的现象和浅显的规律,愿意尝试自己的想法,并用感官和简单工具进行观察、测量、调查、实验、记录等;能爱护身边的动植物和自然环境,具有保护环境的意识和行为,积极参与环保志愿行动。

三、课程内容

（一）确定课程内容的原则

1. 贴近学生的现实生活

对于初入小学的学生,学校既要激发他们的好奇心和求知欲,又要让他们感到亲切和有安全感,这是学生幼小顺利衔接的关键。因此,选择贴近学生认知、源于学生现实生活的资源作为课程内容,会减少学生的陌生感和畏难情绪,让学生更乐于参与其中。

2. 激发学生的求知兴趣

小学低年级主题式综合活动课程的开发从学生的生活主题出发,围绕主题创设学习情境,通过各类活动引导学生"做中学",感受、体验和探索真实世界。学校要注重满足学生的好奇心和身心发展需求。

3. 促进学生幸福体验

学校打造的"童味"教育致力于带给学生一段难忘的旅程。学生在这段旅程起始阶段的感受应该是幸福的。因此,课程内容应该促进学生有意义地学习和生活。

（二）课程内容图谱

迈入学校的学生虽然年龄小、个子低,却可以慢慢充满大能量,能在课程学习的过程中承接大大的梦想,从而开拓一片广阔的人生新天地。我们从"我与自己""我与社会""我与自然"三个维度进行组织构架,把课程分为"小脚丫大变身""小脚丫大探秘""小脚丫大巡游"三大板块,并在这三大板块下精心设计,逐步丰富、延伸课程的子主题,从而动态化地构建小学低年级主题式综合活动课程的"网络图谱"。"小脚丫走进新天地"课程框架见图1-2。

图 1-2 "小脚丫走进新天地"课程框架

四、课程实施

（一）聚焦主题，组建课程团队

小学低年级主题式综合活动课程聚焦主题，综合运用各学科知识，组织引导学生进行各类实践活动，为学生提供丰富、综合的学习经历。因此，它不是某个独立的学科，也不是几个学科的简单相加。学校已有的课程多是分科而设，教师也习惯于在自己专属的学科领域深入钻研，设计开发的主题活动往往倾向单一学科。

因此，学校在明确课程定位、解读课程特点的基础上，对低年级各学科教师进行通识培训并组建课程团队，挖掘每位教师的潜能，引导教师优势互补，共同研讨，合作设计聚焦主题的综合性实践活动。

（二）盘活资源，精心设计主题

主题是指在综合性实践活动中要解决的核心问题，贯穿学习活动的整个过程。围绕某一核心问题，可以从多个角度，用多种形式来开发设计学习活动。

从学生兴趣出发设计的学习活动能更好地激发学生的学习热情，提高学生的学习效率。而小学低年级主题式综合活动的主题无疑是整个学习活动的中心。一个适合学生、令学生喜欢的学习活动主题会对整个学习活动的推进发挥重要作用。为此，我们结合学校已有的课程资源，对小学低年级主题式综合活动的主题设计进行了专门研究，总结归纳出四大来源。

1. 学生参与的校园生活

学校聚焦"五会"目标设计的"学生必须完成的 N 件事"是课程主题的重要来源。N 件事涵盖了学生在校学习生活的一系列难忘瞬间，如一年级的苗苗儿童团入团仪式、二年级的少先队入队仪式。N 件事还包括"安全之旅""红色之旅"系列主题活动。这些主题不仅与学生的学习生活息息相关，而且符合他们的成长需要，有助于他们各方面素质的提升。

2. 学生喜爱的节庆活动

每年都会遇到春节、元宵节、端午节、国庆节等节日。学校要利用好这一个个节日，及时、有效地开展教育教学实践活动，丰富学生的学习经历。这些节日成为学校综合活动主题的重要来源。

3. 学生生活场景中的问题

学校可以从学生真实的生活世界中选取主题。学生生活中的物、事、人，以及他们熟悉又不熟知的问题都可以成为课程的主题资源。如可以聚焦学生每天都会享用的蔬菜设计"蔬菜总动员"活动。"蔬菜总动员"活动贴近学生生活，能唤起学生极大的好奇心和求知欲。

4. 学生身边的实践活动

我们从学生的兴趣爱好出发，从他们熟知的内容着手，设计了一系列学生喜闻乐见的主题活动。如以学校附近的新天地为主题的综合实践活动"玩转石库门"，充分利用学校周边的地铁站资源，满足学生对地铁内部运营情况的好奇心，把学习场景转移到地铁站。这些综合实践活动让学生走出小课堂,在社会大课堂中学习体验,放飞自我,展示风采,受到了学生的欢迎。

(三) 实践体验,实现学习方式转变

实践体验是指在课程实施过程中,教师要提供各种实践机会,激发学生的兴趣,让学生在有效的实践活动中发现问题和探索新知。在整个实践活动中,教师通过调动学生参与活动的积极性,将被动学习的过程变成主动探索的过程,使学生体验到探索新知的快乐。如"玩转石库门"便是结合学校周边的地铁站资源设计的综合实践活动。围绕活动主题,各学科教师融会贯通,通力合作,设计各种活动任务,引导学生在活动中探究新天地里的奥秘。

实践体验学习方式符合学生认知发展的规律,符合小学低年级主题式综合活动课程的理念,有助于学生发现问题、解决问题能力的培养。

(四) 课程安排

学校的低年级主题式综合活动课程安排在每周三下午的第六至七节课,每周固定两课时,每学期十六周,合计三十二课时。由课程团队的教师集体教研设计课程活动方案,并以教师走班的形式开展活动。

在固定课时、专时专用的基础上,我们灵活运用班团队、快乐活动日、330 活动等课时,调动所有学科教师共同参与,组织学习活动。每周可利用的灵活机动的课时为五课时。

五、课程评价

学校以课程理念为引领,追寻"童味"的设计特点,根据主题统整活动内容、活动方式、活动效果,调整活动策略,不断提升活动的育人价值和教师的活动指导能力。

(一) 关注过程性评价

评价的目的是促进每个学生的个性化发展。教师既要关注学生学习的结果,又要关注他们学习的过程;既要关注学生课程学习的水平,又要关注他们在主题式综合活动课程实践活动中所表现出来的情感和态度。教师要指导学生建立个人专属作品档案集,把学生日常参与每项活动的过程性资料纳入活动作品集,记录学生活动的轨迹。

（二）提倡鼓励性评价

在课堂教学评价中,教师应采用赞许和鼓励性语言进行评价,对学生参与活动的积极性、解决问题的能力、人际交往的能力、学习成果等进行及时的评价。这样的评价方式有利于保护学生的学习兴趣,也有利于培养学生的学习能力。

（三）注重多元化评价

为了凸显"以学生发展为本"的课程评价指导思想,教师要注重多元化评价。评价的内容包括学生的绘画作品、舞台展示情况、小制作、小实验等。教师要关注学生学习的过程及其在过程中的成长。

六、管理保障

（一）资源保障

一是材料保障。学校要为低年级主题式综合活动课程的实施提供配套硬件资源和耗材,保证学生的学习活动顺利开展。

二是空间保障。学校各部门（尤其是课程教学管理部、德育部）的管理人员要认真做好课程开发和利用的领导与管理工作,着力整合学校、社区、场馆等资源,为学校教育教学所用。

（二）制度保障

一是完善提升课程执行力的教学常规,严格执行课程计划的常规、教学设计的常规和校本课程建设的常规。

二是完善提升课程实施力的教学常规,具体包括:(1)开展日常的研究性实践,完善学习研究制度;(2)完善和构建低年级主题式综合活动课程教研制度;(3)建立完善教学反思与研究制度;(4)建立完善教师教学能力的评价制度。

（三）师资保障

学校成立了由校长领衔,由副校长主管,教导处、德育部、课程教学管理部等部门通力合作的课程领导团队,组织低年级各学科教师人人参与并发挥所长、优势互补,组成课程教研团队。学期初,在形成学校课程顶层设计的基础上,拟定学校低年级主题式综合活动课程的校本实施方案。学期中,定期组织教师培训和开展教研活动,合作开发设计主题活动;激励教师认真实施课程方案,开展主题式综合活动;指导教师在过程中做好评价。学期末,做好小结及资料的归档与整理。学校除投入一定经费进行硬件改善外,还会拨出部分资金用于教师的授课津贴、课程开发津贴。

为引导学校对课程实施方案进行自评、反思与改进,我们研制了小学低年级主题式综合活动课程校本化实施方案评价标准,如"每条课程目标都有相应的主题来落实""主题与学生的兴趣、需求、经验相适应""活动有趣味,能激发学生自主活动的兴趣"。

问卷调查结果表明,学生非常喜欢"小主综"课程,期待学校能组织开展更多主题的综合活动。在主题式综合活动中,学生的任务意识、实践能力、问题解决能力、表达表现能力等得到了锻炼,学习习惯得到了有效培养。"小主综"课程的实施,对学科课程教学产生了反哺效应。近年来,上海在学科课程教学中借鉴该课程设计与实施经验,寻求教学逻辑和学生经验逻辑的统一,关注学生的经验基础和认知发展需求,更好地促进学生经验在原有基础上连续、进阶性地发展,并且强化目标达成条件和学习情境创设,把《义务教育课程方案和课程标准(2022年版)》所倡导的活动化、游戏化、生活化的设计理念转化为具体的学习设计并予以实施。

当然,不同学校在不同时期会有不同的实践探索重点,但从整体上看,多数学校都会创新优化推进机制,统整落实与全面推进学习准备期、零起点教学、"小主综"课程等幼小衔接举措。

 案例

一场全景式的成长接力

同济大学附属实验小学 王建芳

陶行知先生认为:"小学教育是建国之根本,幼稚教育尤为根本之根本。"显然,从幼儿园到小学的衔接对每个学生的成长都是极为重要的。这期间,学生会经历一系列重大的变化,如"幼儿园重养育,小学重教育"。如何通过幼小衔接对这一阶段的学生开展特别关怀? 如何尊重学生的身心成长规律,帮助他们适应学习生活的巨大变化? 我们认为,这需要多个维度的密切互动:幼儿园与小学、教师与学生、学校与家庭等要形成一场全域、全程、全人的全景式成长接力。

一、制定一份共同的方案

学校与学区内对口的幼儿园开展密切联系,围绕幼小衔接,通过系列研讨与工作对接:一是确立共同的工作理念目标,即激发兴趣,培育习惯,促进学生快乐开启学业生涯;二是建构联动的实施路径,即实施好习惯贯通课程,落实进阶的成长仪式等;三是形成协同的保障机制,包括家校社协同、联合教研、跨学段全员导师等,帮助学生实现小学学习与幼儿园生活的链接,实现校园生活与家庭、社会的链接。我们力求构建出指向"完整儿童、持续生长"的幼小衔接体系。

二、实施两种贯通的课程

(一)好习惯课程:从生活走向学习

学校与幼儿园联合开发好习惯课程。幼儿园以生活好习惯培养为主,初步进行阅读与表达、思维与探究等学习意识的启蒙。小学阶段在巩固生活好习惯的同时,注重启发并培养学生的学习好习惯。

学校结合新生入学适应专题活动,开启"同济苗苗 200 个好习惯"养成行动。"站像一棵松,坐像一台钟,队伍一条线,走路挺起胸……",学校结合童谣吟诵,引导新生进一步巩固"站、坐、行走、如厕、饮水、问好"等好习惯,并进行要求升级。如幼儿园每个班级都有卫生间,小学一个楼层共用一个卫生间。学生需要增强有序排队、文明如厕、自主洗手的意识,并逐渐养成良好的习惯。

学校围绕"一日之济",开展好习惯专项行动,让新生融入班集体,养成良好的集体规范。如"文明用餐我能行"活动中,新生不是坐着等餐,而是在老师的指导下,分小组有序排队,自主领餐,安静用餐,积极参与光盘行动,归还餐盘。学校通过文明用餐培养学生的规则意识、节粮意识和团队合作能力。此外,学校根据幼儿园与小学生活的实际,贯通设计好习惯养成行动,如从幼儿园的归还、整理玩具到小学的"理书包 PK 赛""整理我的小柜""秀秀我的小书橱"等。

幼儿园和小学课堂教学内容与方式不同,对学生学习习惯的要求也不同。学校通过"课堂好苗苗"评选活动,围绕"课前准备""积极发言""合作学习""有效达成"四个维度进行激励评价,助力新生养成良好的学习习惯。

（二）从游戏课程走向主题式综合活动

基于小学低年段学生亲近自然、直接感知、亲身体验、亲身操作的学习方式特点,学校在国家课程中开发了一系列游戏化、生活化的学习活动,如数学学科的"数字点卡翻翻乐"和"数字迷宫",美术学科的"寻找大自然的影子"和"我的自画像",体育学科的"弄堂里的传统游戏"和"二十四节气农耕劳动与支撑移动"。学校以多元游戏将问题与情境、体验与感知、合作与探究、表现与交流贯穿始终。

学校整合劳动、综合实践活动、校本课程等内容,持续开设"幸福成长 JI"小学低年级主题式综合活动课程。学校积极创设儿童化的情境,从学生的生活世界出发,构建"成长 JI、实践 JI、科学 JI"三大课程模块,延伸出 12 个子主题活动,让学生进行情境体验、考察探究、社会服务、问题解决。

为回应"告别幼儿园"项目,学校设计了"如何当好小学生"这一驱动性问题,开发"如何为班级制定班规""如何设计我的名片""课间十分钟可以做什么"等子问题引领学生做学习生活的小主人。学校针对"我与自然"课程模块开发低年段一米菜园特色课程,组织跨学科实施。学校设置"种植物、玩植物、探植物"课程单元,开展"种子旅行记""养护大作战""模拟温室大棚"系列活动,培养学生的创新思维和探究能力,引导学生在做做、玩玩、探探中学习。

三、举办三大成长仪式

为促进幼儿身心健康发展,提升其社会适应性,使其为小学阶段的学习做好充分准备,学校与幼儿园共同策划三大成长仪式,衔接幼儿园生活与小学活动,增强小学生身份认同,助力学生适应小学生活,提升成就感。

（一）幼儿园的毕业典礼

在学生毕业之际，幼儿园会举办"礼别幼时光，成长再起航"大班毕业典礼，通过回顾幼儿园时光、班级风采展示、师长寄语成长、走向成长之门等板块，展示幼儿的成长，满载师长的祝福。

（二）开学五大礼

为了帮助弟弟妹妹了解小学生活，养成良好的习惯，每年暑期，二年级的哥哥姐姐会围绕一天的校园生活，以图文并茂的方式，通过微信公众号给弟弟妹妹送上"一日之'济'——好习惯养成记"和"整理秘籍"。开学当天，哥哥姐姐亲手把这份开学礼送到弟弟妹妹手中。

（三）学习准备期的满月秀

在新生入学一月之际，学校会为新生举办一场生动活泼的满月秀仪式教育活动。学生唱着童谣，秀出准备期课程学习特色成果，秀出同济苗初步养成的好习惯和文明礼仪。

四、建立四维衔接机制

（一）关系衔接：基于儿童身心适应的双向奔赴

学校组织教师为大班幼儿开办小学学习生活讲座；让幼儿走进小学参观听课，浸润式地感受小学的学习生活。学校充分注重零起点教学和学生学习习惯培养。幼小双方尝试设计衔接期学生适应性发展指标，从学习适应（认知行为、学习品质）、生活适应（情感态度、习惯方法）两大维度开展评价，发放"乐学章""济劳章""健身章""智创章"等，为幼小衔接奠定基础。

（二）家校社协同：建立家校社共同体，形成合作建设课程的良好机制

学生进入小学后，为了缓解家长的焦虑，我们成立了"济爱家"家长学校，结合全员导师制，开展家庭教育的学习与研修。和"小拖拉"说再见、零起点不等于零准备……学校为家长设计了"习惯培养与亲子陪伴"等四类桥梁课程与指导建议体系。学校与社区等联合开发"为新班级设计 LOGO""职业一日体验"等活动。学校引导家长与学生共同成长，努力提升幼小衔接的科学性、针对性和时效性。

（三）经验衔接：基于关键经验链接，构建幼儿发展地图

小学教师和幼儿园教师定期开展联合教研，提出了基于儿童经验的课堂教学重构模式。教师发掘"前经验"，让学生获得学科体验；运用"原发经验"，让学生获得活动体验；寻求"替代性经验"，让学生获得情感体验。教师通过引导，使经验改组、改造和不断生长，最终实现学生的发展。

（四）空间联通：开展指向学生主体发展的学校空间功能创新

幼儿园里的游戏空间、区角等体现着以学生为中心的"做中学"理念。我们把校园打造成学生仍可以做做、玩玩、探探的游戏场和生命场。我们设计空间承载的综合性学习活动，引领师生成为空间设计者与使用者。我们具体推进以下三项工作。

班级空间突出自主合作与自治管理。学校在课程游戏化环境创设的基础上，支持学生自主参与创设各类环境，如让学生自主打造班级一米窗台，设计下雨天班级大课间游戏方案。

"流动教室"柔性空间突出无边界体验。学校开发"校园里的 100 个遇见"系列活动，设计"智创嘉年华集市"等动态变化的空间经典活动，让学生参与并感受校园每一平方米的乐趣。

户外空间突出实践成长与社会关怀。校园里随处可见学生用甲骨文喷射的小路图案和亲手设计的枫林小景。同济大学交通学院教授团队还引领学生共商校门口道路改造方案。学生设计的作品走进交通学院研究生课堂，成为城市改造的新方案。这些都促进了学生的发展。

儿童之道即教育之道。这一理念承认了儿童存在的独特价值，强调了尊重儿童发展节奏的重要性。儿童不是"小大人"，他们有着与成年人不同的心理特征和精神世界。成年人根本不会去关注的东西，儿童却完全可能投入其中，并且兴趣盎然。揠苗助长只会扼杀儿童的想象力、创造力和持续学习的内驱力。今天，越来越多的教师认识到，让儿童成为儿童是再合乎生命伦理不过的事情。当儿童拼命往前赶的时候，我们教育人要思考，到底是因为后面有老虎在追，还是因为前面有蝴蝶在飞。

第二章

促进儿童经验连续发展

『**本章导语**』

在人们日益关注幼小衔接的同时，注重行为准备但忽视学习准备、注重知识储备但忽视学习兴趣激发、注重幼儿园入学准备但忽视小学入学适应等问题也随之而来。针对幼小衔接中的常见误区，本章强调幼儿园和小学两个学段的双向奔赴，共同为儿童入学身心准备与适应、生活准备与适应、社会准备与适应、学习准备与适应而努力，尤其关注课程教学上的衔接，促进儿童经验连续发展。

第一节 儿童经验发展连续性与课程教学衔接

一、儿童经验的连续发展

儿童心理发展是一个连续、渐进的过程。心理发展的连续性表现为个体心理发展是一个持续不断的变化过程。当心理发展处于过程之中而未出现质变时，它就处于一种量变的积累过程。这种一定的心理变化在未达到新质变前，而孕育着更新的质的量变，就表现为心理发展的连续性。实际上，每种心理过程、心理特征的发展都以先前的状况为基础，是对先前心理活动的继承与发展。要想从一种状况超越其中间状况，而转到另一种完全不同质的状态，是根本不可能的。

经验论是杜威教育哲学的核心，在杜威看来，教育即生活，教育即生长，是经验的改造或改组。这种改造或改组既能增加经验的意义，又能提高个体指导后来经验进程的能力。儿童的经验既可以指儿童与他人或事物相互作用的过程，也可以指儿童在相互作用过程中获得的感悟、认识、能力和情感等。经验的连续性原则是区分各种不同经验的内在价值的标准。经验发展连续性是指儿童的学习遵循某种顺序不断进阶，从简单的知识和技能逐渐过渡到比较复杂的知识和技能，儿童在获得每种关键经验的过程中，会联系过去的经验和正在经历的体验，从而形成新的经验，而这些新的经验又对他们未来可能产生的经验具有指导意义。这就展现了儿童学习与发展过程的连续性。如果按照生物学的观点解释习惯，那么经验的连续性原则应把习惯的事实作为基础。习惯的基本特征是每项做过和经历过的经验会改变做着和经历着这种经验的人，无论我们愿意与否，这种改变都会影响以后的经验的性质。凡是进入经验领域的人，他或多或少都会变成与以前有些不同的人。

例如，动作思维、形象思维和抽象思维循着一种从动作思维到形象思维再到抽象思维的顺序，整个思维的发展是连续的过程。就某一年龄段的儿童来说，其思维状况既有上一年龄段儿童思维的"影子"，又向下一年龄段儿童的思维发展特点趋近。具体来说，学前儿童的思维继承着婴儿动作思维的特点，但形象思维也开始发展起来；小学中、低年级儿童的思维以形象思维为主，但又开始发展抽象思维；小学高年级儿童的抽象思维进一步发展，但仍保留着具体形象思维的特点。

因此，心理的发展与变化、心理特点的形成与发展不是脱节的，而是始终在某一发展阶段的早期存在上一阶段的某些特点，而在发展阶段的晚期可以发现下一发展阶段的某些特点已在萌芽或开始显露。个体心理的发展不是一种绝对的、无联系的或突变的过程，它是一种量的积累过程，发展过程中每一质变的转折点，都是儿童长期发展、量的积累的结果。儿童每一发展阶段有意无意为下一发展阶段做了准备，并且每一发展阶段又是儿童先前成长发育与经验的结晶。经验的连续性意味着，每种经验既从过去经验中采纳某些东西，又以某种方式改变未来经验的性质。

二、学习断层源于对经验发展连续性的忽视

理想的教育以及具有发展适宜性的课程与教学，是顺应儿童经验发展的主线与规律的。如果小学的课程教学能够充分尊重儿童身心发展特点，顺应儿童学习规律和经验基础，就不会出现明显的学习断层问题。然而现实是，幼儿园和小学是有明显差异的两个学段，除了学习目标任务、学习方式以及环境等不同，更重要的是小学教师缺乏对儿童原有经验的把握，出现以为儿童应具有的经验实际欠缺、以为儿童欠缺的经验实际已具有等现象，导致教学内容和难度不符合学生认知水平的问题。

拔高教学难度，超出学生最近发展区乃至跳过连续发展过程中的某一阶段，这种"正向断层"是造成学生学习不适应的一个主要原因。正因为如此，学习准备期的学科教学强调降低教学难度，减缓教学进度，各年级学科教学强调零起点教学。

推进零起点教学，绝不意味着儿童学习"零基础""零经验"。儿童在前期学习中已经建构了丰富的经验，这些经验都是其未来学习的基础。因此，零起点

教学不是从人的纵向发展角度来说的,而是从课程标准比较的角度来说的。

容易被人们忽视的是与经验发展方向相反的"反向断层",即新的学习任务所要建构的经验水平低于儿童原有的经验水平。比如,儿童在幼儿园阶段的生活、学习和游戏等活动中,已经积淀了数量、空间、时间等有关数的概念,已经具备了数字认知和初步的数字书写、数字运算等能力,到小学一年级再花较多的时间去学习认数、识数,这就是一种"反向断层"和人为的"经验倒退"。这种无效的学习可能使课堂索然无味,进而影响学生的学习积极性和课堂参与度,长此以往,将严重影响学生的学习兴趣和习惯。

适度的"正向断层"可能会激发学生的学习兴趣和自我挑战欲望,具有挑战性的学习任务可能会驱动学生更好地发挥学习主动性和创造性。"反向断层"对学生的学习弊大于利,会让学生感觉学习是无价值的。从帮助儿童更好地实现入学适应的角度来说,我们需要努力消除儿童经验上的断层问题。

三、促进儿童经验连续发展的课程教学衔接

不管是"正向断层"还是"反向断层",其根源都在于对儿童经验发展连续性的忽视以及把握不够。具有发展适宜性的课程与教学,有效的课程教学衔接,应以儿童经验为基础,在儿童和教师双方互动对话及实践活动中不断生成和发展,以此帮助儿童形成概念性理解,探索和创造新的经验,实现经验的衔接、生长与拓展。

在教研访谈中发现,小学教师普遍肯定了幼儿园学段与小学学段的关联性经验是存在的,但不同教师在表达肯定的态度时使用的表述略有不同,具体见表 2-1。第一类教师对关联性经验的存在持"非常肯定"的态度,占总体受访教师的 42.31%。教师的表述包括"有深度的关联""肯定是存在内在关联的,这个是毋庸置疑的""关联性是非常强的""儿童在学前阶段获得的经验与他们小学的课内学习关系非常密切,我觉得可以直接画等号"。第二类教师对关联性经验的存在持"比较肯定"的态度,占总体受访教师的 42.31%,表述如"我觉得是有关联的"。第三类教师对关联性经验的存在持"一般肯定"的态度,占总体受访教师的 15.38%。他们的回答包括"应该是有关联的吧""关联总是有一点儿的""我觉得有,但其实关联也并不是很大"。从中可以看出,小学教师对幼小关

联性经验的存在虽持不同程度的肯定态度,但总体而言,他们对两个学段的经验之间存在内在关联给出了肯定的回复。

表 2-1　受访小学教师对"幼小课程经验是否存在内在关联"的态度

选项	人数	百分比(%)
非常肯定	33	42.31
比较肯定	33	42.31
一般肯定	12	15.38

我们进一步根据受访教师任教的学科(语文、数学、科学、体育、其他)对其关于"儿童在学前阶段所获得的经验与其对本课程的学习是否有内在关联"的回答进行了统计。表 2-2 呈现了任教不同学科的小学教师对幼小关联性经验存在持有的三种不同的肯定态度。整体而言,调研涉及的任教语文、数学、科学、体育与其他学科的教师对幼小关联性经验存在的态度均以"非常肯定"和"比较肯定"为主,持有这两种态度的教师超出该学科教师的 70.00%。在所有学科中,任教科学学科的小学教师持"非常肯定"态度的比例最高,为 66.67%。

表 2-2　各学科小学教师对"幼小课程经验是否存在内在关联"的态度

选项	语文		数学		科学		体育		其他	
	人数	百分比(%)	人数	百分比(%)	人数	百分比(%)	人数	百分比(%)	人数	百分比(%)
非常肯定	11	35.48	10	52.63	6	66.67	5	41.67	1	14.29
比较肯定	15	48.39	4	21.05	2	22.22	7	58.33	5	71.43
一般肯定	5	16.13	5	26.32	1	11.11	0	0	1	14.29

(注:处理调查数据时,研究者统一用各分项选择人数除以对应总调研人数的方法,计算各分项所占比例,并将计算结果在四舍五入后保留两位小数。因为四舍五入后的数据和实际的数据之间有些许误差,造成部分栏目各分项比例之和并非 100.00%,如"其他"一栏中,各分项比例之和为 100.01%(即 14.29%+71.43%+14.29%=100.01%)。这是由统计方法误差造成的。为保证全书数据的真实性和保持统计方法的一致性,研究者并未强行修改相关数据。书中如有类似情况,不再另外说明。)

儿童经验与课程经验是有机协调的统一体。课程经验是在过去的儿童经验基础上向着未来方向的课程生长。幼儿园和小学课程应在儿童已有的过去经验和未来经验之间架设桥梁，发现介于儿童的现在经验和这些科目的更为丰富、成熟的东西之间的各个步骤[①]，用儿童过去的经验发现、揭示和理解未知的新经验，以此建构并创造面向未来的经验。儿童在学前阶段的自主实践、探索过程中积累了丰富的经验，幼儿园教师可以帮助儿童进行经验的分享表达和迁移应用。小学教师则需要在课程教学中主动唤醒、激活和调用儿童在幼儿园阶段获得的相应经验。

比如，在幼儿园科学活动中，儿童通过观察、比较、操作、实验等方法发现、分析和解决问题，这些经验若被激活、迁移和运用到小学的课程教学中，儿童将形成具有可持续性甚至受益终身的创造性思维和学习品质。

第二节　连续性视角下的儿童经验关联分析

经济合作与发展组织（Organisation for Economic Cooperation and Development，OECD）在《强势开端2017：早期儿童教育与保育的重要指标》报告中指出，高质量学前教育能为儿童带来高质量的早期发展，但在儿童步入小学后，如果学前教育和小学教育无法做到有机衔接，高质量学前教育的成效不能在高质量的小学教育中得以维持，高质量早期发展也会面临消退的风险。为此，高质量的幼儿园课程应对幼儿所获得的各类经验与未来小学课程学习对接的可能性有较为清晰的把握；高质量的小学课程应能自觉接续儿童在学前阶段获得的经验，并让这些经验在小学课程学习的基础上获得进一步发展，从而促进儿童在幼小两个学段的可持续成长。找准经验发展的起点，是合理控制教学坡度、消除学习断层的前提。为了帮助教师把握儿童经验发展的主线，让教师基于学生原有

---

① 杜威.学校与社会·明日之学校［M］.赵祥麟，任钟印，吴志宏，译.北京：人民教育出版社，2005.

基础设定适切的学习目标和学习任务,上海市教委教研室联合华东师范大学李召存教授团队,整合各区幼儿园和小学教研力量,开展基于儿童经验发展连续性的幼小课程教学衔接研究,聚焦儿童学习发展中的关键经验,重点做好幼小经验关联分析。

一、提炼关键经验

20 世纪 70 年代后期,"关键经验"这一概念出现在美国高宽课程(High/Scope)的理论体系中,用于描述学前儿童在社会、认知、身体和情感等方面的发展状况。高宽课程理论强调幼儿的学习是以直接经验为基础的,幼儿主动获取学习经验是其发展过程中必不可少的要素。而关键经验是幼儿在各领域学习与发展中需要直接获取的重要经验——它涉及所有领域而不是个别领域,指向的是经验而不是知识,强调的是重要经验而不是一般经验。

参照美国各州研制的早期学习标准等研究成果,高宽课程的研究人员在 2009 年把"关键经验"正式更名为"关键发展性指标"(Key Developmental Indicators,KDIs)。为了更好地组织幼儿的学习,高宽课程的研究人员对照美国教育目标小组(National Education Goals Panel)所提出的关于入学准备的内容,确立了五个课程内容领域,即"学习方式""语言、读写能力和交流""社会性和情感发展""身体发展和身心健康""艺术和科学"。其下共有 58 条关键发展性指标。2010 年,高宽课程的研究人员又对其进行了修订,把原先"艺术和科学"领域所辖的数学、创造性艺术、科学和技术、社会学习四个子领域作为单独的领域呈现,从而把原先的五个领域拓展至八个领域,并对每个领域的关键发展性指标进行了修订。

作为高宽课程的内容线索,关键发展性指标与关键经验在本质上并无二致,它具有三大内涵。第一,"关键"强调这些经验是儿童应该学习和了解的有重要意义的经验。高宽课程理论承认幼儿需要掌握各种不同的具体知识与技能,但也认为无法穷尽地罗列所有的具体知识与技能。由此,为了避免"只见树木不见森林",高宽课程理论主张教师在组织各领域的课程内容时,都应抓住其中既能链接其他方面又能为进一步学习奠定基础的关键发展性指标。所谓"关键",至少包含两层意蕴。首先,指向经验的基础性和稳定性。关键经验指向幼儿应该学习和了解的基本内容,如有关序列、数字、空间、分类、时间等的经验,这些内容不太会随着时间的推移而改变,具有相对稳定性,虽然在不同时期其内涵可能会有一定的变化,但都是儿童发展中必须掌握的基本经验,能够为儿童更高水平的学习奠定基础。其次,指向经验的必要性。关键经验不是一般的经验,是儿童发展过程中必须具备的经验。如杜威所言,一切真正的教育都是来自经验的,但这并不表明一切经验都具有真正的教育价值。第二,"发展性"强调儿童的学习是不断发展的,它遵循某种顺序不断进阶,从简单的知识和技能逐渐过渡到比较复杂的知识和技能。第三,"指标"强调教育者需要用证据来证实儿童正在学习那些被认为是为入学或人生做准备的具体品质、知识和技能,进而能够根据对幼儿的观察与研究提出引导或支持方案,并使这种引导或支持对幼儿产生的影响能清晰地显现出来。

从中可以看出,不论是关键经验还是关键发展性指标,强调的都是儿童在与环境相互作用中直接获得的、对其持续学习与发展具有关键作用的经验,而这些关键经验既是组织与实施课程的基本线索,也是对课程质量(包括幼儿发展水平、师幼互动水平等)进行评价的具体指标。这些关键经验在小学阶段的课程教学中得到进一步丰富和拓展。

通过对《3—6岁儿童学习与发展指南》和《义务教育课程方案和课程标准(2022年版)》的分析比较,结合课程教学内容,重点从语言发展、数学认知、科学探究、艺术审美、身体运动、社会性发展六大关键经验入手,开展幼小经验关联分析。儿童学习与发展中的六大关键经验及其基本要素见表2-3。

表 2-3 儿童学习与发展中的六大关键经验及其基本要素

关键经验	基本要素
语言发展	1. (前)阅读的经验 2. (前)书写的经验 3. 表达交流的经验
数学认知	1. 数与数量关系的经验 2. 量与测量的经验 3. 形状与空间的经验

（续表）

关键经验	基本要素
科学探究	1. 对周围事物和自然现象的经验 2. 运用探究方法和工具的经验 3. 对科学与生活关系的经验
艺术审美	1. 感受与欣赏美的经验 2. 艺术表现与创造的经验
身体运动	1. 动作技能的经验 2. 运动材料的经验（器械操控的材料） 3. 自我运动状态的经验（自理自护，运动中的自我照料，自我挑战）
社会性发展	1. 人际交往的经验 2. 社会适应的经验 3. 文化传统的经验

在此基础上，结合小学阶段的特征和学习要求，进一步分解出具体表现。如社会性发展中，"人际交往的经验"具体分解为家庭生活、学校生活和社会生活中的人际交往经验，"社会适应的经验"具体分解为集体意识与经验、任务意识与经验、规则意识与经验、自我调控意识与经验，"文化传统的经验"具体分解为对节庆活动的经验、对家乡的认识和经验、对传承良好品德的经验等。①

二、发现经验的关联与差异

如果说提炼关键经验和确立关键经验的基本要素明确了儿童经验发展的主线，那么分析发现幼小阶段在发展主线上的差异可以说是定点。只有找准发展起点，才能合理确定进一步学习的发展点。我们主要从应然层面依托《3—6岁儿童学习与发展指南》和小学各学科课程标准的比较，同时结合幼儿园课程实践实然层面，对关键经验进行关联分析，明确了各基本要素及其具体表现在

---

① 由上海市金山区教育学院幼小衔接研究团队（主要参加者：濮玉芹、谢海英）提供。

幼儿园和小学的不同经验水平。比如,语言发展经验各基本要素在幼小两个学段的表现见表 2-4。

表 2-4　语言发展经验各基本要素在幼小两个学段的表现①

基本要素	具体表现	幼儿园阶段的经验表现	小学阶段的经验表现
（前）阅读的经验	乐意与他人交流讨论	乐意与他人交流讨论图书和故事中的有关内容,喜欢与他人一起谈论图书和故事中的有关内容	对感兴趣的人物和事件有自己的感受与想法,并乐于与他人交流,喜欢阅读和感受阅读的乐趣
	了解文学作品的主要内容或情境	能说出文学作品的主要内容	能阅读浅近的童话、寓言、故事,向往美好的情境
	养成良好的阅读习惯与行为	能专注地阅读图书,不受外界干扰	能养成爱护图书等习惯
	感受文学作品中的语言美	能初步感受文学作品中的语言美	能通过阅读展开想象,获得初步的情感体验,感受语言的优美
	对文字符号、标点符号、图画感兴趣,能探究其中的含义	能对图书和生活中的文字符号感兴趣,了解文字符号表达一定的意义	能认识课文中出现的常用标点符号,在阅读中体会句号、问号、感叹号所表达的不同语气,借助读物中的图画阅读
	对阅读内容有自己的理解,能进行转述或再加工	能根据故事的部分情节或图书画面的线索,续编或创编故事,对看过的图书、听过的故事能说出自己的看法	能尝试阅读整本书,并用自己喜欢的方式向他人介绍读过的书

① 由上海市虹口区教育学院幼小衔接研究团队(主要参加者:张蓉、许批)提供。

（续表）

基本要素	具体表现	幼儿园阶段的经验表现	小学阶段的经验表现
（前）书写的经验	养成良好的书写行为规范和习惯	写、画时姿势正确	努力养成良好的写字习惯,写字姿势正确,书写规范、端正、整洁
	有书写表达的意愿和积极性	愿意用图画和符号表现事物或故事	喜欢学习汉字,有主动识字、写字的愿望,对写话有兴趣,能留心周围事物,写自己想说的话,写想象中的事物
	能用写、画等形式进行表征	能用图画和符号表现事物或故事	掌握汉字的基本笔画和常用的偏旁部首,能按基本的笔顺规则用硬笔写字,注意间架结构,初步感受汉字的形体美,注意观察字形,体会汉字部件之间的关系
表达交流的经验	有表达交流的意愿和兴趣	乐于参与讨论,能在众人面前表达自己的想法	对周围事物有好奇心,能就感兴趣的内容提出问题,有表达交流的自信心
	懂得社交语言表达的礼貌和基本规范	1. 懂得按次序轮流讲话,不随意打断他人 2. 在听不懂或有疑问时能主动提问 3. 在他人讲话时能积极主动地回应 4. 能根据谈话对象和需要,调整说话的语气 5. 能依据所处情境使用恰当的语言	1. 能认真听他人讲话,努力了解他人讲话的主要内容 2. 与他人交谈时态度自然大方,有礼貌 3. 积极参加讨论,敢于发表自己的意见

（续表）

基本要素	具体表现	幼儿园阶段的经验表现	小学阶段的经验表现
表达交流的经验	能正确、清楚地进行语言表达和交流	1. 说普通话及本民族或本地区的语言时，发音正确清晰 2. 能用连贯、清楚的语言讲述自己的经历和见闻	1. 学说普通话，逐步养成说普通话的习惯 2. 学会汉语拼音
	能用语言进行交流和讨论，并表达自己的观点	能用语言讲述自己的经历和见闻	1. 能结合其他学科的学习和生活经验交流讨论，尝试提出自己的看法 2. 听故事、看影视作品时，能复述大意和自己感兴趣的情节 3. 能较完整地讲述小故事，简要讲述自己感兴趣的见闻
	能使用丰富的词句、符号、形式表达交流	讲述时能使用常用的形容词、同义词等，能使用表示因果、假设等相对复杂关系的句子，语言较为生动	能根据表达的需要，学习使用逗号、句号、问号、感叹号

从表 2-4 中可以看出，幼儿园和小学阶段的经验水平都围绕具体表现，呈现出两个学段之间经验的关联性；同时，两个学段的经验水平又呈现出差异性和进阶性，小学阶段在经验内容指向上更为丰富，在水平层次上更为规范和深入。

三、探索经验应用场景

儿童在学前阶段所获得的经验，是可以直接迁移运用到小学课程学习中，还是间接、内隐地支持小学课程学习？对此问题，小学教师的回答呈现出两种情况。

其一，部分教师认为两个学段课程经验的关联是直接的。受访小学教师认为，在幼儿园课程中获得的经验能帮助儿童更快理解小学的知识。"我们在教学过程中其实是可以感受到的，比如说低年级的一些知识，如果学生在学前阶段并不了解，他们是很难接受的，但如果他们之前接触过或者玩过某样东西，对于比较难的知识，他们很容易就接受了。学生会说幼儿园老师讲过了，他们自己就会建立联系。"（P-C-50）在体育、美术等技能性较强的学科教师看来，这种直接关联性很强。"跳绳是很多幼儿园要求学生掌握的技能，还有拍皮球，这些都是和小学关联性很强的技能。"（P-B-17）相对于技能而言，受访教师认为良好的学习习惯（包括认真听讲、自主学习、自我管理、批判性思考等）和各科的学习能力（包括语文的听说能力、数学的数感和逻辑能力等）会直接影响小学相应课程的学习。

其二，部分教师认为两个学段课程经验的关联是间接和潜在的。他们认为幼小之间的经验存在较大差异，需要经过一系列的迁移过程才能使经验产生关联。"这种关联的发生要靠小学教师的挖掘、培育和引导。"（P-C-47）"幼儿自己获得的经验，往往只是一种模糊的感知。他们并没有总结自己获得了什么经验，关键在于成人的引导。"（P-C-33）

不管是直接关联还是间接关联，都说明学生在幼儿园阶段获得的经验能在小学阶段的学习任务中得到激活、调用和进一步拓展。为了帮助教师有意识地做好经验关联衔接，我们着力分析了围绕关键经验的幼小两个学段的相关学习任务，以便明确原有经验的可能应用场景，并反过来指引幼儿园阶段应创造哪些机会帮助儿童建构必要的经验。

例如，科学探究经验中对常见动植物的经验，包含植物的外形结构、植物的生长、动物的外形、动物的生存、动物的成长等（见表2-5）。学生在幼儿园阶段的集体学习、个别化学习和其他活动中积累了丰富的认知经验，这些经验直接关联小学阶段的学习。

表 2 - 5　幼小学段儿童对常见动植物的经验①

具体经验	幼儿园阶段	小学阶段
植物的外形结构	1. 集体学习 • 让世界变得更美丽:了解四季常见的花卉,分辨它们的名称和特征 • 奇妙的植物:了解一些植物的特殊本领,知道一些会动的植物和会捉虫子的植物名称 • 四季花开:观察、了解不同季节花卉的名称和主要特征 • 菜地里的歌:辨认自己吃过的、认识的蔬菜,知道蔬菜有不同的品种 • 猜一猜这是什么:根据明显特征辨认蔬菜 • 什么部位可以吃:区分常见蔬菜的食用部位(根、茎、叶、花、果实、种子) 2. 个别化学习 • 美丽的街心花园:观察、感受幼儿园花园和小区街心花园的美,收集自己看到、捡到的植物,并尝试自制小盆景	• 校园里的植物:观察身边的植物,知道校园中有各种各样的植物,辨认常见的植物 • 植物的各部分:观察开花植物,知道开花植物的基本组成部分是根、茎、叶、花、果实、种子 • 画叶:知道常见植物叶的颜色、大小、形状等特征和差异 • 叶:观察不同环境中植物的叶,认识叶的多样性,了解叶的作用 • 种子拼画:知道种子是各种各样的 • 剪纸花:知道常见花的颜色、大小、形状等特征 • 根:观察植物的根,认识须根系、直根系,了解根的作用 • 茎:观察不同植物的茎,认识缠绕茎、匍匐茎、攀缘茎和直立茎,了解茎的作用
植物的生长	1. 集体学习 • 幼儿园里的苹果树:了解苹果树的生长过程 2. 其他活动 • 自然角种植:比较土豆、洋葱等植物不同的种植方法,体会阳光、水分、营养等因素与植物生长的关系	• 种蒜:种植大蒜,了解种植大蒜的基本过程 • 白菜变变变:水培白菜,了解水培植物的基本过程

① 由上海市杨浦区教育学院幼小衔接研究团队(主要参加者:杨俊、陈炜)提供。

（续表）

具体经验	幼儿园阶段	小学阶段
动物的外形	1. 集体学习 • 在农场里：观察、比较家禽与家畜不同的外形特征 • 妈妈和宝宝：比较动物妈妈和动物宝宝的相似特征与不同点 • 海洋音乐会：观察鱼的外形，知道鱼会发出各种声音 2. 个别化学习 • 动物的花花衣：认识一些常见的动物，发现动物不同的皮毛花纹，并尝试根据皮毛特征对动物进行归类 3. 其他活动 • 参观动物园：认识各种常见的动物，观察、了解动物的外形特征	• 身边的动物：知道身边常见动物的特征和生活习性 • 鱼：知道鱼的外形特征 • 鸟：知道鸟的外形特征 • 蚂蚁：知道蚂蚁的外形特征
动物的生存	1. 集体学习 • 谁是冠军：知道最高、最大、最小、跑得最快、飞得最远的动物 • 举世无双的建筑师：观察鸟窝的构造，了解不同的鸟筑巢的方法 • 谁的尾巴：识别常见动物的尾巴，了解动物尾巴的作用 • 猫头鹰：了解猫头鹰的特征及其夜间出行的生活习性 2. 个别化学习 • 红军军装与迷彩服：观察、了解一些动物的皮毛有保护色 • 动物找家：能区分生活在水里、岸上的动物，找出既能生活在水里又能生活在岸上的动物 • 动物好朋友：了解一些动物相互依存的共生现象 • 大树医生：知道鸟类捉虫和树木健康生长的关系，懂得要保护益鸟 • 学本领：知道人类从动物身上学到的一些本领，了解鸟儿和飞机、鱼鳔和潜水艇、动物保护色和迷彩服等的关系	• 动物的运动：了解一些动物在陆地上、水中或空中的运动方式，知道动物的运动方式是不同的 • 动物的捕食：知道常见动物的食性，了解一些动物特殊的捕食方法 • 动物的家：初步了解不同动物居住地的特点 • 动物的家：了解动物的栖息地 • 动物的生存本领：知道不同动物保护自己的一些方法，了解不同动物过冬和消暑的方式

（续表）

具体经验	幼儿园阶段	小学阶段
动物的成长	其他活动 • 蚂蚁造家:观察蚂蚁在"蚂蚁工坊"中的生活状态,记录"蚂蚁工坊"里的变化 • 动物饲养:了解饲养园地里小动物(兔子、乌龟等)的外形特征和生活习性,萌发爱护小动物的情感 • 故事阅读:阅读小蝌蚪找妈妈的故事,了解小蝌蚪变成青蛙的过程 • 饲养蚕宝宝:观察了解蚕的生长过程,记录蚕生长发育的变化情况	• 鱼:喂养金鱼,知道鱼的食性 • 动物的家:饲养蚂蚁,知道蚂蚁的生存方式

　　学生在幼儿园阶段对常见动植物的经验认知性较强,这些显性经验可以在小学阶段的学习任务中被直接关联与激活调用,并且得到进一步的拓展和丰富。偏向能力的经验也可以被关联、激活和深化。科学探究经验中"运用探究方法和工具的经验"要求"用感官、借助外物进行观察、比较、分析,发现并描述事物的特征或变化,以及事物之间的关系"。观察、比较、分类等探究方法在幼儿园得到了应用,在小学得到了进一步的深化。运用探究方法和工具的经验比较见表2-6。

表2-6　运用探究方法和工具的经验比较[①]

具体经验	幼儿园阶段	小学阶段
观察	1. 集体学习 • 水在变:通过实验观察水的变化,了解水遇热会变成水蒸气,遇冷会结成冰 • 植物的生长变化:运用感官,借助探索工具(如放大镜、植物观测器),了解身边植物的一些特征和变化,并描述它们的变化,积累使用探究工具的经验 • 小雪花:运用感官,借助探索工具,了解雪花的特征,知道其与动、植物生长之间的关系	• 看一看,听一听:用眼睛观察物体的特征,用耳朵分辨不同物体发出的声音以及声音发出的方向 • 闻一闻,尝一尝:用鼻子闻各种气味,用舌头尝物体的味道,提高综合运用感官认识事物的能力 • 摸一摸,掂一掂:通过触摸感觉物体的软硬、光滑和粗糙、大小、形状等特征

---

① 由上海市杨浦区教育学院幼小衔接研究团队(主要参加者:杨俊、陈炜)提供。

（续表）

具体经验	幼儿园阶段	小学阶段
观察	2.其他活动 • 种植实验:持续观察、记录植物生长过程中的变化,发现植物有向上(向阳)生长的特性 • 会说话的水:仔细听辨不同的水声,尝试自主收集日常生活中各种水流的声音及相关的信息	• 不同的纸:运用不同的方法并借助工具,比较纸的不同 • 水:通过看、闻、尝等方法判断哪杯液体是水 • 衣料:利用多种感官探究不同衣料的特点 • 皮肤:运用"触觉测试棒"了解皮肤的感觉功能 • 不同的岩石:运用不同的感官并借助工具,探究不同岩石的特点 • 砂和黏土的特点:运用不同的方法并借助工具,比较砂和黏土的不同特点
比较	1.集体学习 • 不一样的我:观察比较自己与同伴外部特征的异同,记录自己的观察结果,感受每个人都是与众不同的 • 周围的桥:收集各种桥的图片,观察、寻找它们的共同特征,比较桥的不同造型和功能 2.其他活动 • 远足活动:去树林远足,观察各种树,运用工具测量比较,发现树木有粗细、高矮、叶子多少等不同的特征 • 比轻重:发现大小相似的物品,材料不同,质量也不同	• 你我他:观察、比较人在高矮、胖瘦、肤色等方面的不同 • 观察:通过比较的方式找出一类物体的共同特征 • 变化:比较物体随时间推移发生的形状、大小的变化 • 相同与不同:比较物体的相同点与不同点 • 轻与重:运用不同的方法并借助工具,比较物体的轻重 • 多和少:运用不同的方法并借助工具,比较液体的多少

（续表）

具体经验	幼儿园阶段	小学阶段
分类	1. 个别化学习 • 家禽和家畜：了解家禽、家畜的不同特征，能根据它们的特征进行分类 • 动物的本领：了解动物具有会飞、会走、会游泳的不同本领，能根据动物的本领进行分类 2. 其他活动 • 送动物回家：了解水生动物、陆地动物、两栖动物不同的生活环境和特点，能根据动物的生活环境进行分类	• 各种物体：分别按照天然的和人造的、有生命和没有生命的标准进行分类 • 分类：知道根据不同的标准分类，分类的结果是不同的

第三节　基于经验发展连续性的课程教学衔接

为促进幼小跨学段联合教研，使两个学段的教师能了解彼此学段的课程教学与儿童发展情况，在后续学习中激活、调用和拓展原有经验，促进儿童经验连续发展，我们引导和支持教师开展基于经验发展连续性的课程教学衔接案例研究。为提高案例研究质量，我们编制了案例撰写体例，要求聚焦语言发展、科学探究、数学认知、身体运动、艺术审美、社会性发展六大关键经验，分析新的学习任务与原有经验的关联性，提出经验构建、激活、调用、拓展等方面的教育教学建议，并呈现实施片段。

案例主要包含四部分内容。一是学习任务分析，立足小学的课程与儿童的学习内容，聚焦学习任务，侧重分析相关课程标准和教材，阐明学习任务的重难点。二是关键经验链接，突破学习任务中的重难点时，主要考虑儿童在幼儿园已获得的关键经验。如果一项学习任务涉及多种关键经验，在突出重点的同时应当兼顾其他经验。三是教育教学建议，小学重点关注在课前、课中激活和调用儿童原有关键经验的策略与方法，强化原有经验的利用，提出三至五条教育教学建议;幼儿园重点关注如何基于儿童后续学习需要丰富和拓展儿童在园经验(要避免小学化,不是为小学学习做知识准备)。四是实施片段举隅,呼应教育教学建议,用白描式、对话式等方式呈现丰富、激活、调用原有关键经验的教育教学片段。幼儿园和小学各举一例。

 案例

数学认知经验之"物体的形状"

闵行区第二实验小学　姜彧轩　甘乐鸣　陈　慧　沈　金

闵行区鑫都幼儿园　梅玲玲

一、学习任务分析

（一）解读课程标准,确立"立体图形"数学核心素养

"物体的形状"这一内容属于"图形与几何"领域。课程标准中指出,"图形与几何"在小学阶段包括"图形的认识与测量"和"图形的位置与运动"两个主题。其中,"图形的认识与测量"包括立体图形的认识和平面图形的认识,线段长度的测量,以及图形的周长、面积和体积的计算。图形的认识主要是对图形的抽象理解。

"物体的形状"这一内容属于《立体图形的认识》这一大单元,我们对该单元的内容结构进行了梳理。小学阶段立体图形内容结构梳理见图2-1。

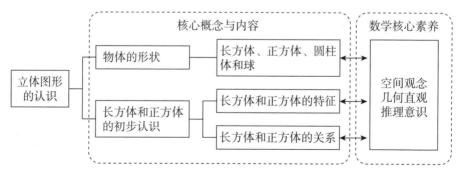

图2-1　小学阶段立体图形内容结构梳理

"物体的形状"是小学数学"图形与几何"部分的起始课。在课堂上,多数学生第一次接触到数学中的重要分支——几何。

课程标准中指出,在"图形与几何"部分,核心素养的表现侧重空间观念、几何直观、量感、推理意识。经过查阅资料与整理,我们认为在立体图形这一大单元的学习中,核心素养的表现侧重空间观念、几何直观、推理意识。立体图形知识学习与数学学科核心素养培育对应关系见图 2－2。

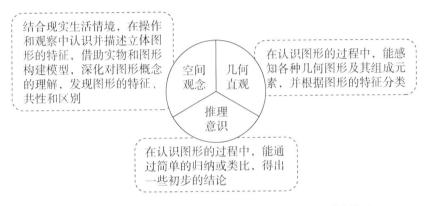

图 2－2 立体图形知识学习与数学学科核心素养培育对应关系

（二）幼小联合,确定科学衔接教学内容

要做到由上而下与幼儿园的衔接,小学教师应充分了解儿童的基础,设计有效的学习活动,帮助儿童更好、更科学地适应小学。因此,我们设计了前测活动,具体情况见表 2－7。前测结果是我们确定科学衔接教学内容的重要依据。

表 2－7 前测活动具体情况

学前基础	小学前测内容	方式	前测结果	前测结果分析
1. 分类:感知和体会有些事物可以用形状来描述,有一定的分类经验	前测活动 1:连一连立体图形	纸笔、调研、访谈	略	1. 正方体、长方体相关知识前测结果分析:大部分学生能辨别正方体和一般的长方体;对于名称,学生会用形来代替体;对于有正方形面的特殊长方体,学生认识时有一定的困难,如在访谈中,有学生是这样表述的:"它不是正方体,但也不是那个长方体。"

（续表）

学前基础	小学前测内容	方式	前测结果	前测结果分析
2. 认识图形：初步感知常见几何图形的基本特征，对立体图形的名称有一定的了解与接触	前测活动2：说一说立体图形的名称	访谈	略	2. 球相关知识前测结果分析：大部分学生能辨别球，但对球的表达不够准确，以圆形或圆球为主
3. 积木拼搭：能有创意地拼搭积木	前测活动3：课前搭一搭积木，比一比谁搭得又稳又高	操作、访谈	学生在幼儿园和家里都拼搭过积木，但他们拼搭积木时多为无目的的拼搭	3. 圆柱体相关知识前测结果分析：大部分学生比较熟悉圆柱体的名称，了解后可知幼儿园的学生认为圆柱体比较特殊，容易记住 4. 分类相关知识前测结果分析：学生存在把特殊长方体（有正方形面的长方体）认作正方体、把杯子的形状认作圆柱体、把轮胎的形状认作球、把薯片盒的形状认作球等情况

　　"物体的形状"作为小学数学"图形与几何"部分的起始课，所要达到的目标是物体形状的直观认识与类型认识。学生在幼儿园多为感知，把生活中的物体作为操作活动对象，我们对这部分内容进行了整理。"物体的形状"经验关联分析见表2-8。

表 2-8 "物体的形状"经验关联分析

内容	幼儿园大班	小学第一学段	
	已获得的关键经验	核心概念	目标
物体的形状	1. 区分面和体,认识平面图形和立体图形的区别 2. 基本知道常见几何图形的名称 3. 会用各种形状的积木自由拼搭	1. 图形的名称 2. 图形的特征 3. 图形的分类 4. 图形的抽象 5. 图形之间的关系	学段目标: 1. 通过实物、模型辨认简单的立体图形和平面图形,能对图形进行分类,会用简单的图形拼图 2. 在认识图形的过程中,形成初步的空间观念
			单元目标: 1. 通过触摸、滚动等行为直观认识正方体、长方体、圆柱体、球,能识别这些图形,准确地说出它们的名称 2. 通过行为区分平面与曲面 3. 通过画一画物体的表面,初步认识圆、正方形、长方形,体验"面在体上",初步形成空间观念 4. 通过对生活中常见物体的探究,学会观察物品,感受几何图形的美

通过课程标准解读、教材分析、学情调研,结合学校的校本文化"航天课程",我们把"物体的形状"这一内容的教学划分为四课时,具体内容为物体的形状(两课时)、形状拼搭我能行(一课时)、太空中的形状(一课时)。其中,太空中的形状为综合实践类课程。

二、关键经验链接

在图形认知的早期,学前时期的几何图形认知包括平面图形和立体图形两部分。幼儿对图形的认知从生活经验、具体熟悉的物体开始,因此,多数幼儿认知立体图形的顺序是球体、正方体、圆柱体、长方体。随着对图形认知的深入,幼儿开始接触图形的组合、分解、均分、旋转等。为了促进儿童立体图形经验的连续发展,我们基于儿童的年龄特点、学习特征、在园情况以及前测结果,力求从四方面进行关键经验的链接。

(一)生活经验链接

在生活经验方面,我们发现幼儿园的学生对玩积木、分类整理收纳等游戏是比较熟悉的,对积木的形状已经有了初步的了解,具有积木又稳又高、可以滚动和旋转等生活经验。因此,我们用拼搭积木的游戏引入,在幼儿园拼搭积木活动的基础上,从无序的"搭一搭""玩一玩"到有目标导向的"玩一玩""比一比""想一想",让学生在玩中思考,在玩后展开辨析和比较,进而深化对图形特征的认知。幼小段生活经验链接见图2-3。

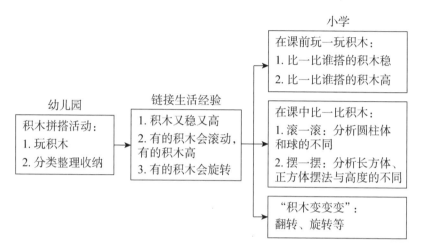

图2-3　幼小段生活经验链接

在小学的课前活动中玩一玩积木(比一比谁搭的积木稳、比一比谁搭的积木高)链接学生"积木又稳又高"的生活经验。在课中滚一滚(说一说黄色积木与红色积木的不同)与摆一摆(说一说1号积木和2号积木摆法与高度的不同)链接学生"有的积木会滚动,有的积木高"的生活经验,结合学生拼搭积木的操作活动,调用学生在幼儿园的生活经验来发展其对"积木的稳定性与图形的滚动性有关""积木的高度与图形面的不同有关"的经验。在"积木变变变"活动中,主要链接学生图形翻转、旋转、变粗变矮、变细变高的生活经验,让学生通过观察感受变化中的形状特征。

(二)认知经验链接

在认知经验方面,幼儿园学生的年龄比较小,他们的认知经验往往建立在操作活动(摸一摸、滚一滚)与绘本阅读活动的基础上。幼儿园学生已经积累了认知特殊图形(积木)、初步辨识图形特征等认知经验。

小学则要求学生在观察生活中的物体时建立一类特征形状的模型,充分利用自身已经建立的对直观物体的操作、观察、体验经验来认识对象的形状特征。在小学，学生要由实物转向抽象的图形，由一般图形转向特殊图形，由多样的图形转向不变的本质特征，真正建构对立体图形模型的认知，顺利地从具体到抽象，并能对物体形状的特点进行完整的表征。幼小段认知经验链接见图 2-4。

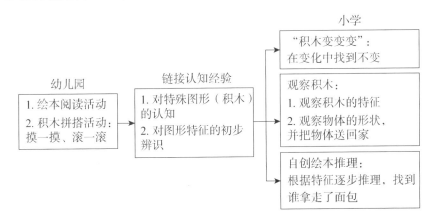

图 2-4　幼小段认知经验链接

小学课堂中"观察积木""积木变变变"链接的是学生对特殊图形的认识与形状感知经验。小学课堂引导学生用观察的方式整体、系统地了解图形特征，从观察特殊的积木到"积木变变变"中观察一般的积木，从特殊到一般，从具体到抽象，让学生明白"不论图形怎么变化，其特征是不变的"。学生在观察变化的过程中归纳出不变的图形特征并表征，再进行分类，在对图形特征的再认识中准确识别物体的形状，初步了解分类思想。小学活动"自创绘本推理"延续了儿童绘本阅读的形式，链接的是学生在幼儿园绘本学习中对图形的认知经验，让学生在课堂上进一步认识物体形状。课堂中以面包失窃案为情境，通过串联小动物的话来补充图形的特点。学生通过逐步推理，整体把握图形特征，并在对比辨析中加深对图形特征的整体认知，提升对图形的完整表达能力，增强空间观念与推理意识。

（三）学习方式链接

学生在幼儿园以活动或游戏的方式学习，而活动或游戏中一般包含多个领域的内容,具有综合性。学生在小学多以自主探究和实践活动的方式学习,在一个课时的学习中聚焦主要学习内容,多以合作探究、对比分析的方式展开。幼小段学习方式经验链接见图2-5。

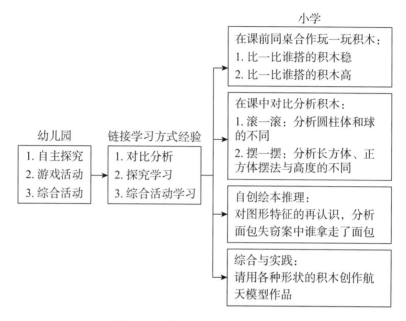

图2-5　幼小段学习方式经验链接

　　小学设计搭积木活动,链接的是学生在幼儿园探究学习的方式。学生在幼儿园以自主探究为主,到了小学不仅要采用自主探究的方式,还要采用合作探究的方式来学习。小学的搭积木活动还链接了学生在幼儿园拼搭不同积木的经验。学生在小学继续以对比分析的方式开展学习,对图形特征有了更深的认识。自创绘本推理活动链接幼儿园游戏活动的学习方式,小学以绘本推理的游戏活动展开学习,不仅激发了学生的学习兴趣,还培育了学生的数学学科核心素养。小学综合与实践课程"太空中的形状"链接幼儿园综合性学习的方式,重在提高学生的应用意识与创新意识。

　　(四)情感态度链接

　　幼儿园的学习通常借助20分钟的活动或游戏来开展,学生的课堂注意力集中时间也是20分钟左右,但小学的一堂课通常是35分钟。学生在幼儿园中以个体活动居多,缺少同桌合作、交流的机会,而小学课堂中需要同桌合作与讨论来开展学习活动。

一年级学生的注意力集中时间不长,往往到后半节课就容易坐不住、不够专注。因此,在"物体的形状"这节概念课中,我们设计了课前和课中的同桌合作活动,指导学生合作时要互相启发和帮助;自创了绘本推理故事,创编了物体形状的儿歌,在课堂中穿插有趣的卡通配音,以吸引学生的注意力,并培养他们的持续专注力。

课堂中的卡通配音、自创绘本推理、"积木变变变"、儿歌学唱链接的是学生学习的情感、态度与价值观。我们以这样的方式培养学生的持续专注力,激发学生的学习兴趣。在课前同桌合作玩一玩积木、在课中对比分析积木链接的是幼儿园的个体学习,发展的是学生与同伴合作学习时互相启发和帮助的学习品格。

综上所述,我们把"物体的形状"幼小段关键经验链接过程梳理为表 2-9。

表 2-9　幼小段关键经验链接分析

幼儿园学习活动	可链接的关键经验	小学学习活动	能力与素养的发展
积木拼搭活动: 1. 玩积木 2. 分类整理归纳	生活经验	在课前玩一玩积木: 1. 比一比谁搭的积木稳 2. 比一比谁搭的积木高 在课中比一比积木: 1. 滚一滚:分析圆柱体和球的不同 2. 摆一摆:分析长方体、正方体摆法与高度的不同 "积木变变变": 翻转、旋转等	1. 积木的稳定性与图形的滚动性有关 2. 积木的高度与图形面的不同有关 3. 空间观念

幼儿园学习活动	可链接的关键经验	小学学习活动	能力与素养的发展
绘本阅读活动	认知经验	"积木变变变"： 在变化中找到不变	1. 在对图形特征的再认识中准确识别物体的形状，并整体把握图形特征 2. 初步了解分类思想 3. 从特殊到一般，从具体到抽象，在观察变化的过程中归纳出不变的图形特征 4. 空间观念、模型意识、几何直观
		观察积木： 1. 观察积木的特征 2. 观察物体的形状，并把物体送回家	
积木拼搭活动：摸一摸、滚一滚		自创绘本推理： 根据特征逐步推理，找到谁拿走了面包	
自主探究	学习方式	在课前同桌合作玩一玩积木： 1. 比一比谁搭的积木稳 2. 比一比谁搭的积木高	1. 激发学生的学习兴趣 2. 提高学生的应用意识与创新意识
		在课中对比分析积木： 1. 滚一滚：分析圆柱体和球的不同 2. 摆一摆：分析长方体、正方体摆法与高度的不同	
游戏活动		自创绘本推理： 对图形特征的再认识，分析面包失窃案中谁拿走了面包	
综合活动		综合与实践： 请用各种形状的积木创作航天模型作品	

（续表）

幼儿园学习活动	可链接的关键经验	小学学习活动	能力与素养的发展
20分钟的课堂活动	情感、态度	卡通配音，辅助推进课堂	1.学生的持续专注力与学习兴趣 2.同桌合作 3.与同伴合作学习时互相启发和帮助的学习品格
		自创绘本推理，分析谁拿走了面包	
		"积木变变变"，变化过程呈现	
		儿歌学唱，帮助学生记忆回顾图形	
个体学习活动，没有同桌		在课前同桌合作玩一玩积木：1.比一比谁搭的积木稳 2.比一比谁搭的积木高	
		在课中对比分析积木：1.滚一滚：分析圆柱体和球的不同 2.摆一摆：分析长方体、正方体摆法与高度的不同	

三、教育教学建议

（一）幼儿园教学路径建议

1. 利用绘本阅读的浸润，为学习图形名称奠定表达基础

绘本中的图像语言是具体形象的生活化语言，文字语言是抽象的符号化语言，两种语言相得益彰。幼儿园可以依托《图形救援队》《形状对对碰》等绘本，通过独立阅读、亲子阅读、小组式阅读等多种形式，从视觉角度引导学生去感受、想象和思考，让学生把图像与现实中的图形联系起来，能够认识并知道常见图形的名称。

2. 以动手操作为载体，为图形感知提供学习支架

儿童较早发展的是感知觉运动，幼儿园可以通过"神秘的口袋"（摸一摸图形）活动、"趣味拼拼乐"（用各种图形制作拼图）活动把学生的触觉和视觉联系起来，引导他们感知立体图形的特征，理解平面图形的构成和特征。幼儿园要给予学生感知图形特征的活动支架。

3. 以搭建趣味游戏为阶梯，为深度学习积累活动经验

游戏对幼儿来说既是游戏活动，也是学习活动，具有独特的价值。幼儿

的学习特点决定了他们在感兴趣的游戏中会表现出更大的热情和潜力。为进一步激发他们的探索欲,幼儿园要为学生提供丰富的游戏材料,让学生通过分工合作实现深度学习。比如,可以通过趣味游戏让学生组合立体图形和平面图形,帮助他们理解立体图形和平面图形的组合与构成关系,并引导他们进行分享、交流、讨论,为下一阶段的学习积累有益的活动经验。

(二)小学教学路径建议

1. 延续幼儿活动经验,在对比体验中深化图形认知

幼儿园教师通过"生活中学""玩中学""做中学"等开展活动教学,小学教师在教学设计时可以延续幼儿园的活动经验,加入指向明确的活动目标,引导学生在操作活动中深度思辨,经历"质疑—讨论—深化"的学习过程,使学生的思维向纵深发展。小学教师要引导学生通过亲身经历观察、动手实践、对比体验主动认识立体图形,在具身参与中联系现实生活,发展思维。比如,在教授"物体的形状"一课时,可以从幼儿熟悉的积木拼搭活动入手,让学生在两次对比操作的体验中,深入认识"球和圆柱体在滚动性上的不同"以及"长方体和正方体摆放方式不同,高度就不同"。教师要进一步激活学生小学阶段需要掌握的核心概念,深化学生对图形的认知,发展学生的空间观念。

2. 融合技术助推辨析,从直观形象构建几何模型

根据小学生的思维发展特点,一年级学生处于从具体形象思维逐步向抽象思维发展的阶段。为帮助学生从图形的几何直观特征认识中构建几何模型,小学教师可以运用信息技术手段制作形状相同、大小不同、摆放方式不同的图形,充分利用信息技术中直观形象的动画变化效果,使一个个孤立的图形相互联系,在助力数学抽象概念直观化的同时,促进学生空间观念的发展。比如,学生在幼儿园的游戏活动中对特殊形状的积木有了初步的感知,为了使学生对图形的认识从特殊逐步走向一般,从多样的图形中发现其不变的本质特征,小学教师设计了"积木变变变"活动。活动中,学生通过观察、比较、归纳,发现图形的特征,通过"体悟—发展—建构"的循环过程,形成对图形的完整认知。

3.合理再构绘本资源,经历推理过程,发展空间观念

绘本阅读能满足幼儿好奇的天性,增强幼儿学习的主动性和积极性。小学教师在教学中可以创设富有推理线索的绘本资源,唤醒学生在幼儿园阅读绘本的经验,激发学生探究的兴趣,让学生经历观察、理解、思考、总结的过程,进而完整表达图形的特征,提升数学思维能力和观察想象能力。有效的绘本资源可以充分调动学生学习的持久性和兴趣。如在教授"物体的形状"一课时,我们在课程的后半段融入数学绘本阅读,以"寻找丢失的面包"为主线,合理再构绘本内容,让学生在推理的过程中整体把握物体特征,完整表征物体的图形特征,增强推理意识,发展空间观念。

幼儿园和小学在立体图形的认识方面是有递进性的,幼儿园重在感知与丰富具体的特征,而小学重在从特殊到一般,在变化中找到不变的本质,在渗透中发展学生的立体图形经验。

四、实施片段举隅

具体内容略。

 案例

增进中华民族文化自信,培育保护环境核心素养
——以二年级道德与法治"我是一张纸"为例

上海市嘉定区普通小学白银路分校 韩嫣然

一、学习任务分析

统编教材《道德与法治》二年级下册第三单元围绕"绿色小卫士"这一主题设计了四项内容,分别是"小水滴的诉说""清新空气是个宝""我是一张纸""我的环保小搭档"。从学习内容来看,"我是一张纸"属于"社会公共生活"主题,旨在引导学生从身边可触可感的纸资源出发,理解自己所处时代的主题——绿色与环保,进而养成节约用纸、热爱自然、保护环境、文明生活的良好生活习惯。

（一）课程标准分析

本课立足课程标准，结合学校实际和学生的生活经验，在让学生明白"纸和人们的生活关系密切，纸来之不易，现代造纸产业可能会破坏人们生活的环境"的基础上，进一步引导学生关注生活，珍惜资源，为保护环境做一些力所能及的事情，并养成保护环境的习惯，争做绿色小卫士。本课体现了《义务教育道德与法治课程标准（2022 年版）》中指出的"热爱自然，践行绿色生活方式，勤劳节俭，保护环境，增进中华民族价值认同和文化自信"等核心素养内容，以及与课程目标、课程内容、学业质量相对应的第一学段（一至二年级）的内容。

（二）教材分析

"我是一张纸"是统编教材《道德与法治》二年级下册第三单元的第三个主题。本课在"小水滴的诉说""清新空气是个宝"两课的基础上，分不断"变身"的纸、纸的"七十二变"、纸从哪里来三个部分进行讲解，引导学生从身边可触可感的纸资源出发，了解种类繁多的纸制品以及纸张在生活中的广泛作用，明白纸来之不易，并与我们的生活息息相关。本课引导学生了解古代造纸工艺与现代造纸技术，体会我国悠久的造纸历史与造纸术的深远影响，让学生明白造纸技术的发展与人类的需求密切相关，感悟我们祖先的勤劳智慧和不断创新的精神，知道造纸原材料及造纸过程与环境污染之间的关系，增强节约用纸与爱护自然的意识。本课还要引导学生了解具体的节约用纸方法，让学生在生活中切实做到爱惜纸张、保护环境。

基于对课程标准和教材的分析，"我是一张纸"这部分内容的教学重点是让学生在认识纸的基础上，了解造纸原材料及造纸过程与环境污染之间的关系，教学难点是让学生反思日常生活中的用纸习惯，增强节约用纸与爱护自然的意识，并积极践行节约用纸的方法。

为了有效达成教学目标并突破教学重难点，需要确保学生在幼儿园阶段有相关的前期经验积累与连续发展支持。这里的前期经验是指学生对纸有初步的认识，对四大发明中的造纸术有浅层次的了解，并能在自己的日常生活中深化对纸与纸制品的认知。

二、关键经验链接

(一) 基于日常生活经验,形成对纸的类型与作用的初步感知

二年级的学生对身边的纸并不陌生,他们在日常生活中接触过很多类型的纸以及不同样式的纸制品。学生认识生活中常见的纸制品,也知道树木等常见的造纸原料。他们认为纸在生活中随处可见,好用又方便。家中的长辈也会教他们如何使用卫生纸等纸制品。学生通过日常观察与实践,可以丰富自身对纸制品类型与作用的感性认识。

(二) 初步积累识别与使用纸制品的基本经验

通过学情调研,我们了解到学生在幼儿园中班已经通过绘画、折纸、剪纸等美术手工活动接触过不同类型的学习用纸与美工用纸,对纸的样式与作用有了初步的感知。在美术手工活动中,学生会接触到不同种类的纸,如彩纸、皱纹纸、硬卡纸等。在绘制图画与制作手工品的过程中,学生可以通过动手实操感受到纸有软硬薄厚的区别,有可上色吸水、折叠剪裁等特点,对纸的类型与功能形成初步的认识。

(三) 初步理解古代造纸发明的重大历史意义

在幼儿园大班,教师基于"我是中国人"主题下关于中国四大发明的内容,会设计语言阅读、科学发现、美工制作、益智游戏、拼插建构等学习活动,介绍纸的发明故事、演变历史,大致讲解造纸原料和流程,指导制作环保创意纸制品等,深化学生对纸的认识与理解。由于不同教师有自主设计课堂活动的空间,不同班级的学生会从不同角度去认识、了解纸。有的学生通过实物展示交流体会到纸制品种类繁多、颜色各异、薄厚不同等特点,有的学生了解了古代造纸的故事,有的学生在教师的指导下模拟了简易的古法造纸实验。多数教师会重点介绍古法造纸与蔡伦改进造纸术的故事。学生通过了解古代造纸故事,知道了中国是世界上最早发明纸的国家,初步理解纸的出现是一件很了不起的事情,进而增强自身的民族自豪感与文化自信心。基于幼儿园的学习经历,学生会对纸有不同的认知基础,如有的学生知道纸的分类与用途,有的学生了解纸是由什么材料制成的,有的学生了解古代造纸的重大意义。

基于年龄特点,学生在幼儿园中多通过参与生活化的活动获取相应信息,所以多数学生对纸的认知较为粗浅,并不了解现代造纸产业可能会对环境产生污染等知识。教师在以往的教学过程中时常发现如下问题:(1)学生只认识生活与学习中常见的纸制品,不了解一些特殊的纸制品;(2)学生只知道树木可以用来造纸,不知道自然界还有很多其他的造纸原料,也不知道废纸回收、循环利用的造纸方式;(3)学生只知道造纸术是我国的伟大发明,不知道现代造纸产业是一种重污染的轻工业,不了解造纸过程中会产生的具体环境污染;(4)学生只知道纸在生活中随处可见,轻易可得,并没有意识到纸的来之不易与浪费纸带来的环保问题。

三、教育教学建议

(一)小学阶段教育教学建议

1. 引导经验迁移,播下民族自信的火种

学生在日常生活与学习中形成了对纸的初步认识,教师在教学过程中需要结合学生的年龄特点与认知水平,充分关联学生在幼儿园积累的相关经验,鼓励学生自主探究,促进学生合理迁移已有知识经验。比如,教师可以在课前布置预习任务,让学生通过上网浏览等方式,了解古代造纸与蔡伦改进造纸术的故事,并鼓励学生手绘古法造纸流程图。学生通过查阅资料与绘制古法造纸流程图,不仅可以激活已有经验,还能历经思维意识的叠加与更新,进一步丰富自身对造纸术的认知,深化对造纸术重大历史意义的理解。学生在完成任务的过程中有效预习了相关内容,提升了探究意识和学习兴趣。更重要的是,课前任务激活了学生在幼儿园积累的造纸术是中国伟大发明的经验,有利于学生进一步增进中华民族文化自信,提升道德与法治核心素养。

2. 加强经验改造,点亮绿色环保的灯盏

大部分学生在幼儿园阶段已经知道树木可以造纸,但他们并不知道除了树木,自然界中还有更为环保的造纸原料,更不了解因大量造纸而引发的环境危害。为了更加顺利地联结幼儿园与小学的知识结构,充分利用学生已有的经验进行教学,教师可以先从自然界、生活中学生较为熟悉的造纸原料入手,再进行拓展。比如,教师可以先基于教材展示常见的造纸原料,再播放影音资料,拓展学生对造纸原料种类及其对环境影响的认知。学生通过自主阅读与同伴交流,能根据自身已有的知识经验认识之前并不熟悉的造纸原料,理解造纸原料的大量消耗会引发环境危害。学生在自主探究和归纳总结的过程中,深化了对环保造纸原料与废纸回收问题的认知。

3. 助力经验增长,敲响环境污染的警钟

小学生处于具体运算阶段,其思维具有鲜明的形象化特征。教师要从学生的已有经验和情感需求出发,以直观性教学为主,选择符合学生经验基础与认知水平的授课方式,发展学生的道德品质与核心素养。

基于幼儿园的学习与课前任务的完成,学生对古代造纸步骤有了大致的了解,但他们并不了解现代造纸流程,也不理解为什么现代造纸产业会造成严重的环境污染。教师可以展示与现代造纸产业相关的视频等,让学生认识到科技是一把双刃剑,在提高造纸生产率、降低纸张价格的同时,也因为随意排放添加了化学试剂的污水、丢弃造纸废渣、排放造纸废气等,造成了一系列的环境污染。

4. 推动经验发展,奠定保护环境的基石

教师要对适宜的课外资源保持敏感性,善于开发课堂之外的育人阵地,提升道德与法治学科的教育价值。教师可以设计与生活实际和社会现实相关联的环节,使学生将课堂中的"学"延伸至生活中的"做"。比如,可以让学生在课后询问学校图书管理员如何处理破损图书,询问文印室老师是否使用了双面打印模式,询问父母如何处理包装纸盒等废旧纸制品。这些调查结果有助于学生理解教材,了解生活。学生分享的节纸金点子与环保小妙招有助于其课后践行爱惜纸张、保护环境。

(二) 幼儿园阶段教育教学建议

学生在幼儿园中参加的是生活化的活动,教师要善于通过开展游戏、讲述故事等方式创设轻松活泼的活动情境,以充满童真童趣、直观新颖的动态活动,为学生营造快乐放松的氛围。做游戏符合学生特有的思维特点与认知规律。在寓教于乐的温暖底色中,学生悟理益智,实现了内在认知与心理情绪的交互发展。

1. 活用游戏情境，绽放童心光彩

教师可以为学生设计捉迷藏的游戏，让学生寻找藏在教室里的纸制品，并交流这些物品的名称与作用。教师可以选取一些不常见的纸制品，如热敏纸、面膜纸等，引发学生的认知冲突，激发学生对未知事物的好奇心与探索精神，使学生在游戏中体会"纸制品在生活中无处不在，与自己的生活息息相关"。

2. 巧用故事情境，传承家国情怀

教师可以把蔡伦改良造纸术的故事作为载体，绘声绘色地讲述蔡伦与工匠造纸的故事。教师可以通过高低起伏的声调与灵活多变的表情推动故事情节的发展，提升学生的专注度与积极性，让家国情怀的幼苗根植于学生心中，增强学生的民族自豪感与文化自信心。

四、实施片段举隅

具体内容略。

第三章

在做做、玩玩、探探中
丰富学习经历

『**本章导语**』

儿童经验的连续发展是发展适宜课程的目的与归宿,而如何用适切的学习方式帮助儿童实现经验连续发展成为重难点问题。儿童的学习不是全靠教师的教,而是从体验世界开始,逐步地认识世界、发现世界,最终形成关于世界的基本图式。探究是儿童的天性,在小学低年级的课程教学中,教师应创设真实的学习情境,充分相信儿童的创造力,让儿童经历观察、猜想、探索、实验等过程,在体验、探究、表达等活动中自主学习与建构,并在此过程中提升问题解决能力。

第一节 关注学习方式衔接

学习方式衔接是幼小衔接的重要组成部分。我们要尊重儿童爱玩的天性，合理延续幼儿园的课程实施方式，把游戏、体验、探究等作为小学低年级课程的主要实施方式。

一、幼儿园以游戏为基本活动

幼儿园的生活学习与小学的生活学习有着较大的差异，刚步入小学的低年级学生对此深有体会。到了小学，听讲是基本活动、主要活动，学生主要学习语文、数学、英语等分学科的知识，体验活动少，直接经验也少。而在幼儿园，游戏是基本活动、主要活动，学习是生活化、游戏化、主题式的。

《幼儿园工作规程》明确了游戏在幼儿园教育中的地位，把"以游戏为基本活动，寓教育于各项活动中"专门作为幼儿园教育的一条指导原则，指出"游戏是对幼儿进行全面发展的重要形式"。《上海市教育委员会关于深入推进本市幼小科学衔接工作的实施意见（试行）》强调幼儿园深入实施入学准备教育，坚持以游戏为基本活动，珍视游戏的独特价值，保护幼儿的好奇心和学习兴趣，鼓励和支持幼儿通过亲近自然、直接感知、动手操作、亲身体验等方式学习探索。

对学前儿童来说，游戏是一种重要的学习方式。福禄贝尔指出："儿童早期的各种游戏，是一切未来生活的胚芽。"幼儿最自然的活动方式就是生动活泼的游戏。蒙台梭利指出："游戏就是儿童的工作，是以乐趣为目的的、以过程为导向、以内驱动机为主的活动。"陈鹤琴指出："小学生生性好动，以游戏为生命。"游戏是促进学前儿童身体、智能、道德品质、情感、创造性发展以及成长的重要手段。在游戏活动中易于激发儿童的学习兴趣，让儿童在玩中学，在学中玩，他们会学得轻松愉快。

游戏对促进儿童身体动作发展、认知发展、情绪情感发展、社会性发展等具有重要价值。运动和体育游戏可以促进儿童的身体发展,提高儿童的运动技能。通过跑、跳、投掷等活动,儿童可以提高自身的协调性、灵活性和体力。游戏可以促进儿童思维、记忆和问题解决能力的发展。通过解决问题、思考策略和探索新概念,儿童可以提高自身的认知能力。创造性游戏可以激发儿童的想象力和创造力。通过绘画、做手工和角色扮演,儿童可以发展自身的创造力,提升独立思考和问题解决能力。社交游戏可以帮助儿童学习与他人互动、合作、沟通。通过角色扮演、团队游戏和交际游戏,儿童可以发展自身的社交技能,学会分享、倾听和尊重他人。游戏为儿童提供了表达情感的安全和自由空间。通过角色扮演、艺术创作和戏剧游戏,儿童可以表达自己的情感,增强情绪认知和情感表达能力。

二、合理延续幼儿园的学习方式

学生家长显然也看到了幼儿园和小学两个学段在课程组织与实施方式上的差异,我们经常能听到家长在"吓唬"快要上小学的孩子时说:"等你上了小学,就要去收骨头了。"幼儿园和小学在学习方式上的急剧变化带来了学生入学适应方面的问题。

对低年级学生来说,游戏、画画、唱歌、跳舞、想象、探究、交流、接触大自然等是他们的真实需要。事实上,小学生应该在经验中学习,在体验中学习,在生活中学习。换言之,小学生适合在游戏、观察、测量、画画、唱歌、实验、表达等过程中扩展经验,提升能力。在幼小双向衔接和幼儿园"去小学化"的背景下,小学课程组织与实施方式要适当向幼儿园靠拢,用学生熟悉的主题式综合活动课程激发和维持学生的学习兴趣,让学生能够动起来,以此逐步改变学生对小学课程的刻板印象。

游戏、参观、情境模拟、现场体验、小实验、小制作、对话表演等应该成为低年级学生的主要学习方式。这些学习方式能够激发学生参与活动的兴趣和热情,引导和支持学生充分地参与、体验、感悟,为学生提供真实、鲜活、第一手的经验。学生的问题意识、问题分析与解决能力,以及同伴合作、分享、表达表现能力,都能够在活动中得到锻炼和提高。

如小学可以根据学生生活环境与发展需求,生成"保护我自己"的主题课程,开展参观消防站、画逃生图、准备应急包、探究火的知识、检查学校灭火器、消防演习、逃生演练等活动，通过参观、体验、游戏、绘画、情境模拟等方式，以有趣的实践活动引导学生学习，让学生在实践活动中形成自我保护的意识和能力。

在普陀区新普陀小学的"蒲公英之旅"活动中，学生主要完成三项学习任务。一是乐游校园。学生在教师的指导下，用应用软件了解植物，制作"花语养护牌"，呵护绿植生长。二是学着用扭扭棒制作"闪亮蒲公英"，与伙伴合作设计装饰画，美化教室环境。三是制作"缤纷许愿瓶"，与未来的自己对话，写下成长目标。教师在活动中给予学生指导、帮助与适时的评价，及时收集学生参与活动的相关资料，记录实践与体验的过程，保留学生的活动成果。

三、小学教学改革的实践方向

小学教学改革的实践方向主要包括四方面。

一是强化直接经验，凸显做中学。"学与做"的概念源于杜威经验课程论"从做中学"的课程思想。我国教育学者把国外先进经验和我国实践相结合，取名"做中学"。作为特色课程的实施策略之一，"学与做"特色课程内容的组织，逐步形成从动手操作、技术制作类内容到思维探究类、小课题研究类内容的整体构建，初步形成了"学与做"课堂教学基本环节，建立了与之配套的学生观察实验记录单、学生课堂活动记录册、活动课的学案等。[①]

二是强化合作学习。合作学习强调多向型互动观、能力培养的目标观、"指导—参与"的师生观、合作性的情境观、追求进步的评价观。合作学习以现代社会心理学、教育社会学、认知心理学、现代教育技术学等理论为基础，以研究与利用课堂教学中的人际关系为基点，以目标设计为先导，以师生、生生、师师合作为基本动力，以小组活动为基本教学形式，以团体成绩为评价标准，以标准参照评价为基本手段，以大面积提高学生的学业成绩、改善班级内的社会心理气氛、形成学生良好的心理品质和社会技能为根本目标，是一种极富创意与实效的教学理论与策略[②]，也是一种充分尊重学生需求的教学策略。

① 胡玫."学与做"特色课程的神塑与型塑——温州三中特色校本课程的创建[J].上海教育科研，2013(3).

② 王坦.论合作学习的基本理念[J].教育研究，2002(2).

　　三是强化探究性学习。《现代汉语词典》中把"探究"一词定义为"探索研究；探寻追究"，即努力寻找答案并解决问题。新课改实施以来，探究性学习一直是课程实施的重要形式。探究性学习策略是指在特色课程实施过程中师生进行探究性教与学的策略。教师以学生为主体，引导学生自主探究和合作探究，充分发挥学生实践探索的积极性和创造性。

　　四是探索项目化学习。项目化学习已经广泛应用于我国的基础教育实践，将项目思想引入基础教育课堂，对提升学生的批判性思维能力、协作沟通能力、问题解决能力等有着十分重要的作用。[①] 项目化学习其实是"知道"和"做到"的集合——项目化学习的重点不是重新定位课程，而是重新定位学生的教育；不是通过教材培养学生，而是通过学生的经验激活那些无形的思维能力。[②] 在特色课程的实践中，教师可以通过项目化学习、问题化学习、任务导向的学习提升学生的相关能力。

第二节　在多元活动中经历有趣的学习

　　为有效落实关于减负的指示精神，指导学校帮助学生实现从幼儿园到小学的自然、平稳过渡，切实减轻学生课业负担和心理负担，在上海市教委的指导下，上海市教委教研室于 2017 年启动了小学低年级主题式综合活动课程实践探索。综合考虑项目初心和新的形势，在课程目的上初心不变，在课程内容上整合落实"五育"并举要求，整合落实原拓展型课程、探究型课程在小学低年级的目标要求，以实践、体验、探究、劳动等为主要实施方式，通过主题式综合活动课程实现目的、内容与形式的统一，即通过儿童熟悉、喜欢的形式，开展彰显"五育"并举要求的丰富活动，实现幼小衔接的目的。

---

　　① 林琳，沈书生.项目化学习中的思维能力及其形成轨迹——基于布卢姆认知领域目标视角[J].电化教育研究，2016(9).

　　② Markham，T. Project based learning [J].Teacher Librarian，2011(2).

一、综合活动的基本形态

小学低年级主题式综合活动课程鼓励学生从自身成长需要出发,选择活动主题,主动参与并亲身经历实践过程,体验并践行价值信念。《中小学综合实践活动课程指导纲要》指出,综合实践活动主要包括考察探究、社会服务、设计制作、职业体验四种。与此相似,学者王卓以"模仿—创造"为横轴,以"解决认知问题—解决实际问题"为纵轴,把综合实践活动分为四类,即体察型实践活动、参与型实践活动、探究型实践活动、应用型实践活动①(见图 3 - 1)。其中,体察型实践活动、参与型实践活动在上海市各小学开设的拓展型课程中普遍存在(如实线圈所示),探究型实践活动、应用型实践活动占一定比例并在实践中得到进一步深化(如虚线圈所示)。这些都是小学低年级主题式综合活动课程要重点探索的实践活动类型。

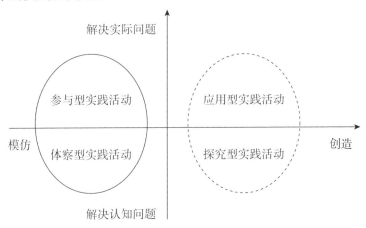

图 3 - 1 综合实践活动的类型

体察型实践活动是指在教师指导下,通过考察、参观和访问等方式,获得对社会生活与人生的认知、理解、体验和感悟,丰富学生经历,培养学生的交往能力和合作精神。体察型实践活动不直接以培养探究能力为主要目标,但学生的实践能力会得到锻炼。②在校园里,课程资源相对有限,教师不可能也没必要将真实的场馆、实践基地等场景搬进校园。因此,参观、考察等体察型实践活动被

①② 王卓.综合实践活动课程实施模式的构建[J].教育科学,2008(2).

广泛应用,通过实地感受、体验,增加学生阅历。体察型实践活动的基本过程是"提出考察体验的目标与主题—确定考察对象并协商制定考察方案—进行现场考察—撰写报告与交流"。在整个实践活动中,现场考察是核心和关键。为避免现场考察走马观花、形式大于内容,应强化目标导向、任务导向,引导学生带着任务去考察体验。如上海市黄浦区复兴东路第三小学充分利用学校周边的社区、场馆等资源,利用好家长志愿者资源,引导学生带着任务去经历不寻常的路,去探寻"幸福"。

参与型实践活动是指学生在学校有组织、有计划的统筹安排下,直接参加社会活动,如社区服务活动、社会公益性活动,或参加一些力所能及的生产劳动(如学工、学农)。参与型实践活动重在参与,以了解社会分工与职业性质、了解基本的社会生活常识、提高实践技能、获得积极的社会生活体验为目的。[①]参与型实践活动与社会服务活动、职业体验活动等实践方式基本相同。以社会服务活动为例,它是小学综合实践活动的主要方式之一,指学生在教师的指导下,走出教室,参与公益活动、志愿服务、勤工俭学等社会服务活动,以自己的劳动满足社会组织或他人的需要。它强调学生在满足被服务者需要的过程中学习相关知识,提升实践能力,获得自身发展,成为履职尽责、敢于担当的人。社会服务活动包含自我服务、家庭服务、学校服务和社会服务等形式,这些形式的服务范围和对象不断扩展,能力要求也在逐渐上升。对小学生来说,社会服务活动一方面侧重于围绕学生日常生活开展自我服务和家庭服务,如开展"生活自理我能行""家务劳动我能行""争当集体劳动小能手"等主题活动,让学生学会处理生活中的基本事务;另一方面侧重于增强学生积极参与学校和社区活动的意识,如开展"校园志愿者""爱心义卖""环保宣传员"等主题活动。

探究型实践活动是指在教师指导下,让学生从问题出发,通过资料收集、实地调查、实验、论证等手段,形成对相关问题的理解并尝试提出解决问题的建议。[②]探究型实践活动可能不以解决实际问题为最终目的,但却是形成问题解决方案的重要一环。学生通过探究活动能够获得解决问题所需的新知识和新方法,能够形成理性思维、批判质疑和勇于探究的精神。探究型实践的基本过程

---

①② 王卓.综合实践活动课程实施模式的构建[J].教育科学,2008(2).

是：(1)发现并提出问题；(2)提出假设，选择方法，研制工具；(3)开展探究实践，获取证据，进行解释或提出观点；(4)交流、评价探究成果，反思和改进。探究型实践活动与研究性学习活动、研究型课程活动类似，往往以问题为起点，以探究为中心，面向学生生活世界，强化自主学习、合作学习、实践性学习。如上海市黄浦区卢湾二中心小学引导学生带着问题走出班级，在校园里实地寻找、观察、记录各种植物，相互分享实地探究的发现与收获。

应用型实践活动是指在教师指导下，让学生尝试应用所学的各科知识和生活经验、技能，自主解决生活实际问题的实践活动。应用型实践活动包括应用(食品制作、种植、养殖等)、设计(艺术设计、产品设计、活动设计)两种实践方式。① 应用型实践活动往往是在探究型实践活动基础上的深化，它基于探究型实践活动中的学习和发现，应用手工设计和制作技能，指向实际问题的解决，外显为创意物化的产品或方案。因此，应用型实践活动与探究型实践活动有较多的交集，它们共同始于问题发现，经历探究过程，但前者对探究结果的物化表现具有更高的要求，更加关注实际问题的解决。对小学低年级学生来说，应用数学、工程、技术等科学知识对产品或方案进行精细设计有很大的难度，因此常采用艺术的方式来呈现探索的过程和收获。学生可以用图画来表达想法，也可以用陶艺制作来体现设计思路，甚至用肢体动作、游戏设计、表演等形式来表达创意。如上海市青浦区实验小学引领学生在探索、分析家乡的桥的基础上，引导学生用陶泥来设计制作小桥。

二、综合活动的常用形式

行是知之始，知是行之成。实践和体验无疑是学习的有效方式。真体验让学生深度参与现实情境，激发学生多感官的协同运用，让学生在体验中获得及时性反馈并产生情感共鸣。这样的课堂是打破边界的，学生通过自己的亲身参与来获得体验。他们观察、触摸、倾听、嗅闻、品味，用五感与世界互动。他们在真实的体验中产生情感反应，如兴奋、好奇、满足、惊讶。这些情感是主动探索的催化剂，有助于激发学生对知识和学习的持续兴趣，能够引领学生走向自主

---

① 王卓.综合实践活动课程实施模式的构建[J].教育科学，2008(2).

学习和多元成长。根据低年级学生的年龄特点和身心发展规律，小学低年级主题式综合活动课程常用实地参观、现场体验、情境模拟、小实验、小制作、小游戏、展示交流等活动形式，引导和支持学生在玩中学，在做中学。

实地参观是指有目的、有计划地带领学生到真实的社会环境中参与实践活动的一种教育活动。通过参观，学校能够充分利用周围环境中的教育资源，扩展学生的学习空间，开阔学生的视野。只有带学生到真实的社会环境中去观察真正的社会生活，让学生在真实的社会环境中进行真实的体验与实践，才能够使学生在大社会中进行学习。学生的探究往往始于直观的感受和经验，而实地参观是学生获得直观感受的重要方式，有助于学生解决问题。所以，实地参观本身就是一种有价值的体察型实践活动，能为后续开展的探究型实践活动、应用型实践活动等提供经验上的铺垫。

如果说实地参观的重心在于"观"，在于视觉、听觉、触觉等直观印象基础上的感受和体会，那么现场体验则更进了一步，更加强调亲身参与"做"的过程，而不是仅限于看一看、听一听、摸一摸。正如《小马过河》中的小马，如果只听老牛说河有多么多么浅，只听松鼠说河有多么多么深，那它永远也不知道河既没有老牛说的那么浅，也没有松鼠说的那么深。这正是现场体验活动的价值，它能给予学生真实、个性化的体验，不同的学生即使面对相同或者相似的情境，也会产生不同的感受、理解和体悟。正是因为个性化，体验才是真实的。教师可以带领学生到真实情境中即时体验，也可以设计相关活动，引领学生经历一个完整的体验过程，如护蛋行动、饲养宠物、培植绿植等。如上海市松江区新闵学校注重学生亲身体验，引导学生探索自然的奥秘。

小学低年级主题式综合活动强调真实的经历和体验，但受活动时空所限，不可能到真实的情境中去开展每个活动，也不可能让学生完全真实地去体验所有活动，因为有些活动可能会给学生带来伤害。如我们不可能为了让学生体验灭火就让他们进入火场，不可能为了让学生体验指挥交通就让他们上街执勤……于是，情境模拟被广泛应用。

情境模拟是指教师根据活动目标和内容，有针对性地设计活动情境，并让学生扮演情境角色，模拟情境过程，在高度仿真的情境中实践体验和探究，进行体验性学习。情境模拟要突出操作性，讲究趣味性，注重实效性。如上海市黄浦区蓬莱路第二小学的"蓬莱小镇"课程，实际上把学校变成了一个模拟的社区。该校以原有的"蓬莱小镇"课程为基点，开发主题式综合活动课程，打破了学校与真实社会之间的壁垒。每周五下午，该校就变成了一座欢乐的小镇，五个年级变身为六大社区，所有的学生变身为小镇居民。该校以四十五个小镇活动场所为主题，开发了星星邮电局、每日鲜菜场、超能维修站等综合活动课程，每个课程都围绕一个主题设计活动和学习任务。聚焦低年级的十六门课程，该校在有限的校园空间内尽可能地为学生打造一个小社会的情境，尽可能多地提供学习材料，让学生在自由开放的学习空间里体验和探究。该校充分利用校内外的一切资源，围绕一个主题，尽可能地为学生创设综合活动的情境，提供自由学习的空间，让学生能够在这样的情境中自主发现问题，在合作中多视角地分析问题，积累宝贵的经验。在模拟的情境中，学生或游戏，或劳动，或制作，或探究，他们个个都专注地活动着。爱玩是学生的天性，他们在享受玩的过程中经历有趣的学习。"小园艺师"在观察鲜花、触摸泥土的过程中认识和感受自然，发现植物生长的规律，体会什么是爱和责任；"小警察"在体能训练和寻找钱包的过程中学习遵守社会基本规则，学会推理分析，体会帮助他人的快乐；"邮递员"一字一字地读懂收件人和地址，然后开始探究送信路线，学习与人交往；"消防员"认真学习消防知识，检查灭火器，学着保护自己和他人……有趣的学习就这样在做做、玩玩、探探的过程中无痕发生。学习的目的不是简单地获得知识，而是让学生在丰富的经历中拓展经验，让学生在实践探究中发现和成长。

小学低年级主题式综合活动课程经常采用小实验、小制作、小游戏等丰富学生的经历和体验。实验法是科学研究的基本方法之一，它人为地变革、控制或模拟研究对象，突出主要因素并尽可能地排除无关因素，使某些现象发生或再现，从而去认识自然现象、自然性质、自然规律。实验法常常被应用于心理学、社会学等研究。实验的一端往往是有趣的现象和变化，另一端则是引起变化的原因和规律。我们可以从有趣的现象入手，探寻变化的原因，找到科学的规律，而科学知识与规律是解决问题、形成创意物化成果的根基。正因为如此，小实验被主题式综合活动课程广泛采用，在"我与自然"板块的主题活动中尤为常见。如上海市长宁区哈密路小学引导学生通过小实验来探究彩虹的奥秘，学生在校园内认识彩虹、感受彩虹、制作彩虹。这一活动既贴近学生生活实际，又符合学生"在玩中学""在做中学"的特点。

对小学生来说,小实验往往具有探究、创新价值,而小制作可能具有创新价值,小制作的作品是问题解决的模型或方案,由此形成小发明。小制作也可能是一些模仿性更强的活动,如手工、折纸、剪纸、制作糕点等,很多制作活动往往伴随节庆活动展开。这些模仿性的制作活动对学生综合素质的提升极具价值,它不仅能够锻炼学生的动手操作能力,还能够让学生在活动中感受和体验中华优秀传统文化。

游戏是小学低年级学生喜闻乐见的活动。在幼儿园,游戏是基本活动,游戏促进了学生身体、认知、语言、创造性、社会性、情绪情感等方面的发展。在小学低年级主题式综合活动课程中,游戏是重要的活动方式之一。与幼儿游戏更强调自主性、自发性不同,小学低年级主题式综合活动课程中的游戏具有更强的目标指向,要为课程目标和活动目标服务,要为特定目标指引下的感受与体验服务。学生在轻松愉快的游戏体验中会获得与课程主题相关的直接经验,为后续活动开展提供经验铺垫。如上海市嘉定区第一中学附属小学在"有趣的影子"主题下,设计了"和影子做游戏"的活动,为后续"手影游戏""影子探秘"等活动的开展奠定了认知、操作基础。

在小学低年级主题式综合活动课程中,活动形式不是非此即彼,而是相互融合、整体推进的。小学低年级主题式综合活动课程往往始于体察,先让学生获得直观感受和经验,再让学生参与实践、体验和探究,经历猜想、调查、实验、分析、推理、劳动等过程,最后让学生用写话、演讲、绘画、表演等富有创意的表达表现手段呈现实践活动成果。

以任务驱动学生带着问题去探索,而不是停留在看一看、摸一摸、闻一闻等感性认知层面,就能增加探究的深度。针对同样的问题,探究回答的路径可以有多种,学校可以根据学生的认知特点、活动时空、课程资源等进行综合考量和选择。学生可以通过现场观察、记录、比较和分析初步探究事物的变化规律和影响因素,可以在校园场景和校外场馆等现实情境中进行考察与体验,可以开展问卷调查和访谈,可以通过小实验来验证与发现,还可以通过阅读和查阅资料来探寻问题的答案。总之,学生就是"小小研究员",可以通过各种研究活动去探究,获得丰富、直接的活动经验。

案例

"肥皂探秘之旅"主题式综合活动

上海市杨浦区平凉路第三小学 杨 劼

一、案例概述

"肥皂探秘之旅"是杨浦区平凉路第三小学低年级主题式综合活动课程中的一个活动项目。肥皂作为日常生活必需品,在学生的日常生活中很常见。本活动以学生身边各种有趣的肥皂为载体,通过观察、制作、实验、交流等活动形式,引导学生在与肥皂的亲密接触中感受生活的乐趣,走进生活,观察生活,创造生活,提升对科学的兴趣,增强问题意识,养成仔细观察、积极思维的习惯。

教师结合学校"滨江 dreams"特色课程,依托在地化资源皂梦空间(上海制皂厂旧址)设计了以"肥皂探秘之旅"为主题的低年级主题式综合活动课程。该主题活动分为感知肥皂、制作肥皂、科学探皂、艺术皂展四个活动,层层递进,相互关联。它以肥皂为载体,整合了语文、数学、美术和科技等学科的内容(见图 3-2)。教师以"滨江特色"和"素养养成"双线组织教学活动,为学生提供综合运用所学知识在真实问题情境中开展探究性学习的机会,帮助学生整体感知自我、社会和自然,养成良好的生活、学习和交往习惯,提高学生的学习适应性和社会适应性,发挥综合实践课程独有的育人功能。

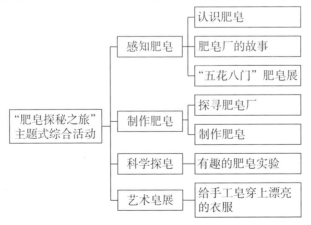

图 3-2 "肥皂探秘之旅"主题式综合活动的结构

二、活动背景

教师充分利用滨江资源,以学生生活中随处可见的肥皂为载体,激发学生的学习兴趣,综合考虑一年级学生的认知水平,设计出一系列富有童趣的主题活动。教师通过观察、制作、实验、交流等活动形式,让学生感受到肥皂带来的乐趣,激发学生的创造性,引导学生亲近生活、观察生活、体验生活、创造生活。

教师希望通过该主题的学习,达成以下目标:(1)通过聆听肥皂的故事、观察肥皂实物、绘画身边的肥皂、观看影视资料等,自信地表达自己对肥皂的理解和认知;(2)通过小组合作学习,在有趣的肥皂实验中探究肥皂的奥秘,感受合作与交往的快乐;(3)通过实地探访杨浦皂梦空间、制作手工皂和美化肥皂盒等活动,综合运用所学知识去解决问题。教师希望在这一过程中培养学生创意物化的能力,激发学生身为滨江小主人的自豪感和责任感。

三、活动过程

根据维度目标和本次活动目标,结合一年级学生的特点,教师拟定了四项任务。这四项任务都是围绕"肥皂探秘之旅"这一主题展开的。

(一)肥皂是怎么来的

"老师,肥皂是怎么做出来的?""肥皂是从哪里来的?""肥皂为什么是五颜六色的?""肥皂有什么用途呢?"活动伊始,当聊起肥皂时,一年级的学生瞬间打开了话匣子,七嘴八舌地讨论道。

无论是在商场里还是在家里,我们都能看到各式各样的肥皂,那么,肥皂到底是怎么制作的呢?教师创设真实情境,激发学生的求知欲,引导学生综合运用所学知识去发现问题和解决问题。教师以肥皂为主线索,引领学生通过观察、实地探访、动手制作、分析综合等方法深入思考并解决"肥皂从哪里来""肥皂能干什么""如何制作一块肥皂"等问题。

(二)感知生活中的肥皂

1. 认识肥皂

在认识肥皂的活动任务中,学生结合生活经验交流肥皂的用处。学生聆听了肥皂起源的小故事,并按照时间线对肥皂的故事进行排序。由此,学生对肥皂有了初步的认识。

2. 了解上海制皂厂的前世今生

教师邀请五年级中队小辅导员查阅上海制皂厂的资料,采访上海制皂厂的工作人员,在此基础上,与上海制皂厂的老厂长合作,一起为一年级学生讲述上海制皂厂的发展与变迁史。学生观看了在上海制皂厂旧址上改建的"皂梦空间"视频,欣赏了上海制皂厂的老照片,一方面对上海制皂厂的变迁感到赞叹,另一方面为家乡有如此传奇的制皂厂感到自豪与骄傲。

3. 开展"五花八门"肥皂展

学生还从家里带来了各种各样的肥皂,在班级中开展了"五花八门"肥皂展。学生通过看一看、摸一摸、闻一闻、猜一猜、说一说,发现生活中的肥皂种类繁多,各有特色。学生通过看、闻、摸、比以及用肥皂洗手等活动感知肥皂的特性,比较肥皂的颜色、大小等特征,了解肥皂的基本用途,并绘制关于肥皂的图片。这既加深了学生对肥皂的认识,也初步培养了学生的思维能力。

(三) 用个性化形式创造生活

1. 走进上海制皂厂原址

为了更好地走进生活,完成探究任务,五年级中队辅导员与一年级的学生大手牵小手,组建了活动小队,一起为探秘活动做准备。在学习相关知识后,学生带着好奇、探究的欲望,走进了"皂梦空间",开展校外实践探究活动。在这个环节中,我们采用大带小的方式开展活动。一名五年级中队小辅导员携手四名一年级学生,共同完成三项打卡任务:(1)探寻上海制皂厂的前世今生;(2)知道肥皂的制作流程;(3)做属于自己的独一无二的手工肥皂。

2. 合作探究:制作手工皂

一年级学生在五年级中队小辅导员的指导和帮助下,先认识植物皂基,摸一摸肥皂的原材料,再亲手加热植物皂基,用天然色素调制自己喜欢的颜色,最后用形状各异的模具做出独一无二的手工肥皂。在制皂的过程中,学生添加了自己喜欢的香料,有的学生喜欢草莓味,有的学生喜欢橘子味,还有的学生喜欢香草味。

课后,学生要为家长介绍肥皂的制作流程,并用自己制作的肥皂做一件力所能及的家务事,如洗一洗自己的手帕、袜子,并在"晓黑板"平台分享劳动成果。

（四）生活观察的延续

1. 劳动交流

"学会制作肥皂后，我们可以用肥皂做什么呢?"学生在小组内热烈讨论，"我们可以用肥皂洗手、洗脸、洗手帕、洗袜子、洗内衣……"学生都愿意用自己亲手制作的肥皂做一件力所能及的家务事。从学生的讨论中，我们能感受到肥皂带给他们的乐趣。

2. 科学思维拓展

"洗手为什么要用肥皂? 肥皂能把手洗干净吗?"学生在劳动体验中提出了自己的问题。教师带领学生来到学校 DISCOVERY 科学实验教室，进行了"当黑胡椒遇到肥皂"的科学小实验，让学生在实验过程中探究肥皂的奥秘。

学生把手指伸进混合了黑胡椒的水里，发现自己的手指上瞬间沾满了黑胡椒。然后，教师指导学生为其他手指抹上肥皂，再把手指放到碗中。学生惊讶地发现黑胡椒并没有留在有肥皂的手指上。学生相信了肥皂是有魔力的。通过这个实验，学生知道了肥皂真的可以洗掉细菌，明白了用肥皂洗手的重要性。

3. 美化肥皂盒

"肥皂这么好看，它好像还缺一件漂亮的新衣服。""我知道一种叫'压花机'的美术工具，它可以压出各种各样的图案。"

学生发现原有的肥皂盒比较简单朴素，没有经过任何修饰。为此，在"美化肥皂盒"活动中，学生开动脑筋，展开丰富的联想，利用"压花机"，压出漂亮的装饰条和装饰物贴在肥皂盒四周，还把学校的吉祥物苹苹和果果贴在了肥皂盒上。在装饰肥皂盒的过程中，学生需要用到数学课上所学的测量技能，用到美术课上所学的关于色彩搭配的知识。学生充分发挥自身的想象力，做出了一个个精美的肥皂盒。

四、活动效果与反思

"肥皂探秘之旅"主题式综合活动接近尾声，学生意犹未尽。在教师的指导下，学生设计了"肥皂探秘之旅"的展台，呈现了学习成果，有手绘的肥皂图,还有精美的手工皂和肥皂盒,有的学生甚至在现场演示了肥皂实验。

在这次小学低年级主题式综合活动课程的学习中,教师还设计了活页式的学习手册。教师按照以学生为中心、以学习成果为导向、注重记录学习过程的原则开发设计学习手册。学习手册承载着具体的学习任务,学生在完成某一学习任务时可以将相关页面从活页夹中取出,使用完毕后再将其放回到活页夹中保存。学习手册兼具评价的功能,有助于教师及时评价学生的过程性学习成果和学习表现。

教师以生活中的肥皂为切入点,从学生的生活出发,围绕"肥皂"这个主题设计了丰富的活动。学生在活动中观察生活,发现知识,满足自身的好奇心和求知欲。学生在探索过程中提出问题,在实践过程中解决问题,感受到了实践探索的快乐。

本活动作为我校低年级主题式综合活动课程的系列活动之一,为"劳动创皂""肥皂的未来"等活动的开展奠定了基础。在未来,我校将进一步整合各类课程资源,帮助学生整体感知自己、社会与自然。

三、综合活动经验反哺学科实践

实践、体验、探究、游戏等实践性活动是学生喜欢的学习方式。我们引导和支持学校把主题式综合活动课程的活动方式迁移应用到学科教学中,以此撬动学科育人方式变革。这与《义务教育课程方案和课程标准(2022 年版)》强调的学科实践不谋而合。

如上海市黄浦区蓬莱路第二小学开发了极具校本特色的"蓬莱小镇"课程。该校研究总结和提炼了"蓬莱小镇"元素,将小镇元素融入基础型课程的实施。作为基础型课程教学方式变革的有力抓手,"蓬莱小镇"特色拓展课程力求通过学科课程综合化、生活化、活动化以及课程与学生生活经验相结合等方式实现教育教学方式的变革。该校依据学科教学目标与内容创设真实的学习情境,在情境中提出问题,设计一个个具体的学习任务,组成任务群,引导学生在体验和探究中完成任务群。学生的逻辑思维、合作交流、解决问题等学习能力都在这种具身学习中得到培养和提升。

案例

融入"蓬莱小镇"元素的学科教学方式探索

上海市黄浦区蓬莱路第二小学　余　祯

学校立足学生核心素养的培育,尝试把"在情境中学习""在任务中学习""在实践中学习"作为依据设计课堂教学,全面提升课堂教学有效性。融入"蓬莱小镇"元素的学科课程教学力求优化课堂教与学的方式,培育学生的核心素养。课堂的主体是学生,教师在教学中关注学生学的过程和思的过程,引导学生去探究,去发现问题、提出问题并解决问题,让每个学生都成为学习的小主人。"蓬莱小镇"元素间接融入基础型课程的三个步骤见图3-3。

图3-3　"蓬莱小镇"元素间接融入基础型课程的三个步骤

一、根据教学目标创设学习情境

"蓬莱小镇"课程之所以深受学生喜爱,一个重要的原因是它把学生带入了一个小社会的情境,真实的学习往往发生在真实的情境中,真实的情境往往可以引导学生运用多种知识和能力来解决问题和完成任务。因此,我们尝试在基础型课程中根据教学目标创设学习情境,通过把学生带入情境中学习来提高课堂教学有效性。我们通过同课异构的课堂教学观察实验发现,在创设情境的课堂中,学生学习的主动性和专注度明显优于传统课堂。

如在《摇船调》一课中,音乐教师根据设定的目标,在课前把座位排成三艘小船的形状,小船之间好像隔着河流,不仅为学生划船、小组讨论提供了便利,还为学生创设了"对歌"的情境。课堂上,学生划船,教师站在"岸上"和学生呼喊对话,再加上教师深情的演唱、师生的情感互动,让学生感觉身临其境,以最佳的状态,主动参与学习。本课情境贯穿教学始终,学生情感体验得到升华。

在实验中,我们发现情境创设一定要有目标意识,必须基于目标创设情境,否则创设的情境就会变成一种形式,不利于提高课堂教学的有效性。

二、根据情境中遇到的问题创设学习任务

教师根据教学目标创设学习情境,在情境中设计学习任务,引导学生通过体验和探究完成任务。情境创设把学生带到真实问题发生的现场,任务创设是解决真实问题的路径。"蓬莱小镇"课程中,教师比较擅长设计任务。如"蓬莱小镇"超人魔术团课程,其中一课的目标是解密"消失的牛奶"魔术并学会表演,教师设计了"自由猜想""道具探究""魔术表演""现场解说"四个任务帮助学生达成学习目标。迁移到学科课程也是一样,教师要根据目标在情境中设计多项任务,完成每项任务时,学生都需要调动已有的经验来解决问题。任务与任务之间具有序列性和层递性,每完成一项任务都会离课堂教学目标的达成近一些。这一步的尝试帮助教师在备课中根据预期的目标结构化地思考和设计教学过程,在任务驱动下引导学生自主学习、合作探究。

如在体育课"障碍跑"一课中,教师设计了士兵突击的情境,让学生利用有限的材料,完成"新兵训练营""小小特种兵"等多项任务来分解难点,解决问题。

三、引导学生通过体验和探究完成任务

教师创设了学习情境,设计了学习任务,接着就要引导学生在任务驱动下通过体验和探究解决问题,完成任务,从而达成学习目标。关注体验和探究是"蓬莱小镇"课程的显著特征,如学习"超级电影院"课程时,学生自己写剧本和拍摄微电影;学习"便利小超市"课程时,学生自己整理货架,盘点商品,设计促销活动;学习"星星邮电局"课程时,学生自己探究路线送信送报……"蓬莱小镇"课程里这样的案例不胜枚举,而传统课堂教学中忽视的往往正是这个环节,学生没有主动参与和经历,学习就很难真实发生。因此,学校通过每周一次的"蓬莱小镇"课程实践案例和基础型课程实践案例比对分析，引导教师从单纯的课程知识观向综合素养观转化，帮助教师在学科课程中保障学生有足够的体验和探究空间。

如道德与法治"我们有新玩法"一课中，二年级学生先根据任务创意设计一根跳绳的不同玩法，再通过和同伴一起玩一玩发现问题，最后，教师引导学生制定游戏规则从而解决问题。学生在充分的实践和体验中逐步达成学习目标。

学校分析了一系列教学实验课，发现这些课的实施路径基本可以分为三步：一是根据教学目标创设学习情境；二是根据情境中遇到的问题创设学习任务；三是引导学生通过体验和探究完成任务。这三步都指向学生的"学"，学生"学"的活动远远多于教师"教"的活动，初步形成了以学生为中心的课堂。我们把这种教学策略简称为"情境＋任务群"教学策略。

上海市奉贤区育秀小学在基于儿童经验发展连续性的课程教学研究中，综合应用多种活动方式，支持学生建构知识与表达表现，由此丰富学生的学习经历。

 案例

以"型"建构，提升思考力

上海市奉贤区育秀小学   袁文超

我们基于科学视野，在幼小衔接阶段引导学生建立起数学思维的基础，培养学生的数学直觉和逻辑推理能力，同时帮助学生建立起数学与现实生活的联系，使他们能够应用数学知识解决实际问题。我们借助建模思想，深层次地开发学生的思维习惯。在模型构建过程中，学生可以观察、比较和发现抽象事物的变化，挖掘问题中隐藏的规律和关系。

一、学习任务分析

"数墙"属于"数与运算"板块，是小学一年级第一学期第三单元中的内容，能引导学生复习 20 以内的加减法。教材依据学生的学习心理特征，用学生喜闻乐见的游戏引导学生进行 20 以内加减法的计算训练。"数墙"是一种逻辑解谜式计算游戏,一块块"数砖"层层累加而砌成"数墙"。在实践中,学生要先仔细观察、分析"数砖"上的数字,寻找数与数之间的规律,发现"数砖"层层累加的规则,再根据规则进行计算。这一解题过程富有挑战性,易于激发学生的学习兴趣,也有利于培养学生的科学探究能力。

"数砖墙"是一种基础的数学概念学习方式,学习重点如下。

一是认识"数墙"。"数墙"由具有一定科学规律的"数砖"组成。学生要认识 0 至 9 这些数字,了解数字的大小、位置和组成规律,通过"数砖墙"拼积木的方式加深对数字的理解。这一步骤是模型搭建的表现形式,学生会把获得的规律、对概念的理解转化为自身的经验和方法。

二是发现"数砖墙"的规律。学生要知道下面相邻两块砖上的数字之和就是上面这块砖上的数字,熟悉数和位置之间的联系,在发现规律后运用规则计算。教师引导学生按照规则自创"数砖墙"、自拟规则再造"数砖墙",通过"数砖墙"排列来实现组合运算,培养学生的观察能力和科学探究能力,为之后的逻辑推理学习打下基础,逐步把问题转化为可视化的形式,从而让学生更好地理解问题的本质和要求。

在大班阶段,教师主要根据学生的认知特点,进行基础数学概念的启蒙。如在动物探究主题下,教师可以利用游戏活动,培养学生发现问题和解决问题的能力,引导学生根据生活经验来思考和探究。大班课程"动物大世界"中有一课是"送动物回家",学生在科学探究时要根据动物的分类、习性等特征对其进行比较分析。在探究活动中,教师更注重学生对动物本身的认识,以及完成送动物回家这样的行为学习。教师通过模型建构,帮助学生从具象认知转为抽象思维,引导学生不断重塑和修正认知场域。

在小学一年级,教师要针对不同学生的数学基础认知水平,通过逐步深化、拓展学生幼儿园时期的行为概念,为小学数学游戏化教学设计做铺垫。在游戏环节,教师在小动物身上贴算式,在屋顶上贴各个算式的答案,引导学生联系算式与计算结果帮助小动物回家,从行为导向延伸为兴趣导向。学生需要思考如何选择合适的模型去表示问题的要素和关系,同时验证和解释模型的有效性。

二、关键经验链接

小学一年级学生在认知特点上有着同一年龄段的共性,但不同的学前教育基础又使其在知识储备上具有差异。数学课程标准中指出,学生的数学学习内容应该是现实的,有意义的、富有挑战性的。小学一年级学生的注意力仍受直觉思维的支配,往往需要借助一定的情境和活动来理解事物。在教学中,教师比较关注情境的创设,注重引导学生借助已有的生活经验来理解新知识。

现代数学教学应致力于调动学生已有的生活经验和知识积累,关注学生学习数学的情感,引导学生体验学习过程,使每个学生在情感、态度、思维能力等方面有所发展,并给他们提供有利于体验和探索的空间。如在开学准备期,我们先带着学生认识小熊猫乐乐、兔子欢欢两位动物好朋友;在前期学习中,我们通过小动物跳远比赛的动画强化学生对 10 以内加减法的理解和速算;在"数墙"这堂课中,我们让学生同桌合作,用 0 至 9 的数字卡片,搭建一面"数墙",使不同层次的学生获得不同的发展。

(一) 认知经验

小学低年级的学生活泼好动,注意力集中的时间相对较短,认知以具象思维为主。他们认知时往往是从整体观察出发,容易忽略对事物局部的聚焦观察。基于学生的认知特点,本节课中,教师以游戏的形式,借助学具来进行教学设计。在这节拓展课前,教师利用体育活动课的时间,拿出准备好的立体图形(如球、泡沫砖、陀螺),让学生比赛谁的玩具滚得远、滚得快。学生从第一轮游戏中得知球可以滚动,而正方体和长方体等能平稳摆放的立体图形适合造房子。学生在第二轮游戏中发现,交叉摆放的长方体更能承重,能让积木搭得更高更稳。就这样,学生在游戏活动中积累了实践经验,理解了几何知识在生活中的运用,为学习"数墙"奠定了基础。

(二) 知识储备

不同的学前教育基础决定了学生在数学学习的知识储备上有所不同。约有三分之一的学生在学前阶段已经能熟练计算 20 以内的加减法,对加减法关系有一定的了解。一小部分学生是零基础入小学,在之前的单元学习中初步掌握了 20 以内的加减法,知道可以利用手指来配合计算,如果计算中正好有加倍与一半的关系,则可以利用双手计数。解读每个学生的认知起点,分层规划学生的学习方式是有效教学的关键。

（三）能力基础

学生能合理运用学具,用科学的方法探究"数墙"的规律,运用规律将"数墙"填完整,在实践过程中提高观察能力和说理能力。在分层教学中,教师多次借助数字卡片、数棒进行数的分拆,让学生在同伴互助、借鉴分享、探究规律的过程中提升数学阅读和表达能力。教师在游戏中发展学生的思维,并借助"听""说""算""找"等方法提高学生的推理和观察能力,让学生用准确的数学语言概括"数墙"的特点及规律。最后,学生在自评、互评的过程中养成了良好的学习习惯,体验了数学学习的乐趣,获得了成功的喜悦。

综上所述,幼儿园科学探究方面的关键经验与小学一年级"数砖墙"学习具有一定的内在关联性,可以促使学生更好地理解和掌握数学基础知识。

三、教育教学建议

（一）创设合理情境,鼓励学生像科学家一样思考

数学课堂中的情境设定通常会激发一个矛盾。如在"幻方"一课中,教师通过让学生观察龟背上奇特的图案来引出课题,创设了"乌龟寻家"这一情境,吸引学生进入幻方的神秘世界,运用具有趣味性、简单明了的语言来指导学生多次观察龟背。教师先引导学生初步观察龟背发现一些规律,再转动龟背,用"小乌龟快被转晕啦"这样的衔接语激发学生反复观察龟背的兴趣,还用多媒体技术把龟背抽象成方便观察的九宫格,使学生通过一遍遍地观察和讨论提高语言的组织能力和小组合作能力,自主寻找幻方的规律。在这节课的准备活动中,学生不仅提高了观察能力,还具有了初步的推理、建模意识。

又如在年、月、日的学习中,教师以"小丁丁今年九岁了,却只过了两个生日"为冲突引导学生思考,从而让学生发现问题所在,明白小丁丁的与众不同是因为平年与闰年的存在,而这又与星象的运动相关联。教师鼓励学生像科学家一样思考,培养学生的批判性思维能力和逻辑推理能力。

（二）运用多样媒介,助力学生像实干家一般探索

教师可以利用丰富多样的教学媒介激发学生的好奇心和求知欲,增强

他们对不同知识领域的兴趣和热情。教师可以利用图书和图片辅助教学，帮助学生建立直观且形象的概念和联想，促使他们深入理解和探究相关现象。学生具有一定的知识储备和实践能力后，教师可以组织简单的实验活动，帮助学生感受自然界的变化，加深他们对身边事物的理解和认识。教师还可以利用多种教具。如在认识"倍"一课中，教师可以让学生调动已有模型，与一年级的"比多少"相联系，运用小圆片来比较和测量，为模型建构的螺旋式攀升提供链接点。

在科学探究活动中，学生不仅需要获取新知识和新经验，还需要理解并掌握相关概念和方法。数学学习尤其需要团队合作，学生应互相交流，共同创造、完善模型。具体来说，教师可以把学生分成几个小组，让学生像实干家一般探索，在听、说、想、做的合作学习中收获更多的知识，整体建构知识，使知识成为具有生长力的结构体。

（三）关注科学活动，推动学生像艺术家一样创造

在科学探究的过程中，学生需要调整相关的认知，从而找到更加合理的解决方案。因此，教师在教学中应该引导学生关注探究活动的过程，帮助他们用逻辑推理和实践验证来解决问题。在一堂课即将结束时，教师通常会"以放为收"引发学生思考甚至是创造，如在"数墙"一课的收尾处，教师抛出让学生自己动手造"数墙"的开放题，有的学生运用"数墙"知识造了一堵"密码墙"给伙伴解谜；有的学生搭了高高的围墙，想考验伙伴的计算能力；爱设计的学生想到了"补砖游戏"……

结合学生的运算基础，教师在"两个5是10"的教学中鼓励学生自创手指游戏，在研究"每份数、份数与总数"的关系时建议学生设计自编自答等活动，给学生空间，让他们像艺术家一样去创造，在已有模型的框架外塑造、再建和异构。

总之，通过实施上述教学建议，教师可以帮助一年级学生延续和发展幼儿园阶段科学探究的关键经验，提升学生的科学探究能力，使其更好地适应复杂的实践活动。

四、实施片段举隅

在"数墙"一课的教学中，教师引导学生回忆、分享自己的科学探究经验

和相关知识。教师出示有关数字的图片或玩具模型,让学生在回忆、猜测的基础上逐渐掌握数字的概念和性质。教师运用学生科学探究的关键经验,指导学生观察、探究周围的物品和现象,发现数学规律和数字变化的趋势。如教师指导学生根据"数墙"上的积木搭建要求,摆放相应数量和颜色的积木。教师借助"数墙"情境中的小动物玩具,让学生尝试对小动物进行分类、计数,并以此推算出小动物玩具数量的大小关系。这些情境和活动既能够吸引学生的注意力和参与度,又能够激发他们的好奇心和求知欲,让学生用科学的眼光来探索、发现和掌握有关数字的知识与技能。

在教学过程中,教师采用多种教学技巧,帮助学生巩固和延续科学探究的关键经验。如在"三只小猪造房子"活动中的情境导入环节,有的小猪说木头房子好,有的小猪说纸箱房子好,有的小猪说稻草房子好……这激发了学生的好奇心和表达欲。教师不仅用图书、图片、游戏等教学媒介帮助学生建立起科学、直观、形象的数字概念,还运用拼音、歌曲等有利于学生观察探究的方式,帮助学生记忆有关数字的知识与技能。

数学学科用大问题链接知识中相同、相似或相对、相反的意义模块,对其进行整合、优化和组合,这使得数学知识与科学的链接结构体更具有生命力。模型的搭建,意在保护学生的自主性、独特性、创造性,体现学生解决问题时个性化和多样化的特点。学生通过对模型的认识,从实际出发,有机拓展认知困境,从而串联观察、猜想、质疑、分析、推理、重构等关键经验,逐步建立科学的眼光,发展科学的素养,养成深度思维的学习习惯。

第三节 在综合学习中提升问题解决能力

《义务教育课程方案和课程标准(2022 年版)》在基本原则中明确提出,要加强综合课程建设,完善综合课程科目设置,注重培养学生在真实情境中综合运用知识解决问题的能力。在 2017 年颁布的《中小学综合实践活动课程指导纲要》中，问题解决成为课程总目标关注的重点，要求"学生能从个体生活、社会生活及与大自然的接触中获得丰富的实践经验，形成并逐步提升对自然、社会和自我之内在联系的整体认识，具有价值体认、责任担当、问题解决、创意物化等方面的意识和能力"；提出了小学阶段的具体目标，要求"能在教师的引导下，结合学校、家庭生活中的现象，发现并提出自己感兴趣的问题。能将问题转化为研究小课题，体验课题研究的过程与方法，提出自己的想法，形成对问题的初步解释"。如何在综合学习中提升学生的问题解决能力，成为影响学生入学适应和长远发展的关键问题。

一、核心素养培育的关键在于提升问题解决能力

在信息化和人工智能快速发展的时代，客服、流水线工人、仓库管理员、家政保洁工等很多重复性常规工作正在被计算机取代。世界银行《2019 年世界发展报告：工作性质的变革》指出，机器人正在接手成千上万的重复性工作，同时消除发达国家与发展中国家中的低技能工作。在未来 20 年内，美国将近一半的传统岗位有被人工智能取代的风险。[①]未来的某一时点上，不会被人工智能替代的岗位有两种：一种是不能大幅度提高生产率的岗位；另一种则是工作内容复杂、人工智能替代成本较高的岗位。[②]因此，人类必须从事计算机不能代劳和胜任的、要求具备复杂思维和问题解决能力的复杂工作。

在此背景下，核心素养概念应运而生，课程建设、教学方式变革、综合素质评价改革等均围绕核心素养展开。习近平总书记多次阐述对担当民族复兴大任的"时代新人"的要求和标准，强调要培养学生的爱国情怀、社会责任感、创新精神、实践能力。[②] 中共中央、国务院印发的《中长期青年发展规划（2016—2025年）》强调，要坚持立德树人、深化教育改革，把增强学生社会责任感、法治意识、创新精神、实践能力作为重点任务贯彻到学校教育全过程。作为共通素养，爱国情怀、创新精神、实践能力和社会责任感得到了高度重视。

核心素养是如何生成和发展起来的，应该如何培育？这个问题与核心素养

---

①② 　周文，耿元.人工智能发展更容易替代哪些工作岗位[J].中国科技论坛，2020(11).
②　 靳诺.培养担当民族复兴大任的时代新人[J].红旗文稿，2020(20).

的特性紧密相连。基础教育阶段学生的核心素养具有时代性与生长性、基础性与个体性、多维性与整体性、实践性与高迁移性等特性。[①] 知识学习并不必然促进核心素养的生成,但核心素养的生成离不开知识学习。核心素养的生成需要凸显知识的情境性、整体性、实践性与个体性,需要教师把知识放回问题情境中,以大概念为核心展开教学,需要学生在实践参与中学习,从自我体验到理解性学习。[②] 不同学者对核心素养的特性认识不尽相同,但比较一致的看法是核心素养具有整体性、情境性、养成性等特性。核心素养不是从"双基"走向"多基"的量上的增加,而是从整体性的立场对学习结果质的全新规定。[③] 核心素养很难像显性知识那样通过讲授获得,它需要在情境中生成、显现与发展,在学生的亲身实践中逐渐养成。

因此,核心素养培育与真实问题情境密不可分,学生如何解决有挑战性的问题,如何在两难的情境中作出选择,背后体现的是其爱国情怀、创新精神、实践能力和社会责任感。郁金香为何开了又闭上,秋天树叶为何会变黄并掉落下来,冬天窗户上为什么会出现霜花,很多自然现象有待学生去观察与探索。共享雨伞、共享单车是好是坏,电子产品有何利弊,班级小岗位如何设置与安排,很多社会现象有待学生去调查与发现。带领幼儿园弟弟妹妹探访学校,有小朋友遭遇意外伤害,某地发生了地震,很多校园和社会事件有待学生去关注与探究。下水道堵塞了怎么办,寒暑假期间校园"开心农庄"无人浇灌怎么办,宠物狗不拴绳、垃圾分类不到位怎么办,很多生活和社会问题有待学生去分析与探索解决。这些现象、事件和问题都是学生生活世界中客观存在的,可以成为培育学生问题解决能力的载体。

二、强化问题解决的综合活动设计与实施

为了强化小学低年级主题式综合活动课程实施中的探究式学习,增强活动与活动、任务与任务的关联性和递进性,我们引导教师关注小学低年级主题式综合活动设计与实施的关键要素和基本思路。

---

① 陈坤.基础教育阶段学生核心素养的内涵、特性与培育条件[J].教育与教学研究,2017(6).
② 李松林,贺慧.整合性:核心素养的知识特性与生成路径[J].教育科学研究,2020(6).
③ 张良,余宏亮.走出还原论的泥坑——试论核心素养的整体性及其意义[J].教育发展研究,2019(6).

其一，探究、表现与交流是关键环节。除了实践、体验，探究也是小学低年级主题式综合活动课程的重要实施方式。探究型实践是指在教师的指导下，学生从自然与社会领域的实际问题出发，通过资料收集、实地调查、实验、论证等研究手段，最终形成对相关问题的理解并尝试提出解决问题的建议。[①] 对于不同领域的不同问题，探究的具体方式或许不同，但探究过程大体上都包括主题生成、方案设计、探究实践、总结交流等环节。

其二，经验在探究、表现和交流中生成与流动。探究、表现和交流是三个渐进的环节，是聚焦主题、相互关联的三种活动。这三个环节能够弥补原有课程实施不足的关键在于活动经验在此过程中的生成与流动。学生先通过探究活动获得直观感受、体验与理解，生成有助于问题解决的关键经验，再应用活动经验进行设计、制作、表演等创意物化与表达表现，把个体的活动经验显性地转移到表现载体中，并在表达表现过程中进一步获得与改进经验，最后，通过展示交流，促进经验在个体、小组间的流动与转移，将个体、小组的经验转化为群体的经验。在此过程中，学生的经验是连续的。更重要的是，有了问题探究形成的经验支撑，学生的表达表现会更加科学和真实。

其三，注重构建促进经验生成与转移的低年级主题式综合活动课程模型（见图3-4）。经验是学生个体在与情境的互动中主动建构并动态发展的内容，具有个体性、内隐性、发展性等特征，不容易被感知和捕捉。小学低年级主题式综合活动课程从学生所处的、易感知的、对个体外在有意义的生活情境出发，以外在的任务驱动学生探究解决任务隐含的关键问题，从而让学生获得不易感知的、对个体内在有意义的活动经验。我们可以从易感知和不易感知、内在和外在两个维度来分析小学低年级主题式综合活动课程实施的关键要素及其相互关系。在一个平面上画两条相互垂直的线，就会把这个平面分为四部分。横线上方就像海平面之上，易感知；横线下方就像海平面之下，不易感知；竖线左侧与学生本体相关，具有内在意义；竖线右侧与客体相关，是外在的。

易感知且对学生本体有意义的是其所处的生活情境，生活世界中的真实情境是小学低年级主题式综合活动课程的起点。从生活情境中会产生活动任务，

---

① 王卓.综合实践活动课程实施模式的构建[J].教育科学，2008(2).

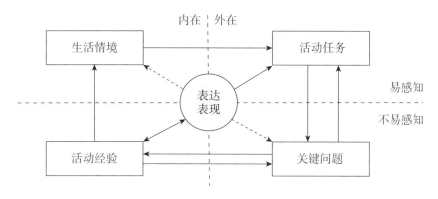

图 3 - 4　促进经验生成与转移的低年级主题式综合活动课程模型

这种任务可以通过口头言说或任务单呈现,容易被感知,但这种任务是外在的,是学生获得有意义的活动经验的中介,任务本身对学生来说没有意义。易感知、外在的活动任务隐含着不易感知且外在的关键问题或解决问题的思维框架,这种关键问题是影响探究深度和品质的重要因素,以往探究式学习味道较淡的重要原因是忽略了对任务背后的关键问题的思考与探究。关键问题与活动任务一样,本身对学生来说没有意义。当然,也有可能从生活情境中提出关键问题,用问题驱动设计易感知的活动任务。学生带着关键问题开展观察、调查、实验等探究活动,就会获得不易感知的、对个体内在有意义的活动经验。活动经验源于生活情境,并能迁移应用到生活情境中去,随着活动经验的生成与发展,学生会加深对关键问题的认识与理解。处在模型中心位置的是表达表现,它与生活情境、活动任务、关键问题、活动经验都有关联,是应用活动经验完成活动任务的集中展现,背后隐含着对关键问题的探索,并能呼应生活情境的需要。

如学生在喂养小金鱼时会发现小金鱼并不好养,往往会碰到小金鱼死亡事件。这是学生所处的真实的生活情境。教师从该情境出发,提出设计一个适宜小金鱼生存的鱼缸的任务。为了相对科学地设计鱼缸,学生需要探究影响金鱼生存的因素,聚焦关键问题开展资料收集、观察比较、访谈调查等探究活动,获得生态系统、水质、喂食等方面的经验,并应用这些经验图绘生态鱼缸或在班级饲养角、学校饲养区亲自打造生态鱼缸。生态鱼缸设计背后隐含着对关键问题的回答,回应和解决了学生在生活情境中遇到的问题。生态鱼缸综合活动设计思路见图 3 - 5。由于学生所处的情境不完全相同,经历的探究、表现过程也不

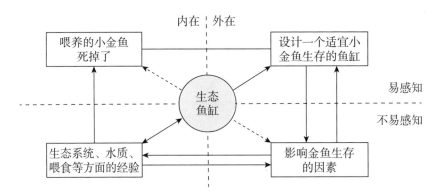

图3-5　生态鱼缸综合活动设计思路

完全相同,因此可以通过交流进行经验分享与转移。

　　小学低年级主题式综合活动课程以问题的发现、探索与解决为主线,将知识学习和经验丰富融入问题解决的全过程。为帮助教师做好综合活动设计,强化真实情境中真实问题解决能力的培养,我们研制了小学低年级主题式综合活动框架(见表3-1)。我们引导教师通过情境与问题、体验与感知、合作与探究、表现与交流等关键环节,用问题驱动,自然融入学生经验唤醒、积累与必要的知识学习。师生在活动中发现的问题也可以在相关学科教学中分析解决。

表3-1　强化问题解决能力培养的小学低年级主题式综合活动框架

主要环节	内在功能	基本要求	外显形式
情境与问题	从学生的生活出发提出要完成的主要任务和要解决的主要问题	创设真实或类真实的情境,提出关联学生经验的主要任务,主要任务中隐含关键问题	1. 情境—任务—问题(用任务驱动,问题可由学生提出) 2. 情境—问题
体验与感知	以问题为导向开展各类体验性活动,让学生有所感受,激活已有经验,获得完成任务所需的新知识	1. 以感受、体验、调查、游戏、阅读等方式获取指向关键问题的经验 2. 可用直接的方式,也可用间接的方式(视听资源),但不能直白地告诉学生	参观、访问、考察、调查、游戏、阅读、视听等

（续表）

主要环节	内在功能	基本要求	外显形式
合作与探究	通过合作，应用已有的经验和知识去解决关键问题，完成主要任务	1. 应用经验去操作，亲历解决问题的过程，以多元方式呈现问题解决方案 2. 强化合作学习 3. 不能以教师的演示代替学生的活动	设计、调查、实验、制作、创造、倡议等
表现与交流	展示、交流问题探索与解决的过程和结果，促进经验的总结与分享	关注活动过程、结果与经验展示，将表现性评价融入其中	作品展示、评论、舞台展示、竞技等

教师要在真实情境中提出学生要探究解决的真实问题，然后通过各类体验性活动让学生获得解决问题所需的知识与经验，接着让学生应用这些知识与经验合作解决问题，并进行交流。整个活动过程中融入了学生的探究、表现与交流，体现了知行合一、学思结合。

如上海市黄浦区复兴东路第三小学积极响应"五项"管理要求，关注学生对睡眠的需求。该校以"造梦空间"为主题开展了"睡眠行动令""睡眠博物馆""小小造梦师""午睡小空间"等活动，解决学生在真实世界中存在的问题，引导学生探究睡眠奥秘，树立健康意识。该校积极探索新课程背景下学习环境和方式的变革，促进学生全面、健康而有个性地发展。

 案例

"造梦空间"主题式综合活动

上海市黄浦区复兴东路第三小学　莫卓群

一、活动背景

"造梦空间"主题式综合活动实施对象为一年级学生。小学的作息时间和幼儿园有着较大的差别，为了更好地帮助学生适应小学生活，学校设定中午 12:20—12:50 为全体一年级学生午睡时间。学校通过学生调查问卷、个别学生访谈、午睡巡视等了解到以下信息:部分学生对睡眠不够重视;部分学生中午较难入睡。访谈中,部分学生表示希望改善教室的午睡环境。于是,针对一年级学生开展的"造梦空间"主题式综合活动应运而生。

本活动以"如何设计一个适合午睡的教室"为驱动性问题,从学生的实际需求出发,强化问题解决,使学生经历情境与问题、体验与感知、合作与探究、表现与交流四个环节,激活自己的认知经验,在关联的学习环节中获取必要的知识,提高对睡眠的认知,提升对自身健康的管理意识和能力。

二、活动过程

活动涉及情境与问题、体验与感知、合作与探究、表现与交流四个环节,每个环节都对应着两个小任务。学生借助读、思、探、做、行、展、评等学习方式,不断提升问题解决能力和实践创新能力。图 3-6 为"造梦空间"主题式综合活动实施步骤。

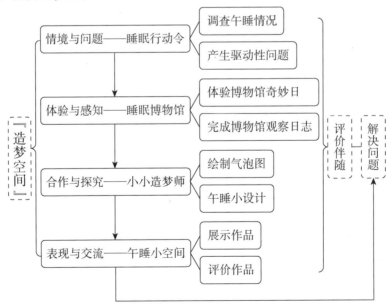

图 3-6 "造梦空间"主题式综合活动实施步骤

（一）情境与问题——睡眠行动令

1. 调查午睡情况

午睡时间,总有学生无法入睡。这些学生中午在教室里怎么会睡不着呢? 学生化身"小小调查员",通过问卷调查,采访中午无法入睡的同学,梳理了影响他们睡眠的因素(见图3-7)。

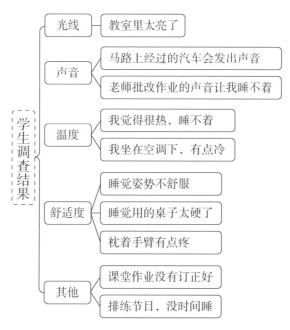

图 3-7 学生调查结果

2. 产生驱动性问题

学生面对同伴无法入睡的烦恼,产生了需要解决的核心问题,即"如何设计一个适合午睡的教室"。这种真实的情境与问题激发了学生努力寻找问题解决方法的决心。

（二）体验与感知——睡眠博物馆

1. 体验博物馆奇妙日

针对"如何设计一个适合午睡的教室"这一问题,学生展开了激烈的讨论:午睡教室除了可以放枕头、眼罩,还可以放哪些助眠的物品呢? 有没有能够助眠的设备? 学生在讨论的过程中,心中也产生了自己的疑问。于是,学生通过询问家长、查阅绘本来获取关于午睡教室的信息。教师为学生搭建了学习支架,借助多媒体,让学生参观了"睡眠博物馆"。学生看见了各种各样与睡眠有关的高科技设备和物品,如智能床垫、智能枕头,聆听了医学专家关于睡眠与身体健康的讲座,知道了人的身体在不同睡眠环境中会发生的种种变化。参观"睡眠博物馆"开阔了学生的视野,使其能更深层次地知晓睡眠与健康的关系。

2. 完成博物馆观察日志

为了更好地记录博物馆内的展品信息,学生需要完成博物馆观察日志。考虑到学生年龄较小,教师设计了贴纸供学生使用。学生可以贴一贴,也可以写一写。课上,学生交流了自己喜欢的"睡眠博物馆"的展品。观察日志汇总了学生在"睡眠博物馆"里的所见所闻,也为学生尝试设计午睡教室提供了参考思路。

(三) 合作与探究——小小造梦师

1. 绘制气泡图

虽然"睡眠博物馆"里有许多助眠的展品,通过参观学习,学生有了更多关于睡眠的知识,但学生却看着观察日志中的展品开始发愁:该选择哪些物品放入午睡教室呢? 这时,教师找来了一位小帮手——气泡图,请学生以小组为单位完成一份气泡图,选出适合放入午睡教室的物品和设备。由于多数学生第一次接触气泡图,教师耐心地按步骤教他们制作气泡图,并且引导他们思考气泡图的作用。

2. 午睡小设计

借助气泡图,学生顺利选出可以放入午睡教室的物品或设备。在接下来的"午睡小设计"环节,学生又较为顺利地通过小组合作绘制了午睡教室设计草图。教师分别为每位组员设计了角色贴纸(设计师、绘画师、讲解员和评价员),也为每个角色准备了秘密武器,如设计师的武器是气泡图,讲解员能获得一个"解说小锦囊"(见图 3-8),评价员有一份评价表。

教师详细地解读了评价内容,确保每个学生都能关注并理解评价表。学生快速分工,贴上角色贴纸,全身心地投入活动。有的小组设计了能控制

解说小锦囊

大家好，这是我们小组设计的午睡教室。

在教室里，有……

请看这里，这是一个……（物品或设备），

它可以……（作用）

……

你喜欢我们的午睡教室吗？/希望大家喜欢我们
的午睡教室。/……

图 3 - 8　"解说小锦囊"的内容

室内光线的窗户；有的小组设计了像摇篮一样的吊床；有的小组则选择了
"睡眠博物馆"里的助眠音箱……

在真实的学习空间里，午睡教室的设计使每个学生都成为"小小造梦
师"。这个活动激活了学生已有的生活经验和无限的创意，连接学习与生
活，让"造梦空间"碰撞出无限创意的火花。

（四）表现与交流——午睡小空间

1. 展示作品

在作品的展示环节中，解说员根据教师提供的"解说小锦囊"，用生动清
晰的语言在规定的时间内完成对小组方案的介绍。其他组的学生则要认真
聆听和理解。

这里呈现一个小组的解说内容：大家好，这是我们小组设计的午睡教
室，分男、女区域。我们午睡教室的窗户可以变大变小。当里面有学生在
睡觉时，"工作中"的灯会亮起来，外面的人就不会打扰我们了。这是一个
仓库，里面有眼罩、装牛奶的杯子、被子、床垫。午睡教室里有倒牛奶的机
器，还有一个机器手臂，可以帮助我们从仓库里拿眼罩。这里是一个八音
盒，会播放让我们快速入睡的音乐。我们的床垫有按摩功能，躺在上面非
常舒服。

2. 评价作品

这个小组的学生介绍完作品后,其他小组的学生发表了自己的观点,如优点鉴赏或调整建议等,也有学生提出自己的问题。这个小组的学生根据气泡图设计了他们理想的午睡教室,但是由于分了男、女区域,引发了其他学生的质疑。"学起于思,思源于疑。"每个学生的生活经验不同,因此产生了信息差,但在质疑与解答的过程中学生既可以寻找到问题的答案,也可以得到开启批判性思维的"金钥匙"。

最后,各小组经过讨论后统一意见,选出了最喜欢的三幅作品,并为作品送上评价贴纸。学生在评价的过程中体验了小组合作学习的快乐。

三、活动成效与反思

(一)活动成效

1. 强化问题意识,提升实践能力

小学低年级主题式综合活动课程是培养学生创新思维的重要途径。在"造梦空间"活动推进过程中,学生针对驱动性问题,提出了许多新奇的想法。有的学生提议改造教室里的椅子,让其具有平躺的功能;有的学生希望学校可以在午睡前提供一些热牛奶;还有的学生提出可以播放催眠音乐、点香薰等。随后,其他学生对这些想法的可行性和安全性进行了分析。在思维的碰撞中,学生尝试从多个角度思考问题,寻找多种解决方案,收获了探究问题的宝贵经验以及创造性解决问题的无限可能。

2. 重视失败经验,培育综合能力

学习是伴随着问题的深入而不断深入的,解决问题的过程中不可避免地会出现失败。教师要引导学生总结失败的原因,再次探索,把握学习的契机。在最后的展示环节,第六组的学生看到本组的作品下方没有获得评价贴纸,一时间有了挫败感。这时,大家一起鼓励他们,给出了切实可行的修改意见。第六组的学生结合大家的意见,反复修改,完善作品。最终,其他组的学生也将评价贴纸送给了第六组。失败是宝贵的财富,教师要利用失败的契机更大限度地激发学生的创造力。

（二）活动反思

1. 缓搭支架，给予学生更多思考的空间

小学低年级主题式综合活动课程的实施困难在于教师无法精确预设学生的反馈。"造梦空间"的活动对象是一年级学生，在"表现与交流"环节，教师担心学生不会解说，因此在活动一开始就给了学生"解说小锦囊"。课堂上，有三组学生几乎照搬了"解说小锦囊"里的话语，没有自己组织语言。教师过早地提供学习支架，限制了部分学生的思维。因此，在今后的教学中，教师可以根据不同学生的能力，把握提供支架的时机，给予学生更多思考的空间。

2. 创新教研，为教师提供更多的学习平台

小学低年级主题式综合活动课程打破了课堂的壁垒和学科的边界。但在活动实施过程中，学生设计了睡眠教室的草图，由于执教教师非美术学科教师，无法对学生的作品进行专业点评。因此，教师团队希望学校能创新开展多学科联动教研，为教师搭建学习平台，使团队教师都能具备跨学科专业素养，提升活动指导能力。

小学低年级主题式综合活动课程让学生获得了真实、丰富和直接的活动经验，使得他们对"我与自己"有了更多的认知，对生命健康有了更多的思考。

上海市奉贤中学附属小学以"让每一个生命更明朗"为办学理念，架构了"水晶修炼记"综合活动课程。"蜗牛之家"是"水晶宝贝亲自然"领域一年级的课程主题。围绕该主题，学生开展了"初识蜗牛朋友""探索校园蜗牛""共建蜗牛之家""打造最美之家"等活动，解决自己在真实世界中发现的问题。该校引导学生探究蜗牛的奥秘，设计制作蜗牛之家，树立爱护动物的意识，探索在新课程背景下学习环境和方式的变革，促进学生全面、健康而有个性地发展。

案例

蜗牛之家

上海市奉贤中学附属小学　孙亦夏

一、活动背景

学校从儿童生活出发选取主题,围绕"蜗牛之家"设计活动,通过多个任务,引导学生走近蜗牛,探究蜗牛,为学生入学适应、后继学习和终身发展奠定基础,落实立德树人根本任务。

(一) 以真实问题为情境,选取主题

"蜗牛之家"是我校低年级主题式综合活动课程"我与自然"领域的活动。学生都拥有纯真的童心,他们眼里的一切是那么美好。当他们看到弱小可爱的小动物时,往往充满了好奇,想要亲近和保护它们。在这一大主题下,我们选取了四个任务,即"初识蜗牛朋友""探索校园蜗牛""共建蜗牛之家""打造最美之家"。这四个任务结合了一年级学生既有活动内容中与自然契合的元素,也考虑了低龄学生的兴趣点,贴近学生的生活,便于他们展开观察、思考、实验等,能让学生在探索中认识自然。

(二) 以学生发展为中心,多维延伸

学生在幼儿园期间已对蜗牛有了初步的认识,但又不是特别了解。"蜗牛之家"课程依托学生对雨天出行的蜗牛感到好奇这一真实情境,将其中生成的问题转化为课堂探究任务。"我与自然"领域关注亲近自然、敢于尝试、喜欢提问这三方面的能力,因此课程活动也围绕这三方面展开。"蜗牛之家"让学生走进自然,在边观察、边探究的过程中生成新的问题。学生一同发现,一同探究,用四格漫画、自然笔记等方式呈现对小蜗牛的认知。

二、活动过程

基于一年级学生的年龄特点和认知水平,学校借助丰富多样的形式,通过情境与问题、体验与感知、合作与探究、表现与交流四个环节为学生搭建了一个自主活动的平台,让学生勤于动脑、勇于尝试、敢于表达,获得真实的体验。图3-9为"蜗牛之家"活动结构。

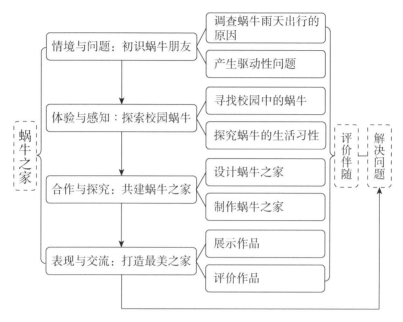

图3-9　"蜗牛之家"活动结构

（一）情境与问题：初识蜗牛朋友

1. 调查蜗牛雨天出行的原因

　　每当下雨天的时候，校园里许多地方都会出现蜗牛。学生喜欢三五成群地蹲着观察蜗牛，我们总能听到惊奇的声音："老师，这里有好多蜗牛！"可是学生发现：并不是每天都能见到蜗牛。我们尝试把学生从生活中生成的问题转化为课堂上探究的问题：为什么下雨天会有蜗牛出现？在课堂上，学生对此展开了激烈的讨论。

　　生1：蜗牛喜欢潮湿的地方。

　　生2：蜗牛的食物是水，或者说蜗牛的食物在水里。

　　生3：蜗牛队长喜欢下雨，会喊同伴一起出来。

　　…………

　　从学生的回答中可以看出，学生对蜗牛有一个初步的认知，其回答中带着低年级特有的童趣。接着，我们播放视频"蜗牛雨天出行的秘密"，让学生带着问题去思考与探究。我们引导学生通过"猜想—验证—得出结论"的思考方法探究蜗牛雨天出行的原因。

2. 产生驱动性问题

学生对蜗牛产生了浓厚的兴趣,都想把可爱的蜗牛带回家,同时生成了需要解决的核心问题,即"怎么给蜗牛安个家"。在这样真实的情境与问题中,带着对蜗牛的喜爱之情,学生努力寻找解决问题的方法。

(二) 体验与感知:探索校园蜗牛

1. 寻找校园中的蜗牛

当学生的学习热情被点燃时,更好的思维打开方式是把学生带到校园里亲近自然,探秘蜗牛。在第二课时,教师先通过视频引导学生了解更多关于蜗牛的知识,解决上节课遗留的问题,再带领学生去校园中寻找蜗牛。一年级的六个班被安排在校园的不同地方。教师先带领学生去了医务室前的瓷砖花坛地,学生在这里发现了许多蜗牛,总结了寻找蜗牛的诀窍,即翻开叶子、石头,寻找潮湿阴暗的地方。紧接着,教师带学生去操场寻找蜗牛,学生在操场草地、跑道边寻找了很久,却没有一点儿收获。这时,学生自主提出了问题:"老师,操场上为什么没有蜗牛?"学生在讨论后得出了答案:"操场阳光充足,而蜗牛喜欢潮湿的地方。"在这样的实践中,学生自主探究了蜗牛的习性。令我欣喜的是,学生还发现了不同种类的蜗牛(如青山蜗牛、灰尖巴蜗牛等)并对其进行了辨认。大自然成了学生最好的课堂。

2. 探究蜗牛的生活习性

学生在与蜗牛有了亲密接触后想更多地了解蜗牛。他们想知道蜗牛是怎么爬行的、是否会辨别方向、是否有眼睛和耳朵,还想知道为什么蜗牛爬过的地方会有一道银闪闪的痕迹。学生的问题越来越多,教师就带领学生一同拿起放大镜,带上小摇铃等道具开启了蜗牛大观察。学生用香味浓郁的草莓来吸引蜗牛,考验蜗牛的嗅觉。学生将大小不一的蜗牛放在同一起跑线,观察蜗牛的爬行速度与身体大小之间的关系。在走廊里,学生让蜗牛自己选择去向,测试蜗牛喜欢阳光充足的环境还是阴暗的环境。学生小心地捧着蜗牛,和蜗牛一起玩着、笑着,这便是他们与蜗牛的故事,也是他们与大自然的对话。

生1:我们在蜗牛面前放了菜叶和奶油草莓,发现蜗牛更喜欢香甜的草莓。

生2:我发现蜗牛能爬向看不见的食物,它们依靠嗅觉辨别方向。

…………

在课堂中,有一个学生提出想通过实验观察蜗牛有没有耳朵。教师进一步追问学生的想法,该生回答:"我想在蜗牛旁边拍手,看一看蜗牛有没有反应。"于是,全班学生都凝神观察着讲台上的蜗牛。每个学生都好奇地张望着却没有发出一点声音。学生通过实验发现,在蜗牛旁边制造声音,它们一点儿反应也没有。看来,蜗牛的听力确实不太好,据说蜗牛是不具备听觉的。学生通过自主观察和调查,发现了更多关于蜗牛的秘密,收获颇丰。

(三) 合作与探究:共建蜗牛之家

1. 设计蜗牛之家

在上一课时,每个学生都找到了蜗牛,并且带回家饲养。本课时的主题是蜗牛之家,其实每个学生都已经给蜗牛安置了一个家。课前,教师让学生把蜗牛与蜗牛之家带到学校进行展示。第一个学生的蜗牛之家是一个黑色透明容器,第二个学生的蜗牛之家有绿色仿真植物的装饰,第三个学生的蜗牛之家有属于自己的铭牌。我让学生探寻这些蜗牛之家的相同点与不同点。相同点是指蜗牛之家的必备条件,如容器有盖子、潮湿、有食物,不同点便是学生需要思考的问题。

生1:我选择黑色透明容器是因为我觉得蜗牛怕光。

生2:我对蜗牛之家进行装饰是因为我很喜欢我的蜗牛。

生3:我的蜗牛之家有铭牌是因为我给蜗牛取了名字。

教师对学生的想法表示肯定,大家也感受到了他们对蜗牛的爱。在此基础上,教师引导学生合作设计蜗牛之家,兼顾实用性与美观性。怀着对蜗牛的爱,一些学生还给蜗牛设计了"家具"。

2. 制作蜗牛之家

课前,教师让学生讨论并准备好需要的材料。课上,学生绘制好蜗牛之家的设计图后进行小组合作,利用合适的材料制作了蜗牛之家。学生在课堂上进行了趣味对话。

生1:蜗牛真的需要小床吗?

生2:当然需要了,你难道不希望自己的家里有漂亮的小床吗?

生1:可它是蜗牛啊,蜗牛不需要躺在床上休息。

生2:我制作的小床上湿漉漉的,蜗牛肯定会喜欢的。当然,我更希望它能感受到我对它的宠爱。

在真实的学习空间里,每个学生都是蜗牛之家设计师。这个活动激活了他们已有的生活经验和无限的创意,连接学习与生活,把课程推向高潮。在实践中,学生达成了爱护小动物的共识。

(四)表现与交流:打造最美之家

1. 展示作品

学生在课后主动寻找更合适的材料制作蜗牛之家,并不断更新设计理念。在展示环节,一些学生向大家阐述了自己的设计理念,其他学生认真倾听。

生1:我的蜗牛之家名字为"可爱飞飞的家"。我在设计时用了透明的保鲜盒,方便观察。我去小区里挖了一些软软的泥土,挑选了圆圆的石头。我没有选尖尖的石头,是因为我怕尖尖的石头会伤害蜗牛。我还特意让外公摘取嫩嫩的菜叶给蜗牛吃。我还设计了供蜗牛游乐的地方,蜗牛也要稍微运动一下。我用五颜六色的乐高积木拼了一座小桥,这样,小蜗牛吃饱了就可以运动运动。在桥的中间,我搭了一个小苗,希望蜗牛喜欢这个小东西。

2. 评价作品

学生展示完作品,大家会根据喜爱程度投票选出最喜爱的蜗牛之家。学生需要说出自己投票的理由。每个学生评价的维度都不一样。

生1:我喜欢这个作品,因为我觉得这位同学选取的材料都是防水的。这样,蜗牛之家才好打理。

生2:我觉得这个作品最棒,因为我感受到了这位同学对小蜗牛"飞飞"浓浓的喜爱之情。

生3：我投票给这个作品，因为我觉得这个蜗牛之家的颜色最好看。

…………

在激烈的唱票中，学生选出了比较喜欢的三个作品，并为其送上"最美蜗牛之家"的称号，学生在评价的过程中体验了小组合作学习的快乐。

三、活动效果与反思

学校开设主题式综合活动课程，引导学生从个体生活、社会生活及与大自然的接触中获得丰富的实践经验，形成并逐步提升对自然、社会、自我内在联系的整体认识，形成价值体认、责任担当、问题解决、创意物化等方面的意识和能力。

（一）综合活动课程关注自然教育，把大自然作为课堂

自然教育是一个自然而然的过程，大自然就是最好的老师。综合活动课程应抓住机会，多让学生走近自然。亲近自然的时光是快乐的。在校园中寻找蜗牛时，每个学生都在感受大自然，都很尽兴。学生在寻找蜗牛的时候还发现了很多感兴趣的东西。如学生发现了白色蘑菇，他们好奇这种蘑菇能不能吃，以及为什么会长在操场上。学生发现了很多与蜗牛相似的螺，这些螺有着厚厚的壳，但却不是蜗牛，强烈的好奇心驱使着学生去深入调查。大自然是一本鲜活的教科书，里面的知识都让学生感到好奇。大自然是一个天然的实验室，能让学生尽情地去观察和发现。多样的视角给了学生全新的感受。学生用眼睛仔细观察，用耳朵认真聆听，用鼻子认真分辨……在这样的课堂中，学生怀着强烈的好奇心，用自己的眼光去打量和观察世界。

（二）综合活动课程关注整合性研究活动，融合多个学科的知识

综合活动课程结合学生的年龄特点和个性特征，关注核心素养，充分考虑学生与自然、社会、自我的关系。在活动主题的探究和体验过程中，学生深入理解了个人、社会、自然的内在联系，整合了科技、艺术、道德等方面的知识。如在绘制蜗牛自然笔记时，课程融合了自然、美术、数学等学科的知识，学生逐步呈现自己对蜗牛的探究和认知。学生通过小组合作，一起研究各种问题，巩固探究所得，提高动手能力，提升审美情趣。

（三）综合活动课程关注个体差异，珍视学生的实践经验

学生很喜欢综合活动课程，每周都很期待综合活动课程。综合活动课程中有许多实践活动，教师关注学生在活动过程中所表现出的兴趣和能力，并给予个性化的指导，以促进学生发展。如有学生猜测蜗牛雨天出行的原因是"蜗牛队长喊它们一起出来"。这个学生说，他觉得蜗牛和蚂蚁类似，行为方式可能也有相似之处。综合活动课程是开放的，教师希望学生有自己的思考。因此，教师肯定了这个学生的知识面广，知道蚂蚁能够发射信号来召集队友，但对他这一想法的正确性持保留意见，鼓励他多提出问题，主动去实践验证。每个学生拥有的实践经历都是独一无二的，教师在综合活动课程中要鼓励学生表达自己的想法，认真倾听每个学生的心声，努力关注每个学生。

蜗牛之家主题式综合活动课程以探索蜗牛朋友为媒介，丰富了学生的体验，培养了学生的发散性思维，使学生在实践中获得成长。

针对学生书包越来越重的问题，上海市青浦区崧文小学引导学生借助"曹冲称象"这个传统故事探究书包的重量，解决"我的书包有多重""我的书包是否超重""如何为书包瘦身"三大问题。该校在现实情境中引导学生用感官和简单工具进行观察、测量、调查、实验、记录，探索与日常生活密切相关的现象，培养学生的自理能力和问题解决能力。

 案例

我的书包是否超重

上海市青浦区崧文小学　陈晓莉

一、活动背景

我们希望学生对周围世界有强烈的好奇心，善于观察和思考，喜欢提出问题。在实践中，我们观察到了上下学期间家长帮助学生背书包这一现象。过重的书包到底如何减轻？如何让书包回到学生手里？基于这些问题，我们结合学校"五美·吾行"的育人理念，针对"吾行"中的"自主学习我能行"，

提出"管理好自己的书包和学习用品"的活动目标,开展了"我的书包是否超重"主题式综合活动。

二、活动过程

（一）情境与问题——我的书包是否超重

教师通过一张"由家长帮忙背书包"的图片引导学生思考"为什么家长会帮孩子背书包",学生自然而然地想到是因为书包太重了。学生联系自己的实际情况,提出了"我的书包是否超重"这个真实问题,从而引出了本次活动的主题。

那么,如何判断自己的书包是否超重? 学生通过视频的介绍知道"12 岁以下的学生,书包的重量不能超过人体体重的 10%"。因此,学生通过小组合作交流,自行制定方案,梳理出两个关键点,即自己的体重、书包的重量。

（二）体验与感知——我的书包怎么称

1. 常规问题解决:利用盘秤(最大刻度为 1kg)和体重秤称出书包的重量

提起称书包的重量,学生立刻想到的就是电子秤。但如果没有电子秤,我们该怎么办呢? 教师提供了生活中另外两种常见的称量工具,即盘秤和体重秤。在实践中,我们发现书包对体重秤来说太轻了,但对盘秤来说又太重了,这两种称量工具都无法直接称出书包的重量。在有限的时间内,大家头脑风暴想到了两种方案:一是背着书包称重,再减去自身的体重;二是分类称量书包内各种物品的重量,再求出书包的总重量。这两种方案都非常巧妙。

2. 创新问题解决:只有一台最大刻度为 1kg 的盘秤,在"书包不能打开"的情况下,怎么称书包的重量

教师提出了很多限制条件,请学生思考遇到这种情况该怎么办。学生需要把自己的设计方案画出来,并在班内交流。在交流中,教师观察到很多学生迁移了之前的方法,而个别学生想到了类似"曹冲称象"的方法,将书包转化成其他物体的重量。学生选择了天平,希望把书包放在天平的一端,把其他物体放在天平的另一端,通过测量物体的重量间接得到书包的重量。这个方法理论上可行,但超出了秤的称量范围。

其实,学生遇到的问题和曹冲遇到的问题是类似的:(1)大象不可分割,书

包不能打开;(2)大象对普通的秤来说太重了,书包对盘秤来说也太重了。曹冲称象的故事给学生解决书包称重问题提供了一些灵感和启发,学生尝试借助同样的原理解决问题,即"书包放盒—盒沉画线—装米到线—称米累加"。学生尝试通过观察水位与刻度线的位置变化,判断大米的重量比书包轻还是重。

学生在不断尝试中体会与思考"为什么书包的重量等于大米的重量",并总结度量的策略,即将不能直接测量重量的物品与可以直接测量的物品建立等量关系。

(三) 合作与探究——书包瘦身计划

小小的个子要背重重的书包可不行。为了减轻重量,学生纷纷讨论起书包的瘦身计划,努力思考哪些东西可以不带或者换成更轻的物品。学生一开始的讨论和意见是混乱的,大家各抒己见,想到什么就说什么。在小组长的提议下,大家按用途分类讨论书包内的物品。最后,大家提供了一些书包瘦身建议:综合类的课本可以根据课表选择性携带;口罩、餐巾纸可以放入小包;每天先看天气预报再决定是否带伞;尽量换薄一点的本子;水杯里的水可以到学校里再补充;要养成每天整理书包的习惯,合理配置需要的文具与书籍。

三、活动成效与反思

(一) 关注自己,为身体健康负责

"我不是在解决他人的问题,我是在解决我们自己的问题。"二年级的学生正处于探索自己与世界关系的认知期,在判断书包是否超重的过程中,他们更加清晰地认识到这件事情与自己密切相关。在发现书包超重后,学生深入分析了书包超重的危害,向伙伴们阐述了保护自己身体健康的重要性。

(二) 身份认同,培养整理好习惯

二年级的学生逐渐萌生自我意识,从依赖走向独立。学生要对自己的生活有正确的认知(如我要使用哪些物品),才能正确、有序地整理书包。通过书包超重这一驱动性任务,很多学生每天都会主动地关心自己的书包是否超重,合理配置需要的文具与书籍。

(三) 争辩沟通,提升问题解决力

提问、质疑意味着学生在积极思考,在主动地建立各种知识、经验之间的联系,这种认知上的深度加工会让学生产生更好的学习体验。从经验来看,学生在之前的学习中缺少综合运用知识与方法分析并解决问题的经历。因此,教师提供限定条件,引导学生设计"称量书包重量"的方案,促进学生运用多种感官,采用多种方式解决问题。

（四）以史为师,增强民族自豪感

学生通过学习,明白了要多观察和思考周围的事物,具体问题具体分析,发挥自己的聪明才智,想出办法解决问题。教师借助"曹冲称象"这个传统故事引导学生解决生活问题,让学生感受到故事与生活的关联,了解重量相关概念的由来,学习与传承古人的智慧,产生民族自豪感。

三、探索实施指向真实问题解决的跨学科主题学习

新课程方案强调,要加强课程内容与学生经验、社会生活的联系,统筹设计综合课程和跨学科主题学习,明确指出各门课程用不少于百分之十的课时设计跨学科主题学习。

所谓跨学科主题学习,是指围绕某一研究主题或问题,以某一学科课程内容为主干,运用并整合其他课程的相关知识和方法,开展综合学习的一种方式。它具有三层意思。一是立足主干学科。学科课程不能废,分科设置课程有一定的合理性。要立足学科,让学生拥有系统而扎实的学科知识与方法。二是关联其他学科。不能把分科设置课程理解成学科之间隔绝、各不相干。跨学科主题学习是立足学科的主动跨界,能够破除分科设置课程带来的视界窄化、思维僵化问题。"主题"通常是一个相对复杂的综合问题,学生要综合运用多学科的知识、方法、思路去应对,并在综合解决问题的过程中,获得对事物、对世界的相对整体的认识,形成综合解决问题的意识和能力。三是用问题驱动实践,即聚焦主题,以问题发现、探索与解决为主线,强化实践性学习、具身学习,综合运用知识解决问题,体现学思结合、知行合一。在跨学科主题学习中,学习的过程与结果选择性强、可变通。它关注生成,允许多种可能性,包容多种结果,为学生发挥主体作用提供充分机会。学生的生活是完整的,真实问题的解决必然是跨学科的。跨学科主题学习的整合、真实与开放,使得它与社会生活和科学研究高

度相似,充满不确定性,从而也拥有多种可能性。

在实践中,跨学科主题学习往往存在跨而不合、合而不深、偏离主干学科等问题。与此相对应,一份优秀的跨学科主题学习设计与实施案例往往具有五个特征:(1)立足核心素养,突出创新精神、实践能力和社会责任感;(2)面对的是真实情境中的真实问题;(3)运用两种及以上的学科知识和技能去解决真实情境中的真实问题,以促进学生对跨学科知识的理解;(4)注重学习过程中的合作探究,让学生亲历发现问题和解决问题的全过程;(5)体现学科立场。

为充分体现和落实跨学科主题学习的以上特征,我们研制了相应的设计工具(见表3-2),要求在明确学习主题、面向年级、所需课时、主干学科、关联学科等基本要素的基础上,重点包含以下内容:(1)学习主题,从学科学习讲起,从真实问题解决向相关学科延伸;(2)学情分析,重点分析学生的相关学科基础、解决类似问题的经验、可能面临的困难等;(3)学习目标,陈述主干学科和关联学科要达成的目标,以及信息搜集与处理、团队合作、价值观等跨学科素养;(4)学习过程,把核心问题或任务分解为子问题或子任务,设计与实施相应的学习活动;(5)学习评价,以过程性、表现性评价为主,适当运用评价表;(6)学习资源,包含文本阅读材料、网络资源等。学校应用跨学科主题学习设计工具,立足学科开展丰富的实践探索。

表3-2　跨学科主题学习设计模板

学习主题			
面向年级		所需课时	
主干学科		关联学科	
一、学习主题(从学科学习讲起,从真实问题解决向相关学科延伸)			
二、学情分析(学生的相关学科基础＋解决类似问题的经验＋可能面临的困难)			

（续表）

三、学习目标（相关学科要达成的目标＋信息搜集与处理、团队合作、价值观等跨学科素养）

四、学习过程	
子问题或子任务	学习活动
1.	
2.	
3.	
4.	
五、学习评价（以过程性、表现性评价为主,适当运用评价表）	
六、学习资源（文本阅读材料、网络资源等）	

　　上海市浦东新区傅雷小学应用跨学科主题学习设计结构和要素,立足数学、语文等学科深入开展实践探索。该校认为,与师生习惯的围坐在课堂里的坐而论道式的教学方式相比,跨学科主题学习更加注重实践和综合,是一种更显性的指向素养培育的学习方式。

📖 **案例**

测量与规划传统游戏空间

上海市浦东新区傅雷小学　　付玉宇

一、主题背景

图形与几何是学生在义务教育阶段数学学习的重要领域,此领域包含"图形的认识与测量"这个重要主题,学生需要认识平面图形,对线段长度进行测量,对图形周长、面积等进行计算。学生在三年级时会接触"面积",小学数学课程标准中指出,需要结合实例认识面积,探索并掌握长方形、正方形面积的计算,为平行四边形、三角形、梯形等图形的学习与运用奠定基础。

"樱花大道"是我校的标志性景点,如果运用数学知识,将其规划成传统游戏空间,既可以解决学生课间十分钟怎么过的问题,又可以传播优秀传统文化。

将樱花大道规划成传统游戏空间,不仅涉及数学知识,还涉及体育、道德与法治、美术、信息科技等学科的知识。利用体育和道德与法治学科的知识了解传统游戏的名称,感悟传统游戏的意义和价值,寻找适合小学生的传统游戏,并了解如何开展这些传统游戏。利用美术和信息科技学科的知识规划并呈现传统游戏,合理划分游戏区域。在此过程中,学生深刻地体会到生活中真实问题的解决具有复杂性,常常需要运用多个学科的知识与方法,融合多种思维方式。

二、学情分析

学生对"图形的认识与测量"已有了些许基础。通过一至二年级的学习,学生已经能辨认简单的平面图形,能对图形进行分类,用简单的图形拼图;认识了长度单位米和厘米,能估测一些物体的长度,并进行测量;在认识与测量的过程中,逐渐形成了空间观念和量感。

学生多次参与项目化活动,如在数学节梦想改造师"绘制眼中的赏樱亭"活动中,联系美术学科的知识设计赏樱亭平面图;学习"轴对称图形"一课时开展了"一片树叶的秘密"探究活动,发现树叶通常具有对称性;学习

"面积"一课时继续探究"一片树叶的秘密",运用剪、拼、移等操作方法,体验数学中的"转化"思想,归纳出计算不规则图形面积的方法与策略。

学生的这些知识能力与跨学科学习经历为本次跨学科主题学习打下了基础。但是,此次学习活动需要学生实地勘查测量樱花大道的面积,涉及测量工具的选择、单位的换算等问题,还会遇到测量误差的处理等问题。此外,在划分传统游戏空间时要注意测量比例。对学生来说,从长度学习到面积学习是从一维空间到二维空间的一次飞跃,存在一定难度。

三、学习目标

一是认识面积,探索并掌握长方形、正方形面积的计算方法,经历测量、建模、计算等活动,小组合作布局传统游戏空间,发展量感、空间观念与几何直观。

二是了解民间传统游戏及其规则,利用体育和道德与法治学科的知识了解传统游戏的名称,感悟传统游戏的意义和价值,利用美术和信息科技学科的知识规划并呈现传统游戏,合理划分游戏区域。

三是在调查、讨论、展示、绘制等活动中增强合作交流能力,了解中国的传统游戏,进一步理解中华优秀传统文化。

四、活动过程

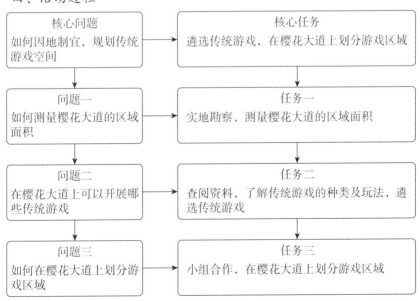

图 3 - 10　测量与规划传统游戏空间活动设计框架

传统游戏是由民间创编,为人们喜闻乐见的游戏活动,具有很强的趣味性。传统游戏是我国优秀传统文化的瑰宝,把传统游戏融入学生的校园活动,既能弘扬民间游戏文化,又能发挥游戏在教育中的功能。

任务一:实地勘查,测量樱花大道的区域面积。

本任务中,学生要对樱花大道进行实地勘查,测量樱花大道的区域面积,灵活运用数学知识。

活动一:讨论。

小组讨论:如何测量樱花大道的区域面积? 应使用哪种测量工具及测量单位?

活动二:度量。

小组活动:对樱花大道进行度量,并记录测量结果,计算面积。

任务二:查阅资料,了解传统游戏的种类及玩法,遴选传统游戏。

本任务中,学生要通过查阅资料的方式,完成传统游戏调查表,了解传统游戏的种类及玩法;通过小组合作开展问卷调查、讨论等学习方式,深入了解传统游戏对场地的需求,遴选可以在樱花大道上开展的传统游戏。

活动一:查阅资料,填写传统游戏调查表。

1. 利用网络资源了解传统游戏的种类及玩法。

2. 整理资料,完成传统游戏调查表。

活动二:遴选传统游戏。

1. 问卷调查:对三年级学生进行问卷调查,深入了解传统游戏对场地的需求。

2. 根据问卷调查结果,遴选可以在樱花大道上开展的传统游戏。

任务三:小组合作,在樱花大道上划分游戏区域。

本任务中,学生要整理探究过程中的成果,小组合作,在樱花大道上划分游戏区域。

活动一:了解比例尺。

查阅资料:自学比例尺相关知识。

活动二：测绘。

小组活动：运用比例尺在樱花大道上划分游戏区域。

五、学习评价

表 3 - 3　学习评价表

内容	评价指标	评价星级
面积我会度量	1. 积极参与小组讨论，了解测量面积的方法，选择合适的测量工具及测量单位 2. 能对樱花大道进行度量，并记录测量结果，计算面积	1. ☆☆☆ 2. ☆☆☆
传统游戏我会选	1. 能利用网络查阅相关资料，完成传统游戏调查表 2. 能通过问卷调查形式，深入了解传统游戏对场地的需求 3. 能根据问卷调查结果，遴选可以在樱花大道上开展的传统游戏	1. ☆☆☆ 2. ☆☆☆ 3. ☆☆☆
游戏区域我会分	1. 能自学比例尺相关知识 2. 能运用比例尺相关知识绘制游戏草图，并在樱花大道上划分游戏区域	1. ☆☆☆ 2. ☆☆☆

六、学习资源与工具表单

（一）学习资源

1. 电影：《被遗忘的童年游戏》。

2. 传统游戏学习资源。

3. 比例尺学习资源。

（二）工具表单

表 3 - 4　传统游戏调查表

游戏名称：

（续表）

游戏功能：
场地需求：
游戏玩法（规则）：

表 3-5　传统游戏进校园调查

调查目的： 传统游戏是我国优秀传统文化的瑰宝,让传统游戏融入校园活动,既能弘扬民间游戏文化,又能让校园生活变得丰富多彩。
调查对象： 全校三年级学生。
调查内容： 同学们,前期我们收集了传统游戏相关信息,了解了传统游戏的名称、功能及玩法,并填写了传统游戏调查表,最终有二十个游戏脱颖而出。请同学们对这二十个游戏进行调查,遴选出适合在樱花大道上进行的游戏,适合的打"√",不适合的打"×"。 （特别提醒:遴选游戏时需要考虑场地需求和安全问题!） 蹴鞠　□　　数字华容道　□　　滚铁环　□　　踩高跷　□ 射箭　□　　捉迷藏　□　　抖空竹　□　　捶丸　□ 围棋　□　　拍洋画　□　　挑棍游戏　□　　打沙包　□ 斗草　□　　跳房子　□　　马球　□　　井字棋　□ 投壶　□　　打陀螺　□　　踢毽子　□　　斗鸡　□
调查结果：

上海市浦东新区傅雷小学通过跨学科主题学习的设计与实施,把校园变成一个大的学习场域,让学习处处可发生。跨学科主题学习激发了学生对学校的热爱之情,让学生有了更强烈的归属感。"'傅雷'任务群主题学习""我为运动会选个好天气""我是校园节能小卫士"等跨学科主题学习在润物无声中实现着价值认同、情感升华。教师在实践探索中积累了主题确立、学习过程设计、评价实施等方面的策略。

 案例

我们的校园,我们的"傅雷"

上海市浦东新区傅雷小学 汤 琼

《义务教育语文课程标准(2022 年版)》提出了六大任务群,跨学科学习任务群是其中之一。课程标准中指出:本学习任务群旨在引导学生在语文实践活动中,联结课堂内外、学校内外,拓宽语文学习和运用领域;围绕学科学习、社会生活中有意义的话题,开展阅读、梳理、探究、交流活动,在综合运用多学科知识发现问题、分析问题、解决问题的过程中,提高语言文字运用能力。

一、立足学科,聚焦文化传承

我校以傅雷命名,"傅雷"就成为学校自带的文化基因。作为傅雷小学的师生,了解傅雷、弘扬傅雷文化是我们的责任和使命,亦是我们爱校如家的应有行动。低年级语文备课组在选题时,不约而同地聚焦"傅雷"。

与项目化学习相比,跨学科主题学习更强调学科立场。设计学习方案时,"立足语文学科,强化语言实践活动,提高学生语言文字运用能力"成为我们的核心指导思想。所以,我们从学科出发,认真梳理与本次主题学习关联的具体学科内容及所涉及的学科关键能力。一至二年级学科关联内容及相应学科关键能力见表 3-6。

表3-6 学习主题与学科内容关联分析

学习主题	学科内容	学科关键能力
我是傅小学子,我来介绍傅雷	一年级下册第二单元《吃水不忘挖井人》	发现关于人物的信息
我是"傅雷"小导游	二年级上册第四单元《黄山奇石》《日月潭》《葡萄沟》	了解可以按照顺序介绍一个地方

二、素养导向,明确能力表征

我们希望通过跨学科主题学习进一步表征学科关键能力。为此,我们把学科关键能力升级至可表征的指向素养落地的学科能力(见表3-7)。

表3-7 学科关键能力的表征

学习主题	学科内容	学科关键能力	指向素养落地的学科能力
我是傅小学子,我来介绍傅雷	一年级下册第二单元《吃水不忘挖井人》	发现关于人物的信息	记录关于人物的信息
我是"傅雷"小导游	二年级上册第四单元《黄山奇石》《日月潭》《葡萄沟》	了解可以按照顺序介绍一个地方	能够按照顺序介绍一个地方

在此基础上,我们进一步思考如何立足学生真实问题创设真实情境,设计核心任务(见表3-8)。

表3-8 跨学科主题学习情境创设与任务设计

年级	学习主题	真实问题/真实情境	核心任务
一年级	我是傅小学子,我来介绍傅雷	每天早上进校园时,学生都会从傅雷雕像前经过。一年级的学生对这个雕像充满了好奇,很想知道他是谁	为傅雷先生设计一张名片,并予以介绍

（续表）

年级	学习主题	真实问题/真实情境	核心任务
二年级	我是"傅雷"小导游	时常有客人来走访我们傅小,如何当好光荣的校园小导游,让大家了解我们这所与众不同的学校	成为校园小导游,把校园里带有"傅雷"元素的景物介绍给来访的客人

三、学科关联,有机予以融合

跨学科主题学习是指用两种及以上的学科知识和能力去解决一个真实的情境问题。所跨学科的知识需要深度渗透到学习活动中,而不只是形式上的运用。

如一年级"我是傅小学子,我来介绍傅雷"主题学习要完成的核心任务是"为傅雷先生设计一张名片,并予以介绍",紧密关联的是美术学科的知识。在与美术教师沟通后,我们了解到一年级的学生已经在美术课上学习了剪、贴、画线条等技能,但对什么是名片、内容的平面布局及排列还没有概念,这就需要教师予以必要的指导。

如二年级"我是'傅雷'小导游"主题学习要完成的核心任务是绘制校园傅雷景点导览图,并有序介绍傅雷景点。紧密关联的学科有三个。一是数学,学生在二年级下册的数学课中认识了方位,知道了地图用"上北下南、左西右东"来指示方向。二是美术学科,二年级下册第三单元美术课的内容为"点线面",这为学生绘制校园平面图奠定了基础。三是信息技术,包括如何进行定位、如何检索傅雷相关信息、如何用信息化手段来绘制导览图等,有了信息技术的支持,学生学习成果的表达更多元、丰富。

四、亲历学习,注重合作探究

学生是跨学科主题学习的主体,需要经历发现问题、分析问题、解决问题的全过程。如何实现?

一是问题链及任务链的设计要形成闭环。如"身边的傅雷"问题及任务规划(见图3-11)。

二是强调小组学习。跨学科主题学习以合作探究和小组学习为主。如

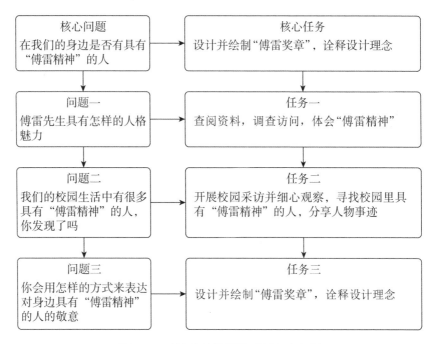

图 3-11 "身边的傅雷"问题及任务规划

上述案例任务一中的查阅傅雷相关资料，虽然先是个体的查阅，但最主要的是在这个基础上的小组阅读及小组交流讨论。任务二、任务三都是用小组合作探究的方式来完成的。

教师在教学设计时要充分预估学生学习可能会遇到的困难，帮助学生准备必要的资源、支架工具，成为学生学习的支持者、指导者以及相关活动的组织者。如上述任务二的采访，学生不清楚在采访时该提出哪些问题，教师便设计了采访支架。

五、多元评价，注重素养落成

我们设计评价时要注意三点：一是注重学生学习过程中的表现性评价，注重对学生学习行为的引导；二是重视学习成果的评价，在成果评价环节，我们特别重视作品的展示，让学生有尽可能多的成就感；三是对学生素养情况予以评价。

第四章

让评价成为促进学习的动力

『本章导语』

学习评价是依据学习目标对学习过程及结果进行价值判断并为教学决策服务的活动，是对学习活动现实或潜在的价值作出判断的过程。学习评价强调以课程标准或特色课程目标为基本依据，不拔高评价要求，突出为了改进学习，更好地发挥评价的激励、诊断与改进功能。为此，我们需要探索并全面推行学科基于课程标准的等第制评价，将评价融于学习和活动过程，应用现代信息技术赋能学习诊断与改进，让评价成为促进学习的动力。

第一节　着眼于学习改进的等第制评价

2020年10月，中共中央、国务院印发了《深化新时代教育评价改革总体方案》（以下简称《总体方案》），明确提出要改进结果评价，强化过程评价，探索增值评价，健全综合评价。2021年3月，中华人民共和国教育部等六部门联合印发《义务教育质量评价指南》，提出要面向全体学生，注重综合素质评价，促进全面培养，教好每名学生；改进评价方法，统筹整合评价，促进形成良好教育生态；强化过程性评价和发展性评价，有效发挥引导、诊断、改进、激励功能。

一、等第制评价的产生

以往，我国对学生评价采用的是传统的纸笔测验和百分制评价。随着教育综合改革的深入和对学生素养问题的关注，人们越来越认识到传统评价方法的局限和弊端。在21世纪初，在"不能让学生输在起跑线上"等思想的影响下，上海市有众多学前儿童存在"抢学"现象。面对不同学习基础的学生，教师不自觉地把部分学生已掌握的知识水平作为教学起点，导致教学要求被拔高，教学进度被加快，学生学习兴趣和学习习惯的培养被忽略，评价与教学不一致。学生负担重，家长焦虑感明显。为此，需要以课程标准为依据开展教学与评价。

落实基于课程标准的教学与评价时，教师需要关注的核心问题包括：学生有没有达成目标？若没有达成，离目标还有多远，是否已经偏移方向？怎样才能向目标顺利迈进？教师回答这些问题的过程其实就是诊断的过程。这种诊断不仅体现在知识与技能层面，也体现在过程与方法层面以及情感、态度与价值观层面。对知识与技能层面的诊断，采取纸笔测验的方式较为经济，也较为有效。对过程与方法层面的诊断，需要分析学生在完成具体任务时的表现，这就需要注重表达表现、探究活动、社会实践、作品展示等表现性任务的设计。此外,关于学习态度、学习习惯、学习表现等内容,主要通过日常观察的方式获取信息。正因为不同内容需要有不同的诊断方式,现在除重视纸笔测试外,还强调表现性任务的设计与对学生的日常持续观察。

使用等第制评价可以反映学生的大致特征,若再配以评语,指出存在的问题、问题背后的原因以及可采取的措施,无疑会强化改进的针对性,提升改进效果。为此,有不少国家和地区在报告成绩时会使用"等第+评语"的评价方式。

作为基础教育评价改革的一个突破口,《上海市教育委员会关于小学阶段实施基于课程标准的教学与评价工作的意见》(沪教委基〔2013〕59号)要求落实基于课程标准的评价要求,推行等第制评价。

一是科学设计评价内容与要求。学校和教师要把评价建立在课程标准的基础上,依据课程标准和学生年龄特征,合理设计评价目标、评价内容与评价方式;要在日常教学中加强过程性评价和表现性评价,探索通过课堂观察及时评价学生表现;要注重表达表现、探究活动、社会实践、作品展示等表现性任务的设计,细致观察、有效记录、深入分析学生完成任务的情况,综合评价学生的知识、方法、态度、兴趣与习惯等;要设计符合课程特点和本校特色的评价体系,采用多种评价手段,实施多元评价,探索学年、学期等阶段性评价;要严格控制考试次数,一年级和二年级不得进行书面考试。

二是采用等第制和评语相结合的评价方式。学校和教师要注重积累学生课堂表现、表现性任务完成情况、各类考查情况等资源,采用等第制和评语相结合的形式,综合反映学生的学业发展状况;要加强对等第制和评语相结合的评价方式的研究与实践,对学业成绩、学习表现、学习动力等评价结果采用等第表达,并结合学生个体学习情况,从学习态度、学习习惯、知识理解、学习能力等方面选择若干要素进行评语描述,真正提高评价的科学性。

三是注重评价结果对学生的促进作用。学校和教师要淡化评价的甄别、选拔功能,强化评价的诊断、改进与激励功能,明确基于课程标准的评价不是为了对学生进行评定或比较,而是为了发现学生在目标达成过程中的差距,进而调整教学方案或为学生提供反馈信息,促进学生的学习;要重视评价数据的统计、分析,客观反映课程标准的达成情况,如实反映学生个体发展情况；要及时、明确、有针对性地反馈评价结果，实现对学生的精准指导，并采取有效的措施改进教学。

上海小学实施的等第制评价具有如下特点：一是素养导向，从"重分数"转向"重素养"，在关注学业水平的同时关注学生的学习兴趣培养和良好习惯养成；二是标准导向，以各学科课程标准为依据，体现不同年级学生在"知识与技能""过程与方法""情感、态度与价值观"等方面的基本要求；三是过程导向，强调寓评价于教学过程中，注重"学评一体"的表现性评价；四是增值导向，以"分项评价"和"等第＋评语"的评价方式发挥评价对学生学习的诊断和改进作用。

基于课程标准的学科评价框架是学科评价的总纲领。根据成熟程度，学科评价框架可以细分到不同的阶段或单元，甚至细分到每个课时。当基于课程标准的评价细分到每个课时的时候，就与基于课程标准的教学紧密相连。学科评价框架包括评价标准、评价方式建议和评价案例示范等。

为遵循学生身心发展规律，引导基层学校和广大小学教师准确把握课程标准规定的内容与要求，促进学生健康、可持续地发展，上海市各学科均制定了低年段基于课程标准的评价指南。评价指南中的各学科评价框架为学校和教师基于课程标准开展学习评价提供了方向与依据。学校和教师可以依据各学科评价框架，考虑本校的实际情况，设计符合课程特点和本校特色的评价方案，明确学科学年、学期、单元等的评价安排。

如根据《上海市中小学英语课程标准（试行稿）》，小学低年段英语学科的评价分语音、词汇、句法三个主题模块，学科评价框架从学习兴趣、学习习惯、学业成果三个维度设计评价内容和评价观察点，并提出评价方式建议和提供评价案例示范。其中，语音主题模块的评价维度、评价内容、评价观察点示例、评价方式的建议如下。

语音是语言的物质外壳，是语言符号系统的载体，承载着一定的语言意义。小学低年级学生的语音学习从 26 个英文字母的音和形开始。学生通过模仿掌握字母的语音语调，通过字母认读和简单的单词拼读掌握字母的音和形。小学英语学科语音主题模块评价框架见表 4－1。

表 4-1 小学英语学科语音主题模块评价框架

评价维度	评价内容	评价观察点示例	评价方式建议
学习兴趣	1. 课堂学习兴趣	1. 参与仿说字母活动的情况 2. 参与认读字母活动的情况 3. 参与字母顺序类活动的情况	1. 日常观察 2. 学生访谈 3. 问卷调查
	2. 课外学习兴趣	1. 在生活中识别字母的情况 2. 在课外听、唱字母歌的情况 3. 在课外学、写字母的情况	
学习习惯	1. 观察习惯	1. 观察、模仿教师的口型和发音的情况 2. 辨认相近字母的情况	1. 日常观察 2. 作业检查 3. 表现性任务
	2. 倾听习惯	1. 根据教师或同伴说出的字母,辨别和指认字母的情况 2. 根据教师或同伴发出的指令,听写字母的情况	
	3. 模仿习惯	1. 根据教师的发音,仿说或跟读字母的情况 2. 根据录音的内容,仿说或跟读字母的情况 3. 根据直观的媒介,仿说或跟读字母的情况	
	4. 书写习惯	1. 书写姿势 2. 字母书写的情况	
学业成果	1. 听	根据发音听辨字母的情况	1. 书面测试 2. 口头测试 3. 日常观察 4. 作业检查 5. 表现性任务
	2. 说	用升调和降调按顺序背诵字母的情况	
	3. 读	认读字母,初步了解字母读音规则的情况	
	4. 写	描写、抄写、书写字母大小写的情况	

　　上海市小学各学科评价框架与小学英语学科评价框架基本一致,都是从学习兴趣、学习习惯、学业成果三个维度设计评价内容和评价观察点,并提出评价方式建议和提供评价案例示范。其中,学习兴趣、学习习惯两个维度的评价内容和评价观察点占用了较大的篇幅,以引导教师更多地关注学生学习兴趣的激

发和学习习惯的培养。评价观察点以示例和中性表达的方式呈现,为学校校本化实施留足空间。

根据学科评价框架,明确具体的评价目标和评价内容,并研制等第评价规则。评价规则由评价观察点、评价等第标准、评价主体、评价方式等要素构成,需要做到具体、明确、易于操作。

 案例

有效设计评价,关注习惯培养

上海市闵行区实验小学 吕 晟

为了让学生事先知晓、熟悉和理解评价的内容与要求,对创编对话活动有更高的积极性,在课堂上更好地约束自己,学校依据评价目标、学习任务、评价内容,设计了等级要求清晰的评价规则。具体评价标准可参考表4-2。

表4-2 小学英语学科倾听习惯评价标准

评价内容	评价观察点	期望表现	评价等第标准			评价主体	评价方式
			☆	☆☆	☆☆☆		
倾听习惯	根据教师或同伴的指令和问题,做出相关反应的情况	能听清同伴的点餐要求,较好地理解其意思,并正确、快速地做出行为反应	需要在同伴或教师提醒后才能做出正确的行为反应	能听清同伴的点餐要求,并正确地做出行为反应,但思考时间较长	能听清同伴的点餐要求,较好地理解其意思,并正确、快速地做出行为反应	学生(互评)	课堂观察
	倾听同伴的发言并提出建议的情况	能全程保持耐心,专心倾听所有同伴的对话	只在自己与同伴对话时才仔细倾听,其他时候都不能集中注意力	偶尔开小差,在同伴或教师提醒后能立刻集中注意力,专心倾听	能全程保持耐心,专心倾听所有同伴的对话	学生(互评)	课堂观察

二、基于评价的教学调控[①]

美国著名课程专家古德莱德认为课程分为五个层次：一是理想的课程，即由研究机构、学术团体和课程专家提出的应该开设的课程；二是正式的课程，即由教育行政部门规定的课程计划、课程标准和教材；三是领悟的课程，即教师所领悟的课程，这种领悟的课程可能与正式课程之间有所不同；四是运作的课程，即教师在课堂上实际实施的课程；五是经验的课程，指学生在课堂学习中实实在在体验到的东西，也即课程经验。教师需要将正式的课程转化为自己领悟的课程，并在课堂中进行运作实施，最终转化为学生经验的课程。但是，从领悟的课程到经验的课程中间可能存在着相当大的差距。从目的上说，教师教是为了促进学生学，因此需要以学定教，即在运作的课程中根据学生学习表现进行师生互动和教学调控，并基于实践积累的经验加深教师对正式课程的理解与领悟。

由学生、教师、教材构成的教学情境是复杂多变的，教师在教学情境中会有意识地对学生的学习表现进行诊断评估，也会遇到各种意想不到的问题和现象。教师需要对学生的学习表现和问题现象进行分析，并动态调整教学目标、内容、组织实施方式和教学进程等，确保年段、学期和单元课程目标的有效达成。

教学调控往往源于对偏离目标、期望的行为和现象的反思，没有教学反思，也就没有教学调控。专业工作者在实践中主要有两种反思方式：一是对行动的反思，即传统意义上的行动后的反思；二是在行动中反思，在实践的过程中，实践者也可能会对实践进行反思。对行动的反思是对教学真实情境的反思，而在行动中反思既发生在真实的教学情境中，也发生在备课过程中。因此，教学调控可能是在课堂教学前发生的，对将要进行的课堂教学进行设计调整，也可能是在课堂教学中即时发生的，对正在进行的课堂教学进行调节控制，还可能是在课后延迟进行的，对后续还要开展的教学设计和实施进行调节控制。就调控主体来说，可以重点对教师教的行为进行调节控制，也可以重点对学生学的行为进行调节控制。就调控内容来说，主要包括教学目标调控、教学内容调控、教学方式调控、教学进程调控等。

[①] 改编自上海市教委教研室编制的《上海市小学基于课程标准的教学与评价实践指南》。

教学调控的目的是促进课程目标的达成。就课时目标来说，教学调控可能有助于目标达成，也可能需要对预设的目标进行调整。但从单元目标以及更长远的学期、年段目标来看，教学调控一定是有助于课程目标的实现的，调整课时目标是为了更好地达成单元目标、学期目标等。即时调整课时目标是对课程目标的真正尊重，机械地遵照课时教学设计执行不是基于课程标准的教学。教师要根据教学实际情况，及时把握新的学情，为后续教学活动目标的确定与优化提供实践依据。

在教学前，教师可以在头脑中、文本上预演教学过程，建立教学内容结构，审视教学内容的合规性、合理性、准确性，进而在反思中调整教学内容。教学过程中会生发有价值的、不在预设内的教学契机，教师应当抓住有价值的教学契机，适当调整教学内容，如学生自然引出了下一课时的知识点，教师便可以顺势而为，适当展开。当然，教学调控不只是调整和调节，它还有控制的含义。当意料之外的现象对课堂教学产生不良影响时，教师需要对教学内容进行控制，使教学回到正常的轨道上来。在后续的教学活动中，教师可以根据学生的学习表现，强化之前的薄弱之处。

教学方式直接影响教学的效果。课堂教学是一种有时间限制的行为，必须确保一定的效率，而促进学生有意义学习的教学方式往往与效率成反比。在既定的课程目标和课程内容下，由于学生具有学习基础和水平上的差异，教学方式的调控也就有了很大的空间。当学生的学习基础普遍较差时，为达成教学目标，教师可能会更多地选择讲授式教学。当学生的学习基础普遍较好、学习速度普遍较快时，教师可以组织更多的小组研讨，可以设计更多的探究、实践、体验等活动。这种调控可以是即时的，教师应根据课堂教学情况进行调控。

教学进程调控涉及情境创设、问题引入、阐述、活动、应用、诊断、作业等环节目标、内容、时间的调节控制，目的是使课堂教学呈现出相对均衡、符合逻辑的结构。如在完整学习长方形周长的多种计算方法后，学生能够模仿着推导出正方形周长的多种计算方法，那么，正方形周长的各种计算方法就不必完整展开，教师可以留出更多的时间用于应用、诊断等环节。教学进程调控还涉及教学过程各环节的顺序和时间调整。当教学时间有限时，教师可以更多地采用演绎式教学，通过知识传授、应用、作业来引导学生学习。当教学时间充裕时，教师可以更多地采用发现式教学,通过探究、实验等活动来引导学生总结、归纳、发现知识。

综上所述,在时间维度,教学调控可以发生在教学活动前的备课中,可以发生在教学活动现场,也可以发生在教学活动后;在内容维度,教学调控既调控教学目标和教学内容,也调控教学方式和教学进程;在方向维度,教学调控既调控教师的教,也调控学生的学。教学调控往往针对教学活动中的问题和特殊现象,教师调控的关键在于渗透教学全过程的证据采集和分析。

教学活动前的调控也可以称为预调控,是基于课程标准分析、教材分析、学情分析对教学设计的优化调整,也是对可能出现的意外情况的一种预期和预处理。教师可以开展基于课程标准分析与教材分析的预调控、基于学情分析的预调控和指向意外情况的调控。其中,指向意外情况的调控主要涉及以下几方面:一是学生的学习表现没有达到应有的水平,教师需要进一步强化教学;二是学生的学习表现已经达到甚至超过了学习目标,教师按照原定教学设计展开教学已无太大价值;三是学习过程中出现涉及其他学习内容的教学契机,教师需要合理展开或控制;四是出现了影响课堂教学正常进行的突发事件等。成熟的教师能依托原有经验妥善处理大部分的意外情况,但如果教师能对可能的状况进行预设并思考应对措施,面对突发状况时便可以从容应对。

与教学活动前的预调控相比,教学活动中的即时调控更难展开。无论是对在场的观察者来说,还是对教师本人来说,要说清楚并系统地记录无数课堂反思的瞬间到底发生了什么,都是具有极大挑战性的。叶澜教授说:"课堂应是向未知方向挺进的旅程,随时都有可能发现意外的通道和美丽的图景,而不是一切都必须遵循固定线路而没有激情的旅程。"教学活动中的即时调控往往是专家教师的课堂与普通教师、新手教师的课堂如此不同的关键所在。不少教师缺乏生成意识和及时捕捉、随机处理课堂新信息的能力,担心打乱自己的教学设计而对突发状况置之不理,硬生生地把学生拉回到预定轨道进行教学,让稍纵即逝的"灵光一现"白白溜走。殊不知,合理、机智、有选择性地开发和利用课堂中生成的资源,往往能为课堂教学带来无法复制的精彩。还有一些教师不加选择地利用生成的资源,结果导致偏离原有的教学目标,课堂也不够精彩。当然,也有一些教师对意外情况不知所措,只好用"我们课后再来探讨这个问题"来给自己打圆场。实际上,通过对教学实践行动的反思,教师能在教育理论指导下对教学经验进行回忆、思考、评价,制订出新的行动计划,从而改进教学实践。在课堂教学情境中,教师不仅要对课堂中自然发生的现象进行反思与调控,还可以通过课堂提问、课堂练习、学生活动观察等手段,有目的地进行课堂诊断,并随之进行调控。课堂提问、课堂练习、学生活动观察大多属于非正式的评价,但这些非正式的评价对学生学习具有重要的诊断作用,能为教师之后开展的教学调控提供直接依据。

在课堂教学活动后,教学调控也在延续。教师要根据自身对课堂教学活动的反思以及学生在作业、测验中的表现,调整和改进后续的教学。如果每一课时的教学活动都安排得很满,教师也就基本上失去了教学调控的机会,但在单元教学视角下,教师有了更大的教学调控空间。教师可以根据学生在前一课时的学习情况,在之后进行的课时教学活动中予以巩固、强化或纠正,对测验中发现的共性问题进行重点讲解,对个性问题进行个别化指导。然而,对特定班级的教学活动一旦完成,教师便很难就教学中存在的问题进行教学调控,上过一遍的课不可能让学生再上一遍。因此,延续教学调控除了会对特定班级的学生发挥作用,也会对其他班级的学生发挥作用,在一个班级教学中发现的问题可以在其他班级教学中得到弥补和纠正。延续调控的关键在于教学活动后的证据采集。延续调控可依据的证据很多,教学实践中主要有三种:一是教师的教学反思;二是学生的作业完成情况;三是学生在单元、阶段性测试中的表现。

为了更好地发挥评价对学习的诊断改进作用,上海市静安区第一中心小学探索了基于测验的学习处方。

 案例

基于测验的学习处方

上海市静安区第一中心小学　胡　艳

在等第制评价的实践过程中,我们不是把分数直接转化为等第。在对学生学习成效的检测中,我们尝试过星级评价,根据学习能力水平和题量赋予检测试题一定的星级,如识记类的题目一题一星,理解类的题目根据难易程度一题两星或三星,运用类和综合类的题目一题三星或四星。阅卷时,阅卷组统一赋星标准,赋星数 90% 至 100% 的为优,赋星数 80% 至 89% 的为良,赋星数 60% 至 79% 的为合格。但是,在实践中,我们发现这种数星星式评价结果与学生实际学业水平之间有差异,笼统的评价虽然消除了分数的竞争,但学生并不清楚自己的学习哪里出了问题。例如,学生 A 和学生 B 的成绩同为良,但其实际水平却相差很大,学生 A 基础掌握扎实,阅读理解类题目失分较多,写作平平;学生 B 在做阅读理解类题目时能读懂文章,抓住要点答题,作文反映出思维的火花,但常有疏忽错漏,基础题目也是如此。如不仔细分析上述现象,仅给出笼统的成绩,难以明确学生学习的成功之处和需要改进之处。由此,我们开展了"体检诊断式"评价实践,重点对学生学业发展水平中的知识技能进行评价,即检测诊断学生对语文课程标准要求的基础知识、基本技能的理解和掌握情况,分析原因,开出学习处方。

一是细化模块要求,确定评价内容,明确"体检项目"。我们依据现行的课程标准,围绕语文学科的核心素养设计了基础、阅读、写作三个评价模块。评价应基于课程标准,但语文学习涵盖的知识、能力面广量大,课程标准中的描述针对的是一至二年段和三至五年段,每个年级、每个学期的具体要求递进序列比较模糊。我们对照课程目标,梳理教材内容,初步形成了一至五年级基础、阅读、写作三个评价模块的具体学习要求和内容。

二是制定细目表,编制检测试题。我们确定了阶段检测的评价内容,组织编制检测试题。每一阶段都根据单元目标,选择重点训练目标进行检测评价。

三是在阅卷后撰写学习处方。我们通过学校专门的评价平台来完成此项工作。操作流程是"预设分级评价诊断建议—数据导入—个性化修改—形成学习处方"。教师完成数据录入和评价建议撰写并提交后,电脑自动生成学习处方。学生可以在平台上查询自己的学习处方。

通过实践,我们认为,借助诊断性检测开学习处方使师生双方都对课堂中的问题一目了然。这有利于教师的教学跟进和学生的个别化辅导,使得教学更为精准有效。

上海市第一师范学校附属小学开展了基于学科单元学习评价的调控研究，研制了相应的评价与分析工具，形成了基于单元纸笔测试评价分析结果的差异化调控策略。

 案例

基于学科单元学习评价的调控研究

上海市第一师范学校附属小学　鲁慧茹　姚月玥

一、建构基于单元纸笔测试评价的分析工具

（一）设计便于师生直观分析的显性化分析工具

我们设计显性化分析工具时坚持三个原则：一是基于数学课程标准评价指南；二是便于教师边批改边操作；三是便于学生和家长直观了解评价结果。我们尽可能地参照数学课程标准评价指南设计测试卷，多维度地考查每个学生的学习情况。设计单元评价工具时，我们主要采用以下方法。

1. 细分考查点

在数学学科单元纸笔测试卷的卷首，我们把知识、技能、习惯和态度作为评价维度，并把它们细分成若干考查点，以便与单元测试卷中每题所涉及的细分考查点一一对应，提高评价识别效率。

2. 增设评价栏

细化考查点后，就要思考现实中如何操作落实的问题。评价肯定要改变，但如果变得烦琐复杂就不利于持续实施。项目组经过研究，一改过去简单的对错评价，在试卷上增设评价栏，在每种题型旁设置若干个"□"，给考查点标上序号，以便教师分项统计，帮助学生明确考查点和开展自我分析。

3. 标注描述性评语

我们借助得当、正确、熟练、规范、认真、仔细、整洁等定性词语，让学生清楚地知道分项考查点考查的内容及不同等第的达标要求，引导学生在完成试卷的过程中有意识地关注考查点。教师可以基于考查点，给出针对每道题目的描述性评语，如方法得当、计算正确、验算仔细，也可以给出总体评

价,还可以视情况在备注栏标注描述性评语。

（二）基于单元纸笔测试结果设计用于提高学生学力的自我诊断工具

我们在研究显性化分析工具的同时,还设计了有助于提高学生学力的自我诊断工具。我们在数学单元纸笔测试讲评中设计了单元自我诊断表,希望通过评一评、查一查、想一想三大板块引导学生有序反思自己的阶段学习成效。三大板块的目标如下。

1. 评一评板块的目标

教师根据单元学习目标明确单元重难点知识以及学生需要达到的程度,便于学生自我诊断,并设计备注栏供学生简单分享单元学习感受。

2. 查一查板块的目标

教师在纸笔测试卷中为学生提供各项考查点评价、解题备注评价等,便于学生进一步分析自己的错题成因。

3. 想一想板块的目标

教师设计互动板块,引导学生想一想一个单元中掌握得比较薄弱的知识点、感兴趣的知识点,便于在后续的课堂中进一步拓展。

每个数学备课组都在有序开展自我诊断表的实施与研究,虽然不同年级的模板内容及自我诊断方法有所差异,但其目的都是帮助学生基于单元纸笔测试评价结果分析学习掌握程度,分析错题成因,找到自己的薄弱环节,明确想进一步了解的知识、解决的问题、探究的内容等。我们关注、尊重、顺应学生的年龄特点差异,逐步培养学生的学习素养。

二、开展基于单元纸笔测试评价结果的差异化调控

（一）共性调控——增设深度复习课

小学数学复习课中,教师会对学生某一阶段所学的知识进行归纳总结,通过整理使其系统化和条理化,帮助学生进一步巩固知识。部分教师在实践中会套用以往的经验和模式来组织教学。

我们通过阶段性评价指导教师调控复习课教学,从而让教师有的放矢地进行复习课二次设计。我们希望教师在关注学生个性化需求的同时也能对学生的综合素养进行多维度的调控。

　　我们倡导基于分层的设计和基于理解的学习,关注局部知识与整体知识的联结,引入深度复习课,作为共性调控的手段,帮助学生逐步发展思维。区别于单元纸笔测试前的复习课,我们在深度复习课中采用了一些实用的运作策略。

　　1. 先反思后跟进——自主剖析,自主矫正

　　我们引导学生利用单元自我诊断来逐步梳理、剖析错题成因,让学生自主选择矫正性训练模块进行匹配性矫正训练。如某学生计算题全部正确为 A 等,但应用题审题困难,列式为 C 等,就可以选做“应用”模块的矫正训练,只列式不计算。这样既提高了矫正的针对性,又在无形之中提高了学生的学力。

　　2. 先整理后提炼——疏通知识,构建框架

　　我们引导学生借助再现、整理、归纳等方法串联本单元所学的知识与之前所学的知识,疏通知识横向和纵向的联系,构建知识框架。我们尝试整理每单元的知识类型,把知识导图的分层练习纸和学习任务单结合起来开展教学,使得学生熟悉这种用知识导图表示新旧数学概念之间联系和发展的形式。

　　在实际操作过程中,我们选取了一些课例开展深度复习课实践研究,如几何、计算、问题解决,旨在使用不同结构类型的知识导图去指导陈述性知识、程序性知识、策略性知识的教学策略。根据不同的知识,我们提供相应的知识导图结构作为支撑,帮助学生梳理结果,构建知识框架。

　　(1) 陈述性知识的知识导图结构

　　“点—线”是用圆圈表示主要概念,并用箭头连接概念及概念相关知识的知识导图结构。它适合具有清晰发展脉络的陈述性知识的建构,如几何概念、数的概念等。在复习课中,借助“点—线”知识导图结构,学生可以厘清概念之间的逻辑联系和发展关系,整体构建零散的知识,完整认识单元知识。

　　(2) 程序性知识的知识导图结构

　　“点—线”结构和层级结构能清楚地表示出相关概念之间的逻辑关系,比较适用于陈述性知识的学习。对于计算、作图、数的大小比较等程序性知识,运用流程图结构更能清楚地表示出其每一步的操作过程及其背后的原

理和方法。相较强调知识点之间逻辑关系的"点—线"知识导图结构,流程图结构强调的是程序性知识的过程性逻辑及其背后的道理(算理等),有助于学生在理解的基础上掌握和运用程序性知识。

(3)策略性知识的知识导图结构

除了陈述性知识和程序性知识,策略性知识也是数学学习的重要内容。策略性知识的学习和获得是一个综合思考和决策、相对开放的过程,难以用一般的结构或流程表示。

3.先基础后挑战——分层渐进,循环增趣

我们关注学生的思维品质,通过整合性练习的设计,引导学生综合运用所学知识一题多思、一题多问、一题多变、一题多法,提升学生的数学学科核心素养。限于篇幅,不再详细阐述。

(二)个性调控——分层调控

我们主要采取逐步聚焦(即"中间细分到多类,两端精准到个体")的方法来开展个性调控。我们从"精"字着力,提出"精准性分析,针对性设计,追求适合每个学生发展的学习设计"的调控策略。

1.针对中等生的调控策略

教师依据单元纸笔测试评价情况为学生提供反馈信息和矫正性训练模块。学生剖析自己的错误成因,自主选择对应的练习模块,进行匹配性矫正训练。具体内容略。

2.针对学困生的调控策略

我们尝试通过"分析—阶段—兴趣—循环"跟进式辅导(简称"A.P.I.C"互动式辅导方案),把心理辅导、学习习惯辅导、学习技能辅导融为一体,开展定制化的跟踪式辅导。分析(Analysis)是指对每个学困生进行多维度的分析,为其制订有针对性的学习计划。阶段(Phase)是指有侧重地把心理辅导、学习习惯辅导、学习技能辅导等划分到不同阶段中,以此提高教学的实效性。兴趣(Interest)是触发学生学习热情的首要条件。我们通过各种游戏的设计,让学生进行充分的互动。循环(Circle)强调的是动态的教学互动。我们在特定的周期内,通过创新的评价机制去了解和分析学生的情况,从而更新学习计划,调整不同辅导阶段的教学内容。这一互动式辅导方案特别强调互动原则,即教师在整个教学周期中都会和学生、家长充分沟通。

操作方法如下:根据单元纸笔测试评价结果,先选定需要跟进式辅导的学困生数名,再根据"A. P. I. C"互动式辅导方案实践操作。

3. 针对优等生的调控策略

我们设计了微型项目类延展式学习或纵深式学习。在课程设计中,我们会选取符合学生年龄特点、与单元知识有一定联系且值得研究的微型项目。微型项目的内容虽然不在数学教材中,但都基于小学阶段数学学习中"图形几何""概率统计""时间认识""数与计算"等知识模块,充分考虑了"逻辑推理""简单归纳证明"等数学思维能力,旨在拓展数学课外知识,培养学生对数学的兴趣,让学生体会数学之美。

操作方法如下:每班选取几个优等生,让他们在课内积极参加"争当小助教"活动,在课外积极参加"我是小小数学家"活动。在"争当小助教"活动中,教师根据单元纸笔测试评价结果,提前安排几个优等生担任复习课的"小助教",用不同方法讲解题目,为大家整理相关课外资料。在"我是小小数学家"活动中,教师利用周四爱心班时间把各班优等生集中在一起,让他们合作探究感兴趣的微型项目,并完成不同形式的研究报告(如探究单、小报等)。

三、技术赋能学习诊断与改进

随着信息技术的发展,数据分析在教学中的应用越来越广泛,我国教育领域逐渐掀起精准化教学的热潮。在一位教师面对多个学生的班级教学模式下,教师依靠自身经验难以全面、客观地针对每个学生开展教学工作,也难以动态掌握学情的变化。教师在教学中存在决策依赖主观经验、教学成效缺乏数据支撑、教学评估反馈不够精准和及时等问题。精准教学是有效解决这些问题的途径之一。数字技术的加入为精准教学注入了活力,促使教师在课堂上根据学生的实时学习状态,采取有效的反馈评价策略,充分调动学生的学习积极性,将课程目标任务落实到每个章节、每个板块、每堂课中,使核心素养真正落地。

精准教学是林德斯利于 20 世纪 60 年代提出的一种教学方法,以斯金纳的行为学习理论为基础。它把流畅度作为学生学习发展的指标。收集和分析学生学习数据对精准教学的实践至关重要。然而,传统的教学方法难以记录学生的学习数据,这限制了精准教学的研究和应用。随着"互联网＋教育"和信息技术的发展,大数据在教学过程中提供统计和分析结果,使教师能根据数据分析准确设计教学目标、教学内容和教学评价,并对学生进行个性化教学和辅导[①]。精准教学最初用于考查小学生的学习表现和学习效果,之后逐渐运用到不同类型和学科的教学效果评价中。它为教师提供了一种评估教学方法有效性的框架。

上海戏剧学院附属浦东新世界实验小学围绕小学生综合素质评价的数字画像构建,从指标体系层设计综合素质评价框架,建立学生综合素质评价指标体系。该校应用信息技术从多维度、多终端、多系统智能采集学生数据,在实际运用中为每个学生提供四份过程性报告,最后利用大数据技术,用成长护照全面、立体、客观地评价学生的综合素质,为每个学生提供高效、科学、精准的个性化评价。

 案例

大数据支持下的学生综合素质评价

上海戏剧学院附属浦东新世界实验小学　周　怡

一、探索实践,建设四类报告

我校作为上海市唯一一所芭蕾艺术教育特色小学,提出了"教育的眼光要落在学生的未来"的办学思想,确立了"踮起脚尖看世界"的办学理念。我校尊重教育规律,努力实现进阶式发展,不断激发学生主动性,发现其可塑性,促进学生的和谐与可持续发展。我校在德育领域实践学生评价,确保"在校园内,任何教师在任何时候都可对任何学生进行评价"。我校注重评价学生的行为习惯与品德发展,形成四类报告。

---

① Binder C. Precision teaching：measuring and attaining exemplary academic achievement[J]. Youth Policy，1988(7).

（一）形成四类报告

我们关注学生的差异发展,尤为关注一年级新生多元智能的差异,认真了解一年级新生的学习基础素养发展状态,努力发现学生的兴趣倾向和特长潜能。我校的每个一年级新生在开学不久都会收到一份报告——儿童发展评价报告。它是一年级新生刚入学时的前测报告。

这份学习基础素养报告能让教师较为准确地了解学生,提前介入,在教育教学中帮助学生扬长补短。学生学习基础素养的评估诊断是我们之后所有行为的逻辑起点。

我们关注学生成长过程的动态发展,对学生进行多维度空间立体式评价。我校的每个学生每学期会陆续收到三份报告。一是学生智慧学科评价报告。它记录了学生在一个学期内的学科学习情况,可以帮助教师了解学生基于课程标准的学习表现。借助该报告,教师能够精准定位优秀学生、待提高学生、学科短板学生,发现学生的优势和不足,更有针对性地开展后续的分层教学和个性化指导,实现以学生为中心的精准教学。二是学生综合素养发展报告。它通过在线学习平台记录了学生在一个学期内阅读素养、艺术素养和学习品质方面的情况。三是学生行为表现分析报告。它记录的是学生一个学期在课堂内外的行为表现。

我们还会利用学习分析技术,对学生在小学阶段的认知特点、优势潜能和最佳学习模式进行分析,为每个学生绘制个人画像,给予学生个性化的学习资源和发展建议,促进学生的可持续发展。

（二）研读四类报告

学生成长周期中产生的四类报告、一张画像能帮助我们发现问题背后的原因,发现教学的关键,发现学生的最近发展区。我们努力读懂学生,用发现的眼光寻找他们的长处,用宽容的心态理解并补足他们的短板,找到适合每个学生的发展路径,让每个学生成为最好的自己。

我们对学生进行评测,就如同让学生参加健康体检。测出化验单是测量,读出诊断书是评价,用好处方是诊断。学生发展评测报告就是为了测出来、读出来、好起来(见图 4-1)。

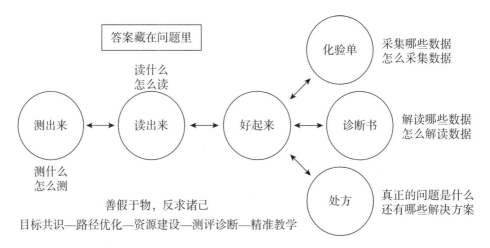

图4-1 学生发展评测报告构成

二、迭代研究,搭建指标体系

立德树人是学校的价值追求,小学阶段正是学生扣好第一粒扣子的黄金期,因此,我们的评价指标就指向学生终身发展的多维元素。我们用评价指标引领数据系统,根据课程的特色,在这一框架下确立了思维品质与行动特质。我们层层落地评价指标,认真分析每一条采集到的学生数据,赋予其教育内涵。

我们把学生的动态画像与护照成长体系挂钩,用德、智、体、美、劳积分解锁,激发学生成长动力,规划"五育"全面发展。如只有劳育值积累到一定量,才能解锁特色崩瓜园实践任务,完成后才能兑换目的地奖励。我们用评价引领学生劳育发展,促进学生全面发展。

三、搭建"学校大脑",用数据赋能

学校引入智慧技术,全面采集学生全场景发展数据,促进学生全面发展,形成世界星评价模式与学生数字画像,通过画像赋能学校管理。

(一)搭建"学校大脑"

学校围绕智慧校园建设,以数据为核心,以生态为基础,以基座为关键,以特色为创新,将已有软、硬件资源通过数据汇聚、统一身份、统一门户实现流程再造,为数据融通打下坚实基础。学校把人工智能、动作捕捉、AR技术、无感知识等前沿的技术与5G、云存储等服务结合,不断创新智慧教育形式。学校聚焦基础应用、教育教学、芭蕾特色、绿色安全四个领域，形成融数据汇聚、统计分析、预警、展示为一体的未来学校教育智能中心。

在未来学校教育智能中心中，新世界 STAR 板块呈现了全校教师每个月从德、智、体、美、劳五方面对学生进行评价的数据。我们可以分校区查看学生"五育"评价数据值。我们比较关心全校学生的近视率和体质健康数据。未来学校教育智能中心可以阶段性地监控学生发展，定向推送日常运动处方，帮助学生形成良性循环。我们基于相关数据，了解学生的特长和需求，以便定向增设资源，配置学校的拓展课程。

（二）打造智慧芭蕾体系，助力学生个性化发展

我校是以芭蕾舞为主要特色的学校，积极打造智慧芭蕾体系。一是打造 AI＋OMO 双师课堂。学校利用信息技术，以"主讲＋助教"双师模式，实现跨校区共同学习芭蕾舞蹈。二是开发 3D 动作捕捉系统。教师利用 3D 动作捕捉系统构建虚拟的场景和人物动作进行舞蹈辅助教学，根据学生的行动轨迹，对其动作标准度进行精准评测。三是搭建"AR 芭蕾舞读本＋在线学习"平台。为了激发学生的学习兴趣，我们尝试搭建学习平台。AR 芭蕾舞读本能引导更多的学生了解和热爱芭蕾舞这一高雅的艺术，在线学习平台能记录学生学习芭蕾舞的过程。

上海师范大学附属卢湾实验小学作为黄浦区创新教育的实践探索校，倡导"修德允能，融合创新"的课程理念，即公平公允地对待每个学生，培养德能兼备，能综合运用经验、知识、能力等解决问题，具有一定综合素养的现代小学生。该校立足课程理念，整体架构了主题综合实践活动课程。在课程创设之初，原基础型、拓展型等课程评价体系无法全面体现该类课程的育人目标，该校决定突破传统课程评价的既定体系，对课程评价进行重新思考与再构。于是，该校聚焦课程评价，以评价为切入口，通过创新评价形式与内容，以评价诊断课程成效，不断改进课程，从而提升教师的课程执行力和学生的综合素养。

📖 **案例**

创新课程评价，助推素养提升

上海师范大学附属卢湾实验小学　虞怡玲

一、直播课堂：教师组团即时开展课程评价

为了提升课程品质，学校不断创新课程评价形式，从原来深入课堂观摩模式转变为微信群直播课堂模式。各年级各课程组积极建立课程实施微信群。通过群内直播课堂，学校课程师训部、活动设计教师、执教教师等均可观摩动态的直播课堂，围绕目标、活动组织、学生表现等进行客观评价。

课前，助教教师在微信群内发布课程目标、内容等，促进主教教师熟悉目标和内容，进行跨学科知识储备和教学组织规划。课中，助教教师协助主教教师用镜头或微视频采集现场教学素材，让课程参与者多点了解，及时评析，同时便于主教教师课后回看，改进教学。课后，其他教师可以进行点评并提出有针对性的建议。

通过微信直播群的直播与即时评价，主教教师不仅能直观地回看学生课堂表现，积累课程评价素材，还能通过捕捉自己课堂中值得思考、推敲的教学环节和教学设计，为改进下一轮次的走班教学提供重要依据。其他教师可以借鉴他人课堂中的游戏设计、情境模拟、实验、制作等，丰富本班学生的体验活动，引导本班学生进行认知体验、实践合作等，从而使学生积累课程体验，获得宝贵的学习经历，提升综合素养。

直播课堂这种创新的课程评价形式让课程评价不再受时间和空间的限制，使参与者更加广泛地参与，在不打扰学生学习进程的同时，提出有益的建议，有效保障了课程实施成效。

二、信息赋能：浸润学生成长过程开展评价

小学低年级主题式综合活动课程倡导学生的学习体验和学习经历，鼓励学生在现实情境中去探索和体验。我们通过真实情境激发学生的好奇心和求知欲，通过情境与问题、体验与感知、合作与探究、表现与交流的方式提升学生的社会交往能力、创新意识、问题解决能力等。我们紧紧抓住低年级学生的年龄特点,搭建信息化过程评价平台,创新实践学生学习过程积点评价方式,以评价助力学生积极主动参与课程活动,提高课程实施的成效。

(一) 基于学习体验的素养指标架构

课程开发组的教师聚焦课程理念,结合低年级学生学习体验的认知特点展开讨论。低年级学生活泼好动,喜欢通过观察了解现实生活;大胆想象,想法独特,愿意表现自己;愿意尝试新鲜事物,喜欢在做中学。因此,课程开发组的教师确定了洞察、设计、实践三个学生评价维度,并确定了具体的行为指标描述,为课程活动评价提供了依据(见表4-3)。

表4-3 小学低年级主题式综合活动课程学生评价指标

学生评价维度	评价指标描述
洞察	对身边的事物有好奇心和旺盛的求知欲,善于观察身边的点滴小事并发现问题,能根据问题进行信息梳理、分析推理等,具备一定的质疑精神和探究意识
设计	主动运用语言、图画、作品等大胆、清晰、流畅地表达自己独特的观点,具有一定的思维流畅性和独创性
实践	愿意接纳新生事物和开阔视野,主动融合已有的观点,尝试生成新的、优化的观点,具有一定的思维灵活性

(二) 用学习过程积点评价方式真实还原学生的成长经历

在课程实施中,教师匹配评价指标,为表现突出或有进步的学生发放虚拟积点,学生通过平台进行领取。平台根据各学科、行规表现的评价数据积累,每周或每月为教师和学生推送评价报告,真实还原每个学生的成长经历。教师解读学生评价数据,重点关注需要跟进教育和帮助的学生,为其提供有针对性的辅导。比如,某生某个月内在各个学科的"倾听"指标上表现良好,但在主题或综合活动课程的"洞察"指标上有所欠缺,教师就可以在下一阶段的学习和生活中多引导该生用文字、图画等方式表达观察结果,提升观察能力。家长和学生可以通过学生评价报告了解相关情况,及时优化和改进。

学生学习过程评价的结果直接反映了课程的实施成效。评价指标源于学校的课程理念和学生素养的具体表现,这些指标从学生的视角出发,为课程评价提供了依据。基于信息化平台的学生学习过程积点评价,用大数据呈现学生的学习成效,为课程改进提供了方向。

三、问卷调研:用评价结果助力课程改进

学校每学期都会开展学生层面的课程调研,了解课程实施成效,助力后续课程实施。

（一）设计调研问卷

每学期结束,学校课程师训部都会从"学生喜欢的课程""学生喜欢的学习方式""学生的素养表现"等方面设计调研问卷,调研问卷中的内容与学生评价指标相结合,学生在家长的协助下完成问卷。如匹配"洞察"指标表现,问卷中会设计"你在主题式综合活动课程中的收获表现——我能提出自己的问题"等内容。

（二）开展数据分析,改进活动设计

学校课程师训部每学期都会基于调研结果开展数据分析,反馈给课程开发小组和执教教师,同时开展校本培训。执教教师根据数据分析结果调整活动设计,提升课程有效性。如在学生喜欢的"DI 纸张变变变"和"DI 水世界"主题活动中,通过关联调研数据可发现,该类课程运用了动手操作、合作探究和表演等方式,激发了学生的创造力和探究欲,深受学生和家长的喜爱。在"DI 纸张变变变"中,学生把普通的 A4 纸变形为能承重的桥,通过变形绘制纸浆画等,深入探究纸的特性。在"DI 水世界"中,学生合作将废旧材料做成一个能运输水的工具,并用创意演示作品。根据调研结果,执教教师进一步优化活动设计,凸显生活性和体验性,让课程更贴近学生实际,助力学生素养提升。

学校借助问卷调研,汇总学生喜欢的课程以及在课程中的收获,从学生的视角再次检测课程的实施成效。学校基于对调研数据的分析和相关的培训,让课程设计团队和执教教师调整课程内容,从而实现课程的迭代升级。

第二节　走向教学评一体化

上海市在推行基于课程标准的教学与评价过程中，特别强调把评价融入教学过程，即融评于教。融评于教包括三个层次：一是在教学过程中融入评价，如作业、单元测验等；二是在课堂教学活动过程中融入评价，但教评分离，两者是两个环节，机械插入评价会割裂教学；三是教学评一体化，这时已经很难说清楚这是教学活动还是评价活动，因为两者是一体的。教评衔接是评价的一种重要方式，而教学评一体化是融评于教更高层次的表现。教学评一体化要求教师不把教学与评价分成两个截然不同的环节，而是把学生学的过程作为教学过程来设计，同时把它作为诊断学生理解和掌握程度的过程来设计。相较传统评价，当前的教学评价更重视在学习活动中的评价，更关注学生在学习活动过程中的具体表现。

一、评价伴随教学过程

依据实施阶段，可把教学评价分为过程性评价与终结性评价。一般认为，在过程中实施的评价具有更强的学习促进功能，而在结束时实施的终结性评价具有更强的鉴定功能。其实，两者并不排斥，均可以实现诊断与发展功能。其一，兴趣、态度、习惯层面的阶段性评价常由过程性评价结果汇聚而成。其二，对终结性评价进行科学、准确的统计分析，可以全面反映学生达成学习目标的情况，有助于采取系统化的改进措施。在学习设计时，需要改变学习任务与评价任务割裂的现状，体现"在学习中评价""以评价促进学习""把评价作为学习的重要组成部分"等理念，整体考虑活动与评价，强化过程性评价。之所以强调过程性评价，主要有以下几点考虑。

第一，把评价作为教学的外加物会增加师生负担。为准确反映学生知识、能力、态度、习惯等方面的特征，需要采用多样化的评价方式。若均通过专项评价任务来实现,会因为评价过于频繁而增加学生负担,也会增加教师设计评价任务的压力。

第二,教学改进离不开即时评价。评价设计优先于活动设计,并要依据评价结果改进教学过程。在每一节课、每一个活动中,均需要及时评价学生的学习表现,了解学生知识掌握、问题表达、思维水平、合作交流的情况,及时提供反馈信息,并通过调整教学进程和策略来落实学习目标。

第三,自我评价可以作为一种学习方式。在完成任务的过程中,学生可以依据一定的标准,利用自评和互评的方式,反思优势与不足,并改进学习策略。由此,学生不仅可以达成学习目标,也可以提高评价与反思能力。

为更好地把评价融入学习过程,杨浦区开展了融评于教的小学课堂评价任务实施研究。

 案例

融评于教的小学课堂评价任务实施研究

上海市杨浦区教育学院　邹雪峰　戴缪勇　等

上海市杨浦区教育学院以目标分类学、建构主义等理论为指导,探索教学与评价一体化的实践策略和方法,采用"区域统筹,学科推进"的方式,整体规划课堂评价任务实施的实践研究路径。根据研究需要,上海市杨浦区教育学院确立了三级联动、整体规划、分步落实的研究步骤,由市学科专家组、区学科研究组、实验校学科教研组组成三个层级的研究团队,整体设计框架,由区项目组统筹研究进程,确立研究目标和基本的研究内容,引导各学科教师根据学科特点,采用"设计先行—实施跟进—反思改进—成果辐射"的路径开展实践研究。

一、改进了课堂评价任务实施的结构化设计模板

融评于教的实施是对学科关键能力、评价目标、评价活动、评价规则、实施方法进行整体设计的过程,其实施载体是课堂评价任务。因此,在实施融评于教的过程中,必须通过系统的思考把上述各方面整合成一个整

体,让教师明确课堂评价任务实施的主要步骤和关键节点,提升教师的课堂评价任务实施能力,同时,避免因思考不全面而降低融评于教的实施效率。

在研究过程中,各学科根据学科特点和课堂评价任务实施的需要,以前期项目提炼的课堂评价任务设计"三要素"(即评价目标、评价活动、评价规则)为基础,以评价活动过程为主要呈现方式,将评价目标、评价活动、评价规则与评价主体、评价时机、评价工具等实施要素紧密关联,在课堂评价任务实施过程中探索评价主体、评价时机、评价工具等实施要素的操作策略和方法,形成了系统呈现评价任务实施过程的课堂评价任务方案模板、课堂评价任务实施框架(见表4-4)等结构化的设计工具,帮助教师树立整体规划课堂评价任务设计与实施的意识,并引导教师的实践行为。

表4-4 课堂评价任务实施框架(以科学与技术学科为例)

课堂评价任务实施框架		
评价任务分析	1. 课堂评价任务简介	
	2. 课堂评价任务设计"三要素"	
	评价目标	
	评价活动	
	评价规则	
选择评价实施要素	3. 课堂评价实施要素选择	
	评价指标	要素选择分析	要素选项确定

（续表）

确定评价实施过程	4. 课堂评价实施具体流程				
	活动环节	活动形式	教师指导	要素呈现（选填）	配套资源

积累评价档案	5. 课堂学习成果				
	6. 评价结果				
	班级	人数	评价结果		
			评价指标	优秀	良好	一般	需努力

二、开发了具有学科特色的课堂评价任务实施支持工具

课堂评价任务设计是一个系统思考的过程，需要把学科关键能力的培养要求融入评价目标，围绕评价目标设计评价活动，并根据评价活动的要求制定评价规则。而课堂评价任务实施需要整体思考设计和实施两方面。各学科组针对实施中的各类问题，深入实践，开发了符合学科需要的课堂评价任务实施支持工具。

（一）课堂评价任务实施要素的选择策略和工具

在课堂评价任务实施过程中，教师要思考的问题很多，如"谁来评，是教

师还是学生""怎么评,是学生自评还是学生互评""何时评,是活动过程中评还是活动结束评"。因此,在研究中,各学科组从本学科的实际情况出发,结合学科教学的现实需求,对这些实施过程中的问题开展了探索,开发了相关的支持工具,引导教师深入思考课堂评价任务实施过程中的相关问题。课堂评价任务实施要素的选择策略见表 4-5。

表 4-5 课堂评价任务实施要素的选择策略(以科学与技术学科为例)

实施条件		评价主体			评价时机								评价工具		
					规则出示时机			规则呈现方式		评价开展时机					
		自评	互评	师评	活动前出示	活动中出示	活动后出示	口头呈现	文字呈现	活动中评价	活动尾评价	活动后评价	纸质评价表	实物	数字平台
学生评价能力	低年段			✓				✓						✓	
	高年段	✓	✓						✓				✓		✓
评价规则特点	描述程度 简单	✓	✓					✓							
	描述程度 复杂			✓					✓						
	描述类型 量化	✓													
	描述类型 表现			✓											
	核心作用 促学					✓	✓			✓					
	核心作用 甄别						✓				✓	✓			
数字化资源	有														✓
	无												✓	✓	

(注:示例表格中"✓"为建议选项,仅供参考。实施课堂评价任务时,应根据实际情况选择,在相应的空格内打"✓"。)

(二) 针对不同评价主体的课堂评价任务实施工具表

在课堂评价任务实施过程中,不同评价主体(如教师和学生)的视角和立场有所不同,因此,所适用的策略和方法也有所不同。数学学科针对教师和学生开发了不同的课堂评价任务实施工具表。以教师为主体的课堂评价任务实施工具表突出改进、导向和激励的评价功能,以学生为主体的课堂评价任务实施工具表(见表4-6)凸显检验修正、比较思辨和回顾自省的评价功能。数学学科通过两类工具表进一步明确课堂评价任务的实施要求,为更好地获取评价信息、展开学习指导、反馈调控等提供支持。

表4-6 以学生为主体的课堂评价任务实施工具表(以数学学科为例)

实施要点	评价功能		
	检验修正	比较思辨	回顾自省
适用指标	数学知识的理解、应用等认知水平的二级指标	1. 数学知识的应用、综合等认知水平 2. 数学思想方法的二级指标	1. 数学思想方法 2. 数学能力 3. 数学兴趣习惯的二级指标
操作方法	依据评价规则,对自己的练习或作品等进行检验,寻找错误并修正	通过比较不同解答结果、解决方法、思考方式、表达形式等,依据评价规则进行思辨,改进思路	解决数学问题或完成数学作品后,对自己的操作、观察、思考等行为步骤进行回顾,依据评价规则进行自省,改进自己的策略和行为等

(三) 优化的学科关键能力评价指向列表

在前期的项目研究中,各学科通过系统梳理,把学科关键能力的行为表现与本学科教学内容及学习活动的类型和过程对应起来,据此设计课堂评价任务,并在评价规则中呈现对学科关键能力的培养要求。本次课堂评价任务的实施研究,不仅是对评价主体、评价时机、评价工具等要素的探索和实践,也是进一步观察、分析前期各学科梳理的学科关键能力是否符合实际情况的过程。

在研究中,学科组认真实施课堂评价任务,仔细观察学生的行为表现,细致对照、分析学科关键能力的表现特征与学习任务内涵的对应程度,不断优化学科关键能力评价指向(参考表4-7)。

表4-7 优化的学科关键能力评价指向列表(以美术学科为例)

单元内容	核心素养	学习任务	具化能力表征
主题绘画	审美感知	构思主题内容	1. 能根据主题收集和筛选素材 2. 能根据主题联想和想象
空间造型		辨识透视现象	1. 能区分平面中图形排列的层次感 2. 能说出近大远小、圆面、方体物(组合形体)的透视规律
色彩表现		辨识色彩关系	能识别常用色、原色、间色、复色、对比色和有冷暖倾向、明度变化的颜色
设计应用		辨识版式特征	1. 能说出图式、版式运用的形式原理 2. 能说出对角、并列、围绕等版式的组合方式
……		……	……
主题绘画	美术表现	组织画面内容	能根据主题有主次地组织画面
空间造型		表现空间关系	1. 能用重叠方式表现画面层次感 2. 能用近大远小、圆面、方体物的透视变化表现画面空间感
色彩表现		表现色彩特征	1. 能用常用色表现物象色彩特征 2. 能用原色调配间色和复色表现物象色彩特征
设计应用		设计版式	能把对角、并列、围绕等版式应用于设计构思
……		……	……

(四) 课堂评价任务实施要点说明及参考样例

各学科组针对课堂评价任务实施过程进行了深入的探索,提炼形成了一些具有学科特色的实践操作工具。考虑到学科教师在使用工具开展实践的过程中,不仅需要掌握各类工具的操作方法(如理解并填写相关工具表格),还需要从实施过程的综合性上进行整体思考,各学科组从课堂评价任务的实施入手,综合考虑实施过程中各方面的实践操作需要,编制了课堂评价任务实施要点、简要说明等配套工具,供教师参考借鉴。单元内不同课型课堂评价任务的实施要点见表4-8,评价实施要点的简要说明见表4-9。

表 4-8　单元内不同课型课堂评价任务的实施要点(以数学学科为例)

课型	实施主要环节	实施要点	主要的评价方式	可选用指标	
				维度	指标(水平)
新授课	方法探究	呈现解决问题的不同方法,展开交流辨析,得出基本解法,基于评价规则分析学生学习表现	表现性评价交流式评价	数学思想方法	依据单元学习内容选择二级指标
				数学能力	
	巩固运用	设计有针对性的任务,关注方法掌握,形成基本技能,发展学科能力,基于评价规则分析学生学习表现		知识技能	1. 意义理解—理解 2. 方法选择—应用
练习课	知识再现	以基本练习为主,了解学生前期知识掌握与运用情况,基于评价规则分析学生学习表现	选择反应式	知识技能	方法选择—应用
	重点巩固	呈现问题情境(变式练习),了解学生运用相关数学知识解决问题的能力,基于评价规则分析学生学习表现	选择反应式表现性评价交流式评价	知识技能	方法优化—综合
				数学思想方法	依据单元学习内容选择二级指标
	拓展内化	设计综合性学习任务,引导知识的综合运用,基于评价规则分析学生学习表现	表现性评价交流式评价	数学能力	

（续表）

课型	实施主要环节	实施要点	主要的评价方式	可选用指标	
				维度	指标（水平）
单元复习课	回顾整理	以问题为导向，引导知识再现与整理，基于评价规则分析学生学习表现	表现性评价交流式评价	数学能力	依据单元学习内容选择二级指标
	运用完善	设计综合的任务情境，引导学生运用所学知识解决实际问题并自我检测完善，基于评价规则分析学生学习表现（学生问题解决创造性、自我的反思与评价）		知识技能	1. 方法选择——应用 2. 方法优化——综合
				数学思想方法	依据单元学习内容选择二级指标

（注：依据不同课型的教学要求及特点，评价关注的重点应包括数学知识与技能的掌握、数学思想方法的习得与体验、数学学科能力的培育与提升等，在具体实施过程中，各自关注的评价侧重点会有所不同。）

表4-9 评价实施要点的简要说明（以体育与健身学科为例）

评价要素	一般说明	分类	学科中的实施建议
评价主体	参与评价活动的对象	个人自评	1. 适合学生自主完成的评价任务（如学习兴趣、学业成果等） 2. 能提高评价效率，提升学生的自我认知
		小组互评	1. 适合需要小组合作或相互观察完成的评价任务（如学习习惯、体能或技能水平等） 2. 能提高评价效率，增强学生互动交流
		组长评	能提高评价结果的整体稳定性
		师评	1. 适合练习指导与纠错、学业成果测评等评价任务 2. 公平公正，但评价效率低

（续表）

评价要素	一般说明	分类	学科中的实施建议
评价时机	评价实施的时间节点与功能作用	课前诊断评价	1. 适合学生课前自我诊断、运动能力预估等评价任务 2. 能帮助教师了解学情基础
		课中过程评价	1. 关注学练过程与行为表现 2. 能反映体能或技能水平的改进效果
		课尾小结评价	适合课堂学练反馈与小结、单元整体评价等评价任务
评价工具	评价中使用的量表、器材等（评价规则是一种重要的评价工具）	评价量表（等级制、百分制等）	适合终结性评价（如国家体质健康测试标准）或诊断性评价等评价任务
		课堂观察记录表	适合过程性评价
		活动任务单	适合过程性评价、复杂情境任务的评价
		穿戴设备（口哨、计时器、心率手表等）	适合身体素质评价（跑跳投等定时、定距、定量的评价）
		奖品（器材、五角星、徽章、贴纸等）	适合激励性评价、表现性评价

为了进一步加深教师对课堂评价任务实施的理解，降低操作难度，部分学科项目组还开发了以"说明＋示例"为呈现方式的支持工具，帮助学科教师突破课堂评价任务实施过程中的难点，提升评价任务实施的效率。

三、完善了融评于教的课堂评价任务实践路径

在前期项目研究中，项目组对评价任务和学习任务的关系做了清晰的界定，明确了课堂评价任务"三要素"之间的关联，构建了三棱锥模型（横向上，评价"三要素"形成设计闭环，依据评价目标设计评价活动与评价规则；纵向上，注重学段与学情特征，依据学段与学情调整对应的课堂评价任务），并据此形成了课堂评价任务的基本设计路径（见图4-2）。

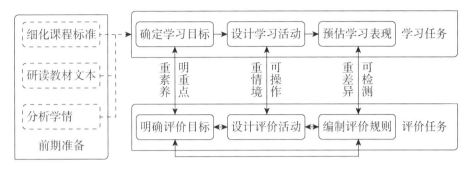

图4-2　课堂评价任务的基本设计路径

在本次项目研究中,各学科组针对上述课堂评价任务的基本设计路径,从课堂评价任务的设计和实施两方面入手,开展了深入的学科实践。各学科组根据学科的不同特点和教学实际需要,把设计和实施连接起来,并把课堂评价任务设计与实施各步骤的操作要求融入流程图,提炼、形成了融评于教的课堂评价任务实践路径(见图4-3)。

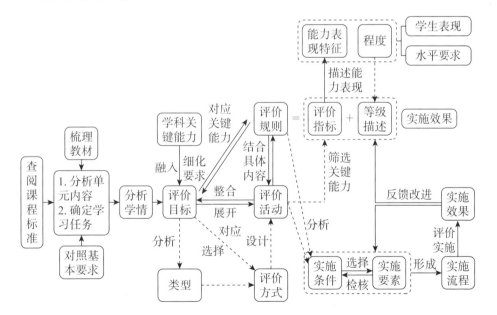

图4-3　融评于教的课堂评价任务实践路径(以科学与技术学科为例)

学科学习评价如此，主题式综合活动课程的评价亦然。主题式综合活动课程的评价是笼统的，不是精准的；强调的是过程，将评价自然地融入活动中，让评价成为活动的一部分，并促进活动发展。

二、关注学习过程中的质性评价

在过程性评价方式选择上，鼓励采用质性评价方法。质性评价是指通过文字、图片等描述性手段，全面揭示评价对象的各种特质，以彰显其中的意义，促进理解的教育评价活动。具体来说，通常采用以下方法。

一是表现性评价。表现性评价也被称为真实性评价或替代性评价。表现性评价一词早期应用于心理学领域和企业管理领域，在 20 世纪 50 年代早期，教育测量专家对它有所论述，在 20 世纪 90 年代初，学术界对表现性评价进行了科学的界定。斯蒂金斯(R. Stiggins)和威金斯(G. Wiggins)是表现性评价的先锋和倡导者。表现性评价是指在学生完成表现性任务的过程中对其表现出来的参与意识、合作精神、探究能力、问题分析与解决能力、知识理解和认知水平等进行全方位的评价。表现性评价弥补了传统纸笔测验对学生应用能力评价不足的缺点，强调对学生在具体活动中表现出来的智力因素和非智力因素的评价，日渐受到教育者的重视。

二是档案袋评价。档案袋评价是指使用者有目的地收集和使用学生作品、学生进步记录、学生反思等信息以优化教学的过程。在主题式综合活动课程中使用档案袋评价，教师需要在实施特色课程前，周密思考目标、任务和标准，形成一定的结构，评价内容更多关注学生的真实情况及变化。整个评价过程是连续的，能指引学生发展。评价的结果是存放学生作品和记录学生进步情况的档案。档案袋的主要内容是学生的成果，内容经过了教师和学生的选择，真实而具有个性。档案袋评价注重内容的丰富性，在特色课程实施过程中形成的成果都可以放置在档案袋中。档案袋评价注重主体的多元性，档案袋虽然属于学生，但教师和学生都可以参与档案袋的编订。档案袋评价注重结果的形成性，学生的档案袋是可以不断填充、丰富的，对学生的评价是形成性评价，能让学生在特色课程的学习中成长。

三是苏格拉底式研讨评价。苏格拉底式研讨评价是指以苏格拉底"产婆术"教学法为基础,通过苏格拉底式的提问引导学生积极参与研讨,以实现思想和价值理解扩展的质性评价方法。苏格拉底式研讨评价是一种灵活的质性评价方法,认为学生应通过课堂教学活动中的自主学习完整而真实地表现自我,评价的重点应由知识性的内容考核转变为测试解决问题的过程和能力,让教师了解学生分析问题、解决问题的技能和自我表达的能力,较完整地反映学生的学习结果,以便为学生和家长提供及时有效的反馈等。[①] 其实施步骤见图 4 - 4。

图 4 - 4　苏格拉底式研讨评价实施步骤

苏格拉底式研讨评价由上而下进行归纳,在评价之初不强调对问题进行理论假设,而是注重在评价过程中形成假设,随着探讨的进行不断进行调整。它是不断进行的一种动态过程,是师生共同参与的一种活动,是持续评定、不断反馈的一种模式。

在实施小学低年级主题式综合活动课程时,教师应创设丰富多元的活动内容与任务情境,鼓励和尊重学生自主选择游戏、对话、写作、表演、演讲、绘画、制作、实验等符合个性、彰显特长的表达表现方式。教师要关注学生在活动中的点滴变化和进步,引导学生用各种方式记录活动过程,鼓励学生积极参与问题讨论、成果分享,对自己在活动中的各种表现进行适当的反思。教师要综合应用活动记录、研讨式评价、展示性评价、档案袋评价等方式,引导学生关注自己在活动中的参与程度、与他人的合作状况、综合能力的表现以及活动成果的表达等,重视对学生在活动中表现出的学习兴趣和生活、学习、交往习惯的评价。

---

① 　牛楠楠."苏格拉底式研讨评定法"及其在课堂教学中的运用[J].教育测量与评价,2011(6).

案例

融合现代信息技术的教学评一体化的支持系统

上海市虹口区外国语第一小学　蒋蕾蕾

　　小学低年级主题式综合活动课程强调学生的主动参与、亲身体验、探究分析与实践创新能力。经过深入课堂听课发现,当前我校的低年级主题式综合活动课程实施中存在三方面的问题:(1)普通教室讲台、收纳柜、课桌等设施设备位置固定,教师在固定的空间位置操作时,后排学生看不清教师的示范过程;(2)课堂中学生的体验、探究等实践活动难以展示,学生的学习积极性不高,课后学生缺乏实际生活中的实践;(3)课堂评价以教师口头点评为主,难以促进学生反思与改进。针对上述问题,学校利用现代信息技术构建了教学评一体化的课堂教学支持系统。教学评一体整体实施路径见图4-5。

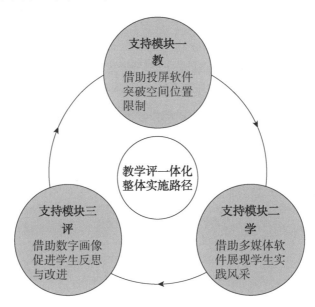

图4-5　教学评一体化整体实施路径

一、教:借助投屏软件突破空间位置限制

使用投屏软件后,教师能在普通教室里将任意空间位置的操作投屏到电子显示屏上。如在教授校本课程"自理准备间"模块的"整理书包"相关内容时,教师借助手机支架,把手机摄像头对准书包投屏到屏幕上,学生看着屏幕先数一数书包里有几个袋子,再说一说不同大小的袋子适合存放的物品,之后教师向学生边演示整理过程,边总结要点。学生通过观看屏幕,知道最大的书包空间适合摆放课本、各科练习本、文具盒等,并学会用口诀来记忆——"垫板放在后面,书本放在中间,笔盒放在前面"。在整个过程中,教师以书包为例,引导学生观察书包的结构并结合经验说出不同袋子的功能,通过示范整理书包帮助学生总结整理技巧。教师使用投屏软件边示范边讲解,能让低年级学生集中注意力,更清楚、直观地学习。

低年级学生的思维由形象思维向抽象思维过渡,表现出具体的形象性。基于学生的思维特点,在无法移动教室某些物品的空间位置时,教师就可以借助投屏软件吸引学生的注意力,提高学生的课堂学习效率。

二、学:借助多媒体软件展现学生实践风采

如何在普通教室呈现学生的实践过程,又如何把知识和方法延伸到课外,增强学生的实践意识呢? 多媒体软件中的绘图工具、图像处理软件、动画制作软件等能有效促进教学实施,激发学生思考。如在教授校本教材《虹外少年奇遇记》中的《教室真干净》相关内容时,教师总结整理收纳柜的方法,在多媒体上出示了班级中一个学生刚整理好的收纳柜图片,引导学生观察并思考"这位小朋友的收纳整理是否符合收纳整理的要求"。学生观察后,发现有些物品摆放位置不恰当。教师打开绘图工具,让学生到电子屏幕前圈出摆放不恰当的物品,并说明理由。接受同伴的建议后,这个学生再次回到收纳柜前进行整改。教师打开投屏软件,将这个学生的整改过程投屏到电子屏幕上,其他学生边观看边根据"物品摆放位置正确"和"物品摆放整齐干净"两个评价标准进行评价。就这样,每个学生都参与到了课堂活动中——被邀请的学生展示了整理的实践过程,其他学生完成了观看与评价的学习任务。多媒体软件让教师充分发挥了主导作用,让学生在实践中深入体验。

多媒体软件拓展了综合实践活动的时空,将课堂学到的知识和方法延伸到课外,有效强化了学生的实践意识。如在学完"自理准备间"相关内容后,一年级学生已经知道了基本的整理收纳方法与原则,教师可以布置个性化作业,让学生采用拍照或视频介绍的方式分享展示自己整理的书桌。多媒体软件拓展了学生的实践空间,发挥了学生的主观能动性,同时丰富了学生的表达方式,实现了实践的数字化储存,使其分享更方便。

多媒体软件为小学低年级主题式综合活动课程的实施提供了支持,让教师充分发挥了主导作用,让学生深度参与实践活动,增强了学生的实践意识。

三、评:借助数字画像促进学生反思与改进

我校借助数字画像平台打造彩虹"5+N"综合评价体系,收集过程性评价数据,评估大数据,促进学生学习,改进教师教学。教师登录数字画像平台,通过手机拍摄学生的学习过程或学习成果,上传并输入对学生的评语,最后给予相应的奖章来记录学生的成长实践经历。数字画像平台直观的评价方式,不仅能激发低年级学生的积极性,而且能让学生看见自己的成长,反思自己的不足,从而进行改正。在学完"自理准备间"相关内容后,学生都能看见自己获得了哪些星级奖章。若有学生没有获得相应的星级奖章,他们就会反思自己在哪项活动中没有表现好,从而改进自身的行为。数字画像平台注重过程性评价,凸显了学生的实践经历。

三、推进表现性评价

在小学低年级主题式综合活动课程中,教师经常会开展基于观察的评价,这是表现性评价的雏形。但日常观察评价存在以下困难:一是教师不知道重点观察什么,缺乏观察的视角;二是教师观察不到想要观察的内容;三是教师解读和分析时跟着感觉走,有经验的教师和没经验的教师差异大。因此,我们强调和重视小学低年级主题式综合活动课程中的表现性评价设计与实施,强调以评价目标为导向,注重在学生完成表现性任务的过程中对其表现出来的参与意识、合作精神、探究能力、问题分析与解决能力、知识理解和认知水平等进行全方位的评价。表现性评价注重基于目标的真实或模拟真实任务的设计,引导学生在完成任务的过程中主动建构,积累经验。基于学生表现的评价方式能有效地体现课程实施的效果,促进课程建设。

表现性评价设计有三个要素。一是评价目标确定,明确活动预设的结果。表现性评价重点评价用传统的测验不能很好地测量的高级智力技能。一般来说,表现性评价考查的是学生获得和组织信息时的认知过程、问题解决策略的应用以及表达能力等综合素养。小学低年级主题式综合活动课程评价的目标,应该以指导纲要确定的课程目标为基准,关注该年龄段学生应具备的价值观念、必备品格和关键能力。

二是表现性任务设计,通过任务展现学生的综合素养。表现性评价实际上就是对学生在完成表现性任务过程中的表现情况进行观察与评估。因此,设计出适当的表现性任务是保证表现性评价信度和效度的基本前提。设计表现性任务时,需要考虑以下几方面:(1)确保评价任务与评价目标高度相关,表现性评价涉及的任务一般比较复杂,通常也没有客观的标准来衡量任务的合适程度,所以,要保证表现性评价的质量,在设计任务时首先要确保的就是评价任务与评价目标高度相关;(2)适当选择表现性任务的类型,在实际的教育评价活动中,教师不仅要考虑评价的内容,还要考虑学生的发展水平和时间、空间与设备条件的限制;(3)合理设计完成表现性任务的情境,表现性任务要尽量真实。

三是评分规则研制,描述满足结果要求的具体表现。评分规则是对表现性评价评分标准和尺度的详细描述。表现性任务的完成一般要求学生有建构性反应,任务的表现水平一般有多种,没有简单的对与错,对学生的评估其实就是试图评判学生的建构性反应,主观性较强。因此,表现性评分规则研制的关键是确定决定学生反应质量的各种指标,并将指标与学生在任务中的表现相联系,描述各评估标准(指标)在不同质量上的要求与表现。

上海市闵行区坚持多年的表现性评价设计与实践研究取得了明显的实效,有效提升了广大教师的课程意识与评价能力。在推进小学低年级主题式综合活动课程区域整体试点过程中,闵行区把表现性评价融于课程建设与实施中,研制了小学低年级主题式综合活动课程表现性评价目标体系,打造了表现性任务资源库,形成了表现性评价案例集。

📖 案例

闵行区小学低年级主题式综合活动课程表现性评价研究

上海市闵行区教育学院　孟嬿娜　李　群

各试点校以区域表现性评价设计模板为课程建设支架,从结果出发,进一步优化要达到结果所需完成的任务,制定校本化的评分规则,创新多元的评价方式。

一、优化表现性评价任务

区域表现性评价设计模板强化了学校目标先行的意识,在活动和任务的设计中,能够链接核心素养,注重通过真实的表现性任务驱动,强化关键问题。

(一) 从体验式的评价任务走向探究式的评价任务

以"神奇的种子"主题活动为例,学校参照闵行区"小主综"课程表现性评价目标框架设计,立足"感受自然"目标,根据低年级学生的特点,以表演、绘画、制作、游戏、实验等活动,引导学生深入思考小种子隐藏的大秘密,让学生感受自然、体验自然,激发学生热爱自然、热爱生活的情感。

为了达成这一结果,学校结合"四季活动",一改以往看一看、摸一摸、闻一闻等感性认知层面的活动,选择了有探究价值的生活情境——给学校里的种子们安个家。我们以真实任务驱动学生学习。学生带着问题去探索,认真完成"种子藏在哪""种子巧收集""种子会旅行""种子有名片"等任务,运用表演、绘画、制作、游戏、实验等方式建立"种子之家"。我们引导一年级学生经历了"提出问题—尝试探究—初步解决问题—成果展示"的学习全过程。在二年级的活动设计中,我们根据学生的认知基础和发展需求,为其安排了不同的活动任务,提升了关键问题的难度,丰富了创意表达的形式。

(二) 从割裂的评价任务走向序列的评价任务

以"水学生探秘"课程为例,学校的主题式综合活动课程"水学生探秘"脱胎于原有的"水教育"。学校根据区域、校本特色课程资源和本校育人目标,在主题设计时,以"水"统整各类活动,使主题、活动、任务具有关联性和递进性,引导学生持续探究,丰富体验,发展能力。

二、完善表现性评分规则

评分标准是指根据表现性任务及对学生表现的预设,筛选若干个评价观察点,针对学生完成任务的表现水平进行等级的设计和描述。筛选的评价观察点要契合三个标准。一是契合目标维度。小学低年级主题式综合活动课程以提高学生的综合素质为核心,均衡考虑学生与自我的关系、学生与他人和社会的关系、学生与自然的关系,从"我与自己""我与社会""我与自然"三个维度确立课程目标。区域以此为基础,构建了区域小学低年级主题式综合活动课程目标框架,分解细化了九个二级评价目标。学校在确定评价观察点时要以此为参照。二是契合活动任务。不同的表现性任务指向的目标维度不尽相同,同一目标维度下所设计的任务也有所不同。学校确定的评价观察点要契合活动任务。三是契合年段特征。部分试点校富有创意地进行了课程整体设计,采用"相同主题,相同活动,不同任务"的形式设计相关内容。学校在确定评价观察点时要考虑年段特征。

三、创新表现性评价方式

针对学生活动的表现性评价应注重形式多样、观察多维、主体多元,关注学生在活动中表现出来的学习兴趣、交往习惯等,鼓励学生积极参与问题讨论、成果分享并对自己在活动中的各种表现进行适当的反思。

(一)活动指引,让评价过程可视化

作品展示和记录单评价是活动中常用的表现性评价方式。近年来,学校从设计单页表现性评价单开始,到开发并运用学生活动指引,让学生提前知道评分规则和评价内容,让学生知道怎样的表现是好的,更有利于促进学生发展。以七宝实验小学设计的"野学生的旅游攻略"表现性评价任务为例说明。

考虑到低年级学生具有较强的图像认知能力和较弱的文字认读能力,七宝实验小学在设计表现性评价表时既关注了评价内容的合理性,保证评价任务和目标高度相关,又关注了评级表的表现形式。学校通过有趣可爱的评价表,让学生了解评价内容,知晓评分规则,提高了学生参与活动的积极性,也为学生的发展指明了方向。

华东师范大学附属紫竹小学以低年级学生的认知和发展规律为依据,开发设计了集活动任务、作品展示、学习资源、评价表等于一体的学生活动指引，其设计要素与表现性评价的显著特征高度契合。学校在前言部分创设了竹宝兄妹找朋友的情境，指引一年级学生开展活动、完成任务，最终成功与小竹宝拉钩钩，交朋友。学校通过提供支架的任务设计，如校园地图、铭牌内容等，适时给予学生学习指导和支持，帮助学生在完成任务的过程中有意义地主动建构。指引中有足够的留白，可供学生记录学习过程，也可用于家校互动。学校还设计了指引学生发展的评价，便于开展自评、互评和师评活动。

（二）活动器具，让评价过程趣味化

在表现性评价活动中，运用学校徽标设计贴纸是较为常见的形式。以花园学校"四季花园"课程为例，在开学之际，学校通过学生自主投票，最终选出了小花生作为学生"小主综"课程的代言人，更巧的是，小花生有着花园学生的寓意。说到这个小花生的徽标，它的作用可不小：平时，学校发布的有关"小主综"活动的微信推文都把小花生作为发言人；学校把小花生的卡通形象设计成了贴纸，作为对学生的奖励，在活动中，教师经常用形态各异的小花生贴纸对学生进行实时的表现性评价。这富有童趣的小花生记录了学生的学习经历，受到了学生的喜爱。

评价工具与活动器具整合，融入学校课程理念和文化元素，体现了学校教师的智慧创意，让学生更加享受评价的过程。

小学低年级主题式综合活动课程强调活动任务设计，关注档案袋评价，活动任务与档案袋评价之间关系密切。档案袋评价不是一蹴而成的，而是需要在日常活动中积累。活动任务往往外化为学生的活动任务单，学生需要在活动过程中做好相应的记录，记下点滴感受和体悟。经过若干主题的活动后，一张张活页性质的任务单就汇聚成了见证学生活动经历、收获和进步的档案袋。

上海市宝山区第一中心小学组织了"社区小主人"主题活动，让二年级学生走进学校附近的小区，观察小区设施，绘制小区地图，了解小区内的感人故事，感受美丽社区建设成果。教师鼓励学生用绘画、表演等方式展示自己的活动成果，一张张照片、一份份倡议书都留在了为学生精心设计的活动手册上。教师在小学低年级主题式综合活动课程中给予学生指导、帮助与适时的评价，及时收集学生参与活动的资料，记录学生实践与体验的过程，保留学生的活动成果。

▶ 第五章

构建科学衔接的支持系统

『本章导语』

为使幼小衔接课程行动科学、稳妥地在全市每所小学落实并让每个家庭受益，我们在各阶段坚持研行并举，形成了联合教研支撑、多级指引支持、点面梯次推进等机制，在学习环境创设、教研机制创新、教师角色转变等方面构建了促进幼小衔接科学、长效推进的支持系统，营造了促进幼小衔接的小学低年级课程生态，使小学的课程教学更符合学生的发展需求。

第一节　学习环境创设

学习环境是影响学习者学习的外部环境,是促进学习者主动建构知识意义和生成能力的外部条件。美国学者威尔逊(Wilson,1995)认为学习环境是这样一个场所,学习者在这里相互合作,并用多种工具和信息资源相互支持,参与解决问题的活动,以达到学习目标。荷兰学者科斯纳(Kirschner,1997)认为,学习环境是学习者能找到充分的信息资料和教育辅助手段的地方,借助学习环境,学习者有机会根据自身的情况及与他人的关系去构建定向基础,决定自身将介入的目标与活动。我国学者何克抗、李文光(2002)认为,学习环境是学习资源和人际关系的组合,学习资源包括学习材料(即信息)、帮助学习者学习的认知工具(如获取、加工、保存信息的工具)、学习空间(如教室或虚拟线上学校)等。

学习环境有几个关键特征:(1)学习环境作为学习支持性条件,坚持以学习者为中心,为了促进学生更好地开展学习活动而创设;(2)学习环境实质是学习空间,与学习过程不可分割,包括物质空间、活动空间、心理空间等,其中既有丰富的学习资源,又有人际互动的因素;(3)学习环境可以支持自主、探究、协作或问题解决等类型的学习,支持学生开展充分的实践性学习。

一、支持活动充分展开的教室升级

在许多人的印象中,学校似乎就是这个样子:学校=教室+教室,教室=黑板+桌子+椅子。校园犹如机器一样吞吐,将每个学生准确输送到座位,先以知识为原料灌充,再源源不断地返回社会。在小学课堂教学中,"秧田式"座位排列是最普遍、最经典的方式。把学生排成一行行、一列列,使讲台成为教室的中心,有利于教师管理课堂、维护秩序和有计划地传授知识,有利于教师观察学生的一切活动,是班级授课常用的座位排列方式。这样的课堂过于突出教师的中心地位,既容易让教师产生权威感,形成高高在上的心态,也容易让学生产生畏惧感,不利于师生交往和学生讨论合作。

幼儿园和小学在教室布置上的巨大差异既是幼小断层的重要体现,也是学生入学不适的重要成因。在传统教室中,综合活动和学科实践的开展实施受到了极大约束。小学低年级主题式综合活动课程强调以问题发现、探索与解决为主线,在真实情境中提出真实问题,让学生带着问题开展各类体验性学习活动并获得有助于问题解决的知识与经验,然后通过合作与探究去解决真实问题,最后进行展示与交流。在综合活动实施中,合作与探究是核心,体验与感知是合作探究、解决问题的基础,展示与交流是重要一环。综合活动与学科教学不同,它把真实的问题作为研究对象。在学习过程中,学生需要运用多个学科的知识与经验进行思考与表达、合作与探究、尝试与实践,从而真实地解决问题。环境空间应能有效支持实践、体验和探究等活动开展,要能充分支持学生小组合作、展示与交流,要能支持学生获得有助于问题解决的知识与经验。反观传统教室,存在着功能单一、空间有限、布局局限等问题,无法有效支持综合活动的开展。学科实践活动面临同样的困境。

针对现实问题和学生实际需求,一些学校以支持综合性、实践性学习为核心,对教室进行升级改造,创设了便于开展绘画、实验、制作、表演等活动的功能室或创新实验室,为学生提供了更多实践、体验、探究、合作、展示的机会。

 案例

促进综合活动有效实施的"瓷土坊"空间升级思考与实践

上海市虹口区外国语第二小学　丁　勇

一、问题聚焦

我校于 2013 年专门建设了"瓷土坊"体验教室,配有多媒体辅助软件和电窑、拉坯机等现代化的专业陶瓷制作工具。"瓷土坊"基本可以满足常态化的教育需求,有助于师生开展创意美术研究。2020 年,我校成为上海市小学低年级主题式综合活动课程第二批市级试点校,"瓷土坊"成为实施该课程的重要场所。我校组织不同学科的教师进行头脑风暴,聚焦"如何优化'瓷土坊'空间,支持小学低年级主题式综合活动课程有效实施"这一关键问题,细化思考空间升级需要解决的具体问题。经过讨论,我校最终聚焦四方面的问题。

其一,目前的布局比较单一,教室设备和布局主要针对的是陶土制作,可支持学科开展的活动有限。我们要思考如何改造才能让"瓷土坊"成为问题解决所需要的多学科知识来源。

其二,在小学低年级主题式综合活动课程中,学生有阅读、展示、分享、探究等多种活动需求,目前,瓷土工具占据了较大的空间,其他活动在空间上受限。我们要思考如何创设开放、低结构的空间,更有效地支持多样化活动的开展。

其三,不同主题活动有不同的作品展示方式,需要不同的展示空间,目前,"瓷土坊"只支持陶土作品展示。我们要思考如何让"瓷土坊"更好地支持多类作品的展示。

其四,我校的学习主题不断丰富,单单一个教室的空间不足以支持多主题的学习和展示,而且,学习过程和空间需求往往是充满不确定性的。我们要思考如何才能让空间变得更加开放和灵活。

二、解决策略

(一)挖掘多个渠道,支持跨学科知识与经验构建

综合活动课程致力于打破学科边界,丰富学生的实践体验,提升学生的思维能力,使学生能结合真实问题开展持续探究。那么,"瓷土坊"应该如何支持跨学科学习,从而成为问题解决所需要的多学科知识来源呢?首先,我们紧扣综合活动课程的实施特点,为学生提供多元化的阅读空间,支持学生查阅书籍,搜索图文和音频、视频资源。学生通过阅读活动,获得了相关经验。其次,我们在综合学习空间中创设实践体验区域,如陶土制作区域、科学实验区域等。在"节水设计师"学习活动中,学校向学生征集精彩的节水陶瓷花盆设计方案,邀请学生设计节能花盆,从而智能地减少用水和人的工作量。这是一个融多学科知识于一体的学习主题,其中的科学探究是比较重要的内容,学生在综合学习空间里通过多次实验比对,形成了最节水的方案。

经验分享的过程有助于问题解决。在改造过程中,我们设计了不同的

经验分享场景。以"节水设计师"学习活动为例,我们搭建了适合演讲的主持台,以便学生介绍节水方案;我们设置了观察不同方案中植物用水量的区域,以便不同小组对比发现最佳方案。这样的空间将教学与真实的综合学习需求联系起来,促使学生通过多个渠道获得不同主题学习所需的知识,为综合活动课程的开展提供支持。

(二)具备多项功能,支持实践性学习与合作探究

为了满足多个学科的教学工具储藏需求,我们开辟了墙面、窗台、课桌等储藏区域,有序放置陶土材料、美术材料、实验材料等。综合活动课程形式多样,内容丰富,资料收集、分组讨论、分工制作、展示汇报等环节都是必不可少的,这样的学习方式有赖于场地的灵活性和多元性,离不开辅助工具的支持。

长条形桌椅既能支持多人分组学习,也能保证每个学生都有充足的动手实践空间。与长条形桌椅配套的方凳可随意调节座位方向,既能让学生面向桌面,也能让学生面向教师或演讲者。桌椅可移动,可拼接,满足了学生独立思考、分队伍比赛等学习需求。

我们用可随意书写的展板替代传统的纸张,让学生在头脑风暴时随手记录有益的想法,便于团队思维碰撞。多媒体互联网设备既支持信息存储,也支持在线搜索资料,便于教师解答学生的生成性问题。

在"寻找城市记忆"主题综合学习中,既有个人设计与制作,也有小组头脑风暴,还有大组 PK 辩论、作品演示介绍等活动。学生在活动初期,通过阅读、交流等途径获取知识和经验。在小组头脑风暴时,灵活可变的空间设施有助于课程的实施。在设计与制作时,宽大的长条形桌面和充足的陶土材料为学生提供了极大的便利。多元化且一体化的空间设计,考虑了多个学科、多个主题、多个年级的属性,能较大程度地满足学生的多种活动需求。

(三)延伸无边界,支持多元化展示与表现交流

在学生实践后,成果的展示也是提升其综合素养的关键一环。在综合学习空间改造时,我们搭建了适合演讲的主持台,增加了展示汇报的仪式感,让每个学生都有机会站上主持台,更好地被听到和被看到。当然,多功能的空间也为学生采用不同的展示形式提供了便利。

除了教室,校园整体的环境氛围也在时刻影响着学生。我们的综合学习空间打破了教室的边界,将室内的元素向走廊、楼梯延伸。走廊上的墙面、楼梯间的边角甚至是窗台上的挂饰,都成为学生学习的资源和作品的展示区。

我们把布置开放区域的权利交给了学生,这样的创新实践本身就是一种综合学习活动。学生认领布置区域进行布展策划,自主确定风格,制作展板,宣传作品。我们把学习空间延伸成了多元艺术区和作品展示区。

走进鸟语花香、树影婆娑的学校,一条蜿蜒曲折的陶瓷文化长廊映入眼帘,里面展出的是学生的各种作品,还有生肖成语、陶瓷知识等着学生去学习和探索。长廊尽头是屋顶花园,在暖暖的午后,师生共同在曼妙的绿色中开启主题式综合活动课程学习之旅,共度奇迹时光。

三、效果与反思

目前,我校的综合学习空间已投入常态化使用。改造后的空间,适合实施低、中、高三个年段的课程,可以支持低年级学生四个主题三十余次活动的有效开展,有助于学生的实践、体验、表演、探究、合作等。当然,在综合学习空间的日常管理中,我们仍需要更规范的制度保障,仍需要通过各种渠道收集创意畅想,了解改造建议。

作为区域实践基地,我校的综合学习空间面向总支的兄弟学校、社区和其他层面的学生开放,进一步发挥其辐射作用。校外的学生也可以在这里学习陶艺制作,感受综合活动课程的魅力。凉城社区学生实践活动指导站在博雅网上宣传了我校的课程,精彩的课程吸引了众多学生和家长,他们纷纷在线上报名学习。我校先后迎接了两批共百余名学生和家长来校参加暑期实践体验活动,他们非常喜爱我校的综合学习空间和特色课程。

在未来,我校将继续探索,让综合学习空间满足不同学科、学段、活动的学习需求。

正如华东理工大学附属闵行梅陇实验学校徐珺所言,综合活动几乎都要用到大量的资源,如资料搜索的资源、动手设计的资源、个性创作的资源等。由于教室环境的特殊性,教师在每次活动前都必须对教室进行"改装",将活动所需的材料带入教室进行分发,活动结束之后再将教室环境还原。这样的操作无疑会对活动本身产生不利的影响。在教室硬件条件难以调整的前提下,该校尝试探索将智能助手应用于小学低年级主题式综合活动课程中。

 案例

智能助手助力活动多元化情境创设

华东理工大学附属闵行梅陇实验学校　徐　珺

一、用智能助手创设真实的情境

学生的真实生活世界非常广阔,学校、课堂只是其中很小一部分。很多时候,我们需要让学生离开课堂,离开教室,甚至离开学校,去真实的世界中体验和感知。但这一美好的愿景在客观条件上往往是很难达成的。因此,我们引入智能助手创设虚拟的环境,以低成本的方式为学生营造近乎真实的活动氛围,增强学生的体验感。

如在二年级"冬躲嬉藏"主题下的"小雪,大雪,下雪啦"活动中,我们希望营造冬季雪景的氛围,和学生一起探秘小雪、大雪节气背后的自然原理。然而,在上海这座城市,雪景本就是一个稀罕物。即使下雪了,潮湿的天气也会让雪快速消融。经过讨论,我们最终决定使用智能助手虚实结合地创设活动环境。我们通过《二十四节气旅行绘本——大雪·泡温泉》,把学生带到白雪皑皑的东北。现实中的冬季与视频中的冰天雪地形成了鲜明的对比,学生不禁思考:"为什么同样的节气,上海就没有下雪呢?"在智能助手创设的声像结合的环境中,学生对雪景有了更直观的感受,了解了小雪、大雪节气的气候特征,知道了雪形成的条件,为开展校园雪景制造活动做好了铺垫。

二、用智能助手拓展学生的活动时空

学校尝试从学生的真实生活中寻找合适的场景,利用现代信息技术,盘活课程主题资源,组织学生进行实践探究。教师利用相关技术,在活动中播放现实生活片段,直观呈现问题产生的过程,让学生具体感知真实世界中的问题,从而拓展学生的活动时空。

如在二年级"冬躲嬉藏"主题下的"立冬补冬嘴不空"活动中,教师在课前准备活动时就请学生以照片或视频的方式记录自己家的立冬餐桌,并让学生分享在"钉钉"平台上。学生先在真实的立冬餐桌氛围中讨论"立冬节气吃什么",再结合教师提供的资料尝试探究"立冬节气为什么要吃这些",最后以小组合作的形式呈现"我喜欢的立冬餐桌"。

智能助手让学生在具象感知中思考和探索,从而形成了对传统立冬节气的立体认知。

二、打造立体的校园学习空间

小学低年级的学习强调面向学生真实的生活世界,建立课程与生活世界之间的联系,引导学生充分接触、感受生活,鼓励学生在情境中发现问题,在合作探究中多视角地分析和解决问题。学生的学习最好能回到真实的场景中,回到问题产生、现象发生的现场。要探究植物的生长规律及其与昆虫、鸟类等动物的关系,最好到植物生长的苗圃中去观察、记录与分析;要探究风霜雨露,最好走出教室,俯下身躯,去观察、捕捉;要探索沙子净化方法,分离沙子中的树叶、小石头等杂物,最好到沙坑中去尝试、实验,而不是在教室里做模拟实验,甚至观看教师做实验……

学校要合理改造校园,引导学生走出教室,更好地利用校园的空间和资源,发挥环境的育人作用。要在特定的空间资源条件下,结合育人价值追求和课程实施要求,积极探索问题解决策略,形成具有较强校本特色的学习空间创设案例和经验。

 案例

校园"采风"记

上海市静安区闸北实验小学明德校 陆怡婷

校园中的每一处环境都能够为学生提供学习、发现、探索的机会。学校里的"小小观察家"一到下课时间就出现在校园的各个角落,摸一摸不同的叶片,闻一闻奇特的花香,找一找成熟的果实,踩一踩脆脆的落叶……为了让学生亲身经历探索校园植物的过程,我们用心创设空间环境。

一、问题聚焦

"校园里的植物"一课基于二年级学生的年龄特点和认知水平,以寻找校园里的植物为驱动性任务,让学生探究植物的特点、成长环境、辨别方法及用途等,最终完成一幅植物拼贴画并进行成果展示。我校植被覆盖率较高,校园内果木繁茂,花草葱郁,春有鸟鸣新绿,夏有浓荫蔽日,秋有果香沁脾,冬有翠柏映雪。在设计本节内容时,我们最终选择户外空间作为活动地点。我们在环境空间创设过程中遇到的困难主要包括场地与课程的适配度不高、资源的开发与利用率较低、区域的划分模糊不清。

(一)场地与课程的适配度不高

在设计"校园里的植物"一课时,我们就"选择便于管理的室内教学环境还是更利于学生获得直接经验的户外教学环境"展开了细致的讨论。最后,结合学校植被覆盖率较高和果木繁多的特点,我们决定在户外开展教学活动。然而,户外场地的选择并不简单,受空间限制和出于安全考虑,校园被设计成封闭、无障碍的样子,划分成大块的区域,便于学生进行体育活动。大部分植物也是出于美观的考虑,植物多用于"填缝",以供师生观赏,故很难找到一块丰富且完整的区域让学生进行校园植物观察。

(二)资源的开发与利用率较低

在开发户外空间环境资源时,学校应尽空间所能,满足学生所需,帮助学生了解多种自然物的特性、功能等,让学生通过和自然物的多样互动,探究自然物之间的关系。校园里的植物作为本次空间环境内的主要资源,如何开发和合理利用值得思考。

在实践过程中,我们主要遇到了三个难点问题:一是资源多样性不足。校园内的植被覆盖率不低,但植物的多样性不够,存在同一种植物成片种植的情况。二是资源交互性较弱。大部分植物材料都是彼此割裂的,对比、组合运用不同植物材料的情况较少。三是资源利用率较低。同一植物材料的利用潜能未被充分开发,绝大部分植物仅用来观赏,不能很好地满足学生活动发展的需求。

（三）区域的划分模糊不清

在户外区域环境的创设中,主要的问题是户外环境较为空旷,容易出现划区模糊的情况。学生可能会因观察、讨论、交流、游戏的区域划分不明而难以聚焦活动内容。在同一区域完成所有的学习探究活动必然是不合理的,但当活动区域过大时,教师也不易管理课堂。教师可以巧妙结合自然环境,因地制宜,从而创设出既具有自然气息又极具特色的区域环境,促使学生积极参与各项活动,在活动中锻炼自己的各项能力。

二、问题解决策略

（一）实地探寻,打破场地环境固有模式

为解决校园场地存在局限性、同一区域植物种植重复率高、无法找到一块丰富且完整的观察区等问题,我们深入校园,采用了实地探寻的方法。我们不再执着于某一块"观察区域",而是去开辟"观察点",再由点连成线,尝试规划一条"观察路线",扩大观察范围。最后,我们绘制出了一张校园观光车"观光路线",强调体验性和互动性,吸引学生参与到景观环境中,感受自然的气息,主动建立与自然的联系。

（二）充分开发,挖掘材料环境的潜在价值

解决植物资源多样性不足的问题时,临时去采买种植显然不太现实,我们决定采用合理规划路线、扩大观察区的方法,最大化地开发潜在的植物资源,让学生尽量观察到更多的校园植物。

针对植物资源交互性较弱的情况,我们不仅充分挖掘已有环境内的植物资源,如引导学生观察橘子树和柚子树的花朵有什么不同、分析两棵银杏树的"性别"以及该怎么区分,还适当引进一些校外植物材料来实现资源的互动,如在比较月季与玫瑰的不同时,校内只种有月季,我们便额外准备玫瑰鲜切花,分发给学生,使其能够通过实际比较得到更好的探究体验。在学习植物的叶脉时,我们要求每个学生提前准备一片植物叶子,带来学校进行集体观察,再对比观察同伴带来的叶片,以深化学生对叶脉的认识与了解。

针对资源利用率较低这个问题,我们在设计课程时充分查阅资料,发挥想象力,挖掘一种植物资源所有潜在的学习方法。如在观察研究棕榈树前,可以请学生先摸一摸教师课前收集、处理好的棕榈树皮,猜一猜这是什么植物,增加课堂的趣味性。在观察研究桂花树后,可以引导学生收集桂花,制作桂花香包。在完成"植物手账"时,可以鼓励学生用采集到的植物叶片进行拼贴画创。我们通过挖掘植物资源的更多可能性,提高植物资源的利用率,让学生更好地参与到活动中来,激发了学生的学习兴趣。

(三)合理分区,充分发挥户外环境的功能

清晰合理的分区可以帮助学生更好地完成观察、交流、讨论等任务,让学生获得良好的学习体验。为此,我们设置了四个活动区域。

1. 校园植物观光车

观察植物是学生认识植物的关键一步,为了尽可能地观察到更多的植物,我们创设了植物观光车的情境,规划了一条完整的植物观察路线,一步步引导学生对校园内的植物进行观察。学生通过看、摸、闻、听等活动对不同的植物进行初步的、系统的探究,获得了直观的体验。

2. 采风成果研究角

观察后,学生一定存在很多疑问与收获需要分享、记录、交流,一些学生可能还想动手进行创作。我们把交流互动区放在操场的阴凉一角。学生可根据课前分好的互动小组坐下来,有序地交流、讨论。讨论结束后,学生可以利用事先准备好的美术材料与收集到的植物叶片创作自己的"植物手账"。

3. 活力补充加油站

经历了观察、讨论、交流、创作后,学生需要轻松、快乐的游戏来调节一下气氛,放松心情。考虑到操场上还有其他社团的学生在活动,以及小部分学生需要更多时间完成"植物手账",我们将游戏区与上一个互动区设置在同一处,让学生直接在原地开展游戏"植物蹲",增强了课堂的互动性,提高了学生的参与度。

4. "植物手账"展示板

整节课的成果以"植物手账"(即植物拼贴画)的形式展现。我们在操场的显眼处设立了展示区。整个展板以校园植物为大背景,完美融入一片"绿色"的海洋,与"植物手账"这个主题相呼应。学生可先进行自荐或推荐他人,然后,我们通过集体投票的方式选出优秀作品进行展示,供全校师生欣赏,以此提高学生创作的积极性。

三、效果与反思

（一）巧用自然环境，激发学生的好奇心

卢梭在其著作《爱弥儿》中提出自然教育要服从自然的法则，促进儿童身心自然发展。他主张要顺应儿童的天性，让儿童在与大自然的亲密相处中，通过感官的感受获得所需要的知识。

在实践中，我们以创设支持学生亲身体验、实际操作、直接感知的户外环境为重要原则，以校园的自然环境为基础，帮助学生搭建多感官感受环境、参与环境、经历环境的空间和平台，支持学生探索自然，丰富其感性认识。

（二）关注区域关联，保证课程整体性

环境创设需要关注课程的整体性，保证各环节的连贯。根据小学低年级主题式综合活动课程组织原则中的生活性、实践性和生成性原则，我们设置了观察区、互动区、游戏区和展示区，将各个区域打通并衔接起来。在课程实施时，我们先引导学生观察具体的植物，发现、记录并尝试解决问题，接着让学生交流、讨论各自的收获与疑问，利用植物材料自由创作，然后组织趣味游戏，引导学生反馈展示课程学习成果。在整个过程中，我们动态调整活动任务，主动拓展活动时空和活动内容，为学生提供自主活动的空间与平台，促使学生在各个区域内有序且完整地体验和学习。

（三）室内户外结合，提高学生体验感

在课程具体实施时，我们会发现设计方面的许多不足。我们记录、分析实践过程中发现的问题并尝试解决，逐步优化学生的学习。如按照目前的区域设置，我们发现在制作"植物手账"时，由于室外缺乏桌子等工具，学生往往需要趴着、蹲着进行剪裁和拼贴，操作起来十分吃力。在后续的课程中，我们尝试把一楼的自然实验室作为交流互动区。之所以选择一楼的教室，是因为它既便于进行室内外环境的转移，又有利于学生交流和创作。将室内空间与户外环境相结合，可为学生的讨论交流和动手操作提供更好的支持。

上海市闵行区景东小学充分挖掘校园丰富多彩的实践活动空间，让学生化身探索家充分实践，完成内容丰富、不同主题的探索任务，在探索中收获精彩、开阔眼界。

案例

"探索·视界"支持性环境构建

上海市闵行区景东小学　赵　欢

一、挖掘课程学习活动空间

学校秉承"在玩中学""在做中学""在探中学"的课程理念,致力于打造一种开放、动态的学习环境,满足低年级学生的需求。我们为学生创设了丰富多样的互动环境,使他们在游戏、实践、探索的过程中形成适应未来发展的正确价值观、必备品格和关键能力。

活动空间的挖掘是一个漫长而细致的过程,我们在收集、整理大量数据的基础上,进行了深入的分析和评估。我们科学地评估各种设计方案的可行性,充分考虑空间的多功能性和可持续性,以确保相关课程能够满足学生的多元化需求,为他们带来更加优质的学习体验。

我们合理布局和规划现有的环境空间,根据课程的具体需求和学生的兴趣点,设计出一系列具有主题特色的教学区域、周边资源等活动空间,与"小主综"课程相融合。课程学习活动空间梳理见图 5-1。

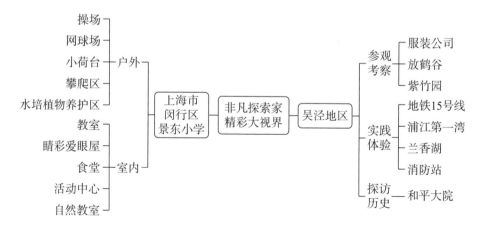

图 5-1　课程学习活动空间梳理

在"亮闪闪的眼睛"主题活动中,我们引导学生参观睛彩爱眼屋,让学生通过参观活动了解护眼小知识。在"'泾'彩 T 台秀"主题活动中,我们引导学生参观服装公司,让学生了解服装从设计到生产的全过程。学生在校服艺术展任务中化身小模特,在活动中心舞台上绽放自我。在"景东小园丁"主题活动中,学生在水培植物养护区亲历无土栽培的全过程,了解蔬菜种植小秘密。在"景东小食客"主题活动中,学生在食堂制作美食,品尝佳肴。

二、合理利用空间,创设主题墙

学生化身对世界充满好奇的探索家,在探索中开阔眼界和收获精彩。为了优化学生的学习体验,我们精心设计了教室的环境。教室的墙面被重新布置,充满了创意和活力。多媒体演示区就设在教室的前方,与教室的其他部分相得益彰,形成和谐的整体。在教室的一角,我们精心设计了教师的讲台,旨在让师生更便捷地互动交流。在主题式综合活动课程中,学生四至六人一组,开展高效的团队学习。这样的学习方式有利于学生的交流与互动。为了增强学生的学习兴趣,我们在教室的后方设立了一个课程作品展示区,用来展示学生的优秀作品。

在"你好,眼睛"主题活动中,我们引导学生围绕"眼睛有什么奥秘"这一驱动性问题,借助相关资料和工具,了解眼睛的基本结构。学生借助模型,认真探究"如何体现眼睛内部的晶状体"这个问题。在"辛勤园艺师"主题活动中,我们引导学生围绕"生菜养护小秘密"这一驱动性问题,学习养护要点,记录一周观察要点,并绘制生菜生长图。

为了让学生幸福成长,增强学生的社会责任感,我们围绕课程目标,在走廊上布置了主题墙,展示与活动主题相关的图片、文字、实物,让学生随时了解主题内容,从而更好地理解和掌握学习内容。如我们利用楼梯一侧的墙面进行护眼主题宣传,引导学生通过参观活动了解护眼小知识,合作制定护眼公约,进一步增强学生的护眼意识与社会责任感。

三、创设户外活动空间

让学生在充满乐趣和挑战的环境中茁壮成长,培养他们的创造力,增强他们的学习动力,是我们教育的核心目标。我们通过丰富多元的运动游戏,帮助学生减轻压力，释放活力，从而营造一种健康、快乐的成长氛围。我们深信，体育运动对学生成长具有重要价值，恰当运动后，学生能更加专注，保持积极向上的心态，勇往直前。

在实践过程中，我们注重将创新教育的理念融入学生的学习生活，强调游戏与创新的重要性，让学生在愉快的学习氛围中充分吸收知识，从而更好地实现自我认知。我们鼓励学生发挥自身的创造力，将个人兴趣与热情注入学习与生活中，在遇到困难时，仍要保持积极的心态，不断前行。我们创新实施教育理念，致力于激发学生的学习动力，让学生在轻松愉悦的环境中，更好地吸收知识，发掘潜力。

我校是网球特色学校，我们以网球为主题活动素材，创编适合低年级学生的网球小游戏，并在网球场组织网球运动会。在"非凡运动会"主题活动中，学生在攀爬区分组完成挑战任务。

四、充分利用互联网和智能设备

在信息化时代，我们可以充分利用先进的互联网和智能设备，为学生打造一种内容丰富、形式多样、体验优越的学习环境。我们尝试搭建了数"景东万花筒"字化学习资源平台，让学生在任何时间和地点、借助任何方式都可以便捷地获取丰富的学习资源。这为学生的学习成长提供了极大的便利。这种个性化的学习体验不仅可以有效提升学生的学习效果，也可以极大地激发学生的学习兴趣和动力，从而促进学生全面发展。

上海市黄浦区报童小学传承并发扬创办人陈鹤琴先生的"活教育"理论，以培养爱国明志、创新求真、爱学乐思、健康尚美、爱人守法、勤劳向善的现代小报童为目标，将爱国主义和革命传统教育融入学校的主题式综合活动课程，打造了以"重走卖报路""报童办童报""育太空种，做责任人"为代表的主题式综合活动课程。该校探索打造了能够延展红色文化学习宽度、培育创新素养、丰富实践体验、加强空间展示交流的"童爱源"融合式红色文化学习新时空，引导学生在观察、体验、探究中提升综合素养，大大提升了主题式综合活动课程的育人效益。

📖 案例

"童爱源",打造红色文化学习新时空

上海市黄浦区报童小学 周琪敏

学校聚焦创始人陈鹤琴先生的"活教育"思想,从"大自然、大社会都是活教材"的课程论出发,利用"注意环境,利用环境"的教学原则,创设红色基因链式空间和多彩童报中心空间,打造数字空间和经验呈现空间,由校史馆、初心阁、爱国廊、科技廊、童报社五处真实可感的空间共同构成"童爱源"红色文化学习空间支持系统,以期加强主题式综合活动课程的育人价值渗透,促进合作探究,拓宽知识来源,便于学生交流展示。

一、建设校史馆和爱国廊,共享红色基因链式空间,渗透育人价值

学校将红色文化融入校史馆和爱国廊建设,创设充满红色基因的链式空间情境以鼓励学生在环境中自主、自由、自在地接触历史内容并开展创作探究,拉近了学生与校史的距离。渗透在环境中的红色文化精神润物无声地在学生心中播下爱国的种子,学生在沉浸式交互中获得经验的生长。

校史馆是学校低年级主题式综合活动"重走卖报路"和"我为报童唱首歌"的起点。以红色为主基调的馆内按时间顺序陈列着"兴教强国 赤子丹心""红色经典 光辉历程""复校启新 重铸辉煌"以及借助多媒体技术展示的"报国之志 童时当立"四大板块的校史资料。

在"我为报童唱首歌"活动中,学生在校史馆内以讲故事、唱歌、绘画等丰富多样的形式自主开展活动,完成"校史知识我知道""报童校歌我会唱""校史场馆我来画"三项活动任务,完成项目化学习任务单。学生通过听讲解、观看视频、实地参观、数字化游戏互动等方式了解报童小学的历史。学生浸润在闪耀着红色光辉的活动环境里,自主学习、自由体验的过程变得更为真实可感。在"校史场馆我来画"活动中,学生来到以"报国之志 童时当立"为主题的爱国廊,通过精湛的图文演绎,展现了中华民族的光辉历史。低年级学生能够充分运用形象思维,在场馆中挑选印象深刻的画面进行绘

画创作,用自己的笔触记录、表达、演绎这些精彩的历史瞬间,将其背后的精神内化为自己的体验与感受。

二、构建创意童报社,打造多彩童报中心空间,促进合作探究

学校创设了有利于学生合作交流的童报社中心空间并开展了"报童办童报"主题式特色实践活动,小报童们在这里"办报""兴报""读报""派报",交换创意,协力创作,体验合作探究的乐趣,发展社会交往与创新实践能力,感悟报童精神。

童报社是一个玻璃屋顶构造的狭长廊道,分为编辑区、创作区和展示区。学校创设了报社的真实环境,关注低年级学生形象思维占主导的发展特点,利用丰富的工具、斑斓的色彩抓住学生的眼与心。

"办报"活动在编辑区和创作区开展。编辑区布置了四套桌椅,小编辑们能够围在这里热烈地探讨编辑方案,在多功能大屏上投射文稿及图画,共同提出建议和设计。创作区的桌子上有绘画纸笔、贴纸和各色颜料,桌子也可以挪动拼接,便于学生聚在一起分享创意,共同作画。此处摆放着的大量报刊资料可供学生查找参考,分享探讨。学生在想法的碰撞中拓宽创作思路,迸发出新的灵感火花。

三、迭代校史馆和初心阁,打造数字空间,拓宽知识来源

学校迭代校史馆和初心阁,引入了多媒体电子大屏以及用于开展查找校史资料、进行故事拼图等活动的电子设备,让学生在丰富的活动环境中获取知识。数字空间激发了低年级学生对数字科技的好奇心,现代化的呈现形式拉近了学生与历史的距离,提升了学生的体验感。我们通过数字化方式赋能学生爱国精神培育。

校史馆中的多媒体电子大屏能够播放老报童的视频专访、青年教师拍摄的报童红色教育专题片、上海木偶剧团以报童为原型创作的海派木偶剧《报童之声》等。初心阁配备的平板设备不仅可以供学生获取相关信息,还有助于学生完成校史故事拼图,让学生在游戏中了解校史。数字化空间以更贴近学生生活的方式提供了更多可供探究的资料,深化了学生的理解和体悟。

四、布置实践主题展墙，打造科技廊，助推交流展示

学校把楼道空间打造成展现学生活动经历与成果的科技廊，在童报社内专门设置了展示活动照片与作品的主题展墙，记录小报童们在校内外的实践经历和成长收获。

科技廊是学校在航天精神谱系的引领下，聚焦"爱国航天"的办学特色，为"火箭伴我成长"爱国航天育人主题实践活动设计的楼道空间，分设了宇宙的奥秘、人类航天史、航天技术、趣味科技、宇航模型、太空育种、航天绘画几大板块。其中，"宇航模型"板块放置着学生在活动中自制的火箭模型，"太空育种"板块的墙壁上展示着学生的种子宝宝创意画作品、育种过程中的活动图片等，"航天绘画"板块的墙壁上饰有学生绘制的航空航天画。科技廊折射出学生在活动中解决问题的"痕迹"，刺激学生以之为"活教材"，在环境交互中联系自身经验与感受进行思考，激发学生的创新精神与探索欲望。

童报社专门设置了展示区，展示学生的活动过程和活动作品。"报童办童报"主题式综合活动课程中的"兴报""读报""派报"活动都在展示区开展。展示区有一面主题展墙，墙上展示着第一届童报社社长竞选的照片、小报童参加《新民晚报》发行的照片等，墙上的报刊栏及墙边的落地报刊架都放有历年来学生所办的报刊。在"兴报"活动中，小报童们站在这些照片下竞选喜爱的职位；在"读报"活动中，小报童们坐在放着往期童报的落地报刊架旁静静阅读；在"派报"活动中，小报童们从报刊篮内拿出《童报》分发至各班级。童报社展示区这面主题展墙既回应着学生交流分享的需要，又能够唤起学生的活动回忆并引发学生的联想，激发学生新的实践动力，让学生继承并发扬报童精神。

三、拓展多元的校外学习场域

学校可以因地制宜，对校园进行局部改造更新以满足部分课程活动实施的需要。但受场地空间与资源投入等束缚，校内学习空间和课程资源不可能无限制地拓展，不可能完全支撑各类教育教学活动的开展。事实上，学校也没有必要进行重复建设，而是可以积极开发图书馆、博物馆、展览馆、科技馆、青少年活动基地、社区文化站等校外资源，开发建设校外实践基地，充分整合校内外的活动资源。

📖 案例

"蓬莱小镇"小镇民实习基地建设

上海市黄浦区蓬莱路第二小学　胡佳佳

低年级学生对周围世界有强烈的好奇心,他们不仅想在课堂中自主探索自己感兴趣的内容,也十分希望能够进入社区、场馆等参与实践活动。为了更好地满足学生的需求,丰富学生综合性学习的经历,提升课程品质,我校在低年级主题式综合活动课程的实践过程中,尝试协同社会各方,整合校内外资源,为部分课程建设了"蓬莱小镇"小镇民实习基地。学生在学习这些课程时会有一次"出差"的机会,来到真实的社会场所,开展职业体验,参与实践活动。"出差"活动深受学生喜爱,有效提升了学生的实践能力和创新能力。本案例呈现了我校建设"蓬莱小镇"小镇民实习基地的原因、策略、成效以及后续研究的内容。

一、问题聚焦

我校的低年级主题式活动课程全部以社会场所命名,如"牙病防治所""红色消防局""红星警察局"……学生在这些课程中分别进行着不同的职业体验:小牙医、消防员、小警察……学生非常喜欢这些课程,因为喜爱,也让他们对真实的职业、社会场所有了更热切的想法。在课程开设之初,我们常会听到学生发出这一类的期盼声:"老师,我们能去真的消防站看看吗?"我们也会听到学生提出一些我们在课堂内确实无法解决的问题,比如:"老师,我想知道我到底有没有蛀牙。"

如何满足学生的期盼?怎样解决学生的问题呢?我们想到了可以协同社会各方,建设"蓬莱小镇"小镇民实习基地,既能满足学生的需求,又能给予我们专业性方面的支持,提升课程品质。

二、问题解决策略

如何建设"蓬莱小镇"小镇民实习基地呢?建设小镇民实习基地后又该如何开展活动?活动的质量如何得到保证呢?围绕这些问题,我校采取了一些有益的措施。

（一）寻找实习基地，签订共建协议

解决问题的第一步是要寻找到与各课程相匹配的校外实习基地与学校一起协同开展活动。为此，我们将各课程所关联的社会场所罗列出来，然后利用教师或者家长资源进行间接沟通，或者直接和这些单位取得联系，表达共建愿望。

如"红星警察局"课程所关联的社会场所是派出所，离学校最近的老西门派出所副所长恰好是我校的法治副校长，于是我们就向他表达了共建愿望。在寻找的过程中，建设校外实习基地的想法得到了社会各方的大力支持。目前，我校已为八种低年级主题式综合活动课程寻找到了小镇民实习基地。

在寻找到小镇民实习基地以后，为了能保证这些小镇民实习基地能发挥积极的、持续的作用，第二步，我校和这些实习基地签订了共建协议：学校每一轮课程都会组织小镇民到实习基地开展一次活动，课程教师会对参加活动的小镇民加强道德文明教育；小镇民实习基地要欢迎并支持小镇民来基地开展活动，充分利用本基地资源，协同学校课程，共同制订活动计划、组织开展活动。除了签订共建协议，我们还会在每个小镇民实习基地首次开展活动时，举行揭牌、授牌仪式，希望通过共建达到资源共享、优势互补、共同提高、共同发展的目的。

（二）确定实施原则，保障活动质量

为了能保障活动的质量，我们和小镇民实习基地确定了小镇民"出差"活动的实施原则，一起合作为学生成长搭建平台。

1. 在安全前提下的活动安排

小镇民外出到实习基地"出差"，首要先保障活动的安全。每个课程的"出差"活动我们都会配备三位教师一同前往来确保学生来回途中的安全。在活动的安排上，我们也会和小镇民实习基地进行沟通，要根据学生的年龄特点安排活动，确保活动的安全有序。

2. 基于情境创设的活动设计

小镇民在实习基地开展的"出差"活动，在设计活动时也应从学生的生活出发,在真实的情境中,赋予学生小小社会人的角色体验,激励、启迪、点拨、引导学生开展体验过程,鼓励他们在真实情境中自主发现问题,在合作互动中多视角看待问题,积极主动地以自由灵活的方式,通过自己的思考判断问题、分析问题并解决问题,以培育学生未来社会人的核心素养。

3. 关注实践体验的实施方法

小镇民的"出差"活动应当体现"做中学",通过"多维度、跨领域、无边界"的综合活动,如游戏活动、实地考察、参观体验、情境模拟、设计制作、社会服务等,组织学生亲身体验、合作探究、发现问题、解决问题,帮助学生自主建构与自我、与社会、与自然的和谐关系,提升学生的实践能力与创新精神。

(三) 加强资源融合,提升课程品质

1. 建设双师型队伍,增强课程软实力

在和小镇民实习基地一起合作之初,我们采取的是"走出去"的活动形式。学生来到小镇民实习基地"出差",比如"恐龙博物馆"的小镇民可以到自然博物馆当一回侦探,找到作案的恐龙;"牙病防治所"的小牙医可以到口腔诊所做牙医的小助手,发现捣乱的蛀牙;"红色消防局"的小镇民可以到消防支队探究灭火器等消防工具的使用……

在后续合作的过程中,我们想到在"走出去"的同时,还可以用"请进来"的方式来丰富课程的活动形式。我们把小镇民实习基地的专业人员"请进来",和小镇民一起开展探究活动。比如,我们曾邀请大富贵酒楼的厨师来到"美味中餐馆"课程教小朋友们如何包出漂亮又美味的小馄饨;邀请了上海戏剧学院附属戏曲学校的老师来到"沪语小学堂"教小朋友学唱沪语童谣……

学生在"出差"的过程中体验、探究,发现着属于自己的未来;专业人员的到来,则在丰富课程活动形式的同时,为我们的教学活动提供了专业知识与专业技能方面的支持,为教师和学生答疑解惑,增强了课程的软实力,提升了课程的品质。

2. 双向联动聚合力,激发课程新活力

为了避免活动流于形式走过场,不管是小镇民到实习基地的"出差"活动,还是把基地的专业人员"请进来"开展的活动,既不是课程教师单方面的想法,也不是小镇民实习基地单方面的安排,而是由课程教师和小镇民实习基地相关负责人共同讨论后确定的。开展活动前,课程教师会罗列出学生和课程的一些需求、希望能获得的支持;小镇民实习基地相关负责人则会罗列出可供使用的资源。双方反复沟通交流活动内容,以有效利用基地资源为课程提供支持,满足学生的真实需求。

如"红色消防局"的小镇民们在课程中学会了一些灭火技能后,他们对消防车产生了好奇,想知道消防车的内部结构是怎样的,有什么特别之处,他们还想看看消防站里到底还有哪些消防工具。在"出差"活动前,课程教师把小镇民们的这些想法告诉了消防站,于是就安排了一次圆梦之"旅"。红色消防局的小消防员们首先在消防员叔叔的带领下,进行了消防安全逃生演习;接着他们在专业消防员的讲解下,认识了消防车上的链锯、液压钳等消防工具,了解了它们的用途;最后,小消防员们还登上了神秘的2号消防车,车厢里每一个交换机,每一组面罩,甚至是每一个搭扣都令消防员兴奋不已! 黄浦消防局复兴支队让学生体验了真正的消防员的工作,也为参与的学生种下了安全第一的种子。

课程教师和小镇民实习基地的双向联动,不仅能提高活动的质量,而且能满足学生的真实需求,激发课程的新活力。

3. 双方协同共研究,促进课程纵深发展

在"蓬莱小镇"低年级主题式综合活动实施过程中,我们发现学生的知识面越来越广,他们的兴趣点和所想探究的内容在改变;教师的教学理念也在改变。为了适应这些变化,课程原本的教学内容和实施方式等也需要与时俱进,进行调整完善,其中也包括了和小镇民实习基地一起联合开展的活动。

如新一轮的低年级主题式综合活动课程"牙病防治所"正在尝试用项目化学习的方式来实施,引导学生了解饮食习惯和卫生习惯对牙齿健康的重要性,以养成良好的护牙习惯,并带动身边的人一起保护好牙齿。在实施的过程中,课程教师一直在思考如何更好地为学生提供支架。除了课程教师自身,我们想到了可以协同小镇民实习基地一起研究。在新一轮的"牙病防治所"课程中,课程教师就协同小镇民实习基地——上海华齿口腔医院共同研究如何更好地用项目化学习的方式来实施课程。小镇民实习基地在过程中不仅提供了许多理论帮助,更在"出差"活动中,精心设计安排了活动内容,为学生提供学习支架,来帮助学生搜集护牙资料,掌握护牙技能,自主解决问题。

在小镇民实习基地的助力下,课程不断向纵深发展,课程品质不断提升。

三、效果与反思

"蓬莱小镇"校外实践基地的建设拓展了学校的教育空间,是学校教育的延伸和有益补充,取得了较好的效果。在小镇民实习基地里,学生在丰富的实践活动中接触到了不同的职业,真实地了解不同职业的特点和技能,积累经验,习得技能。通过此类活动,学生提高了自身的职业素养,能够更好地适应未来职业发展的需要。另外,在小镇民实习基地里开展的实践活动也可以增强学生的自信心和独立思考能力,促进学生全面发展,为学生的终身发展打下良好的基础。

第二节　教研机制创新

上海构建形成了完备的市、区、校三级教研组织体系。在市级层面,上海市教委教研室承担中小学课程与教学研究、指导、服务工作,形成了一支纵跨各学段、横跨各学科的教研员队伍,在做实学科教研的同时做强综合教研。在区级层面,各区教育学院都组建了涵盖各学段、各学科的专职教研员队伍。在学校层面,上海大力推进校本教研团队建设。上海持续推进主题教研、深度教研和新教研,引导市、区、校教研活动从夯实教研管理规范走向品质化发展样态,活动研讨从散点、单点问题的讨论转向聚焦核心问题的系列化研讨。

面对学生在入学适应过程中的挑战和入学适应教育中的问题与不足,我们需要探索并常态运行幼小学段内容互融的跨学段联合教研,开展学科教研与综合教研互通的联合教研。市、区教研部门及教研员主动建立幼儿园和小学共研互促机制,建立小学与幼儿园双向互动协作关系,寻找共同话题和研究重点,形成合力。幼儿园和小学在各自优化实践和研究的基础上,努力深化对幼小科学衔接的认识,形成行动改进方案,突破关键问题,实现对幼小衔接实践的专业支持。

与此相呼应,《上海市教育委员会关于深入推进本市幼小科学衔接工作的实施意见(试行)》强调健全幼小联合教研机制,要求市、区、校三级教研部门要把深化幼小科学衔接作为教研工作的重要内容,纳入学期教研计划,建立幼小学段互通、内容互融的联合教研机制。各区教研部门要组建多方参与的研究团队,开展主题教研,推进实践探索,以交流、展示、案例分享等形式,总结并推广好做法、好经验。幼儿园和小学要建立研究共同体,加强教师在学生发展、课程、教学、管理等方面的研究交流,及时解决入学准备和入学适应实践中的突出问题。

一、探索跨学段联合教研

与小初衔接、初高衔接不同,幼小衔接面对的是学生发展变化特别迅速、课程教学差异特别明显的两个学段。科学做好幼小衔接工作的一个重要起点是两个学段的教师能够看到对方学段的课程、学习方式、学生经验以及学习发生的环境空间,清楚学生的发展规律和学习特点。

针对幼小衔接和小学低年级主题式综合活动课程设计实施中的新问题,市级层面定期策划开展以"幼小携手,为儿童成长奠基""真问题·趣学习"等为主题的幼小衔接跨学段联合教研活动,区校层面也积极开展幼小学段双向奔赴的跨学段联合研究活动,促进两个学段相互认识、相互靠拢。

 案例

对话中的跨学段教研

上海市嘉定区教育学院　周雅芳　陆　静

上海市嘉定区教育学院幼小学段教研室紧密携手,一方面鼓励学区内就近对口的小学与幼儿园两两牵手组成幼小联合研修团队,形成区域幼小衔接联合教研的中坚力量；另一方面又积极组建区域中心团队，辐射引领全区的幼小联合研修工作。近年来，上海市嘉定区教育学院幼小学段教研室通过调研确定主题，基于儿童观察寻找衔接支持，基于幼小对话形成问题解决策略，基于教师需求组织学段联动培训，不断打破教研壁垒，开展积极对话，不断在双向奔赴中同频共振，共享研究智慧。

一、在调研中确定教研主题

嘉定幼小跨学段教研要从哪里出发？面对困境，我们面对一线教师展开调研，寻找他们在幼小衔接工作中的困惑和经验。

嘉定区教研室向2600名幼儿园与小学一年级教师发放《嘉定区幼小衔接活动实施情况问卷调研》，发现了幼小学段老师在很多问题上的高度认同。随着调研反馈数据逐渐丰富，幼小教师有了越来越多的发现，也慢慢找到了幼小衔接教研的着力点。教师能意识到"看见儿童"对幼小科学衔接重要意义，在他们的回答中，幼儿园教师的高频词是幼儿，小学教师的高频词是儿童，显然，教师已经看到了儿童在幼小衔接中的重要地位，因此我们的幼小衔接联合教研应回到"看见儿童"这一基点。

幼小衔接对儿童而言是一次重要的转换。对于"教师是通过什么方式了解儿童是否适应"这一问题，小幼教师一致认为最需要做的就是"观察儿童"。上海市教委教研室徐则民老师一直强调幼小衔接必须建立儿童立场。我们借助幼儿发展优先理念，在跨学段教研中开展基于儿童观察的积极对话，跳出原有幼小衔接经验圈，从"准备"到"适应"的支持，我们从这一新角度展开了持续不断的观察与探索。也正是基于以上的实践与思考，幼小联合教研团队基于调研确定了新一轮幼小衔接的教研主题——基于观察的幼小联合教研，自此一轮轮幼小联合教研有序展开。

二、在观察中寻找衔接支持

衔接一定不是教师主导某个时刻产生的即时作用，一定是渗透在幼儿一日生活寻常时刻并在观察中支持幼儿长期的、长程的、持续不断的、逐步形成的准备。导引我们幼小联合教研价值导向：需专注在儿童准备期和适应期的每一个寻常时刻。教师开始思考：我们原来为学生做的那些衔接准备实际帮到他们了吗？儿童真正需要的衔接到底是怎样的？嘉定幼小联合教研机制之一就是强调基于"观察"的教研。聚焦身心准备、生活准备、社会准备和学习准备的问题切入，在共同看见儿童中建立对话，接力准备到适应。小幼教师、教研员努力改进衔接行动。

行动一：研制观察工具——约定立足观察的幼小教研

一是研制了聚焦儿童习惯培养的观察工具。观察点指向幼儿生活、学习等习惯。幼小教师观察并对儿童行为进行描述分析，以此展开对自我衔接实施的反思。如：小学和幼儿园教师共同开展运动之后，幼儿园教师和小学教师分别进行观察分析。

二是研制了聚焦幼小衔接渗透要点的观察工具。观察点更聚焦《上海市幼儿园幼小衔接活动指导意见（修订稿）》中的渗透性要点。幼小教师在幼儿园、小学共同观察儿童表现，分析并分别做出对准备期和适应期衔接支持的反思。如幼儿园教师在小学课堂聚焦指导意见渗透要点的观察，以此反思自己的衔接准备的有效性。

三是研制了聚焦幼儿一日寻常时刻衔接契机的观察工具。观察点引导幼儿园教师通过捕捉来自幼儿一日寻常时刻言行、写写画画痕迹等的成长轨迹，解读幼儿正在发生的准备，教师在思考如何支持幼儿成长中进行反思性实践。如朱桥幼儿园的教师运用聚焦幼儿一日寻常时刻衔接契机的观察工具，观察到幼儿为了解决班级中物品摆放不容易找到的问题，根据物品的特点，自制收纳格子。教师看到了幼儿正在发生的准备和自我成长力：有序整理物品的方法、独立解决问题的能力、收纳整理、责任感、为集体服务的成就感等。而这些无疑会成为幼儿未来进入小学后在良好生活、学习习惯上可持续发展的关键准备。

行动二：开展专题教研——基于观察寻找衔接支持

9月开学，我们组织幼儿园教师来到小学找到自己班级的学生进行观察，体会他们正在经历的学习，反思自己为学生做的那些准备是否实际帮到了他们。

观察行动一：跟踪观察同一名儿童在幼儿园准备期和小学适应期的成

长表现,幼小教师进行教研对话。如聚焦情绪的准备和适应,基于观察进行了教研。其中,教师针对同一名儿童在双丁路幼儿园和新城实小一天中的情绪进行观察和分析,反思准备和适应的支持有效性。

观察行动二:在幼儿园准备期和小学适应期,观察儿童需经历同类事件中的成长表现,幼小教师进行教研对话。如:幼小教师共同观察儿童在幼儿园经历的整理在小学阶段是如何经历的?反思准备和适应的支持有效性。

观察行动三:在幼儿园准备期和小学适应期,观察儿童同类事件中的不同经历体验,幼小教师进行教研对话。如:儿童用蜡笔在脸上画画。小学教师会认为该幼儿行为怪异是不适应的表现。幼儿园教师会认为这事儿在幼儿园区角活动经常干有创意。幼小教师在差异性认识中进行教研对话,相互走近中反思准备和适应的支持有效性。

为有效推进幼小衔接工作,营造"走近彼此—达成共识—实现变革"的良好教育生态,开启学段之间"无缝衔接"的探索,上海市教委教研室于2021年在上海大学附属实验幼儿园组织了以"科学做好幼小衔接"为主题的跨学段教研活动。上海市教委教研室相关教研员、上海市幼儿园幼小衔接中心组成员、上海市小学低年级主题式综合活动课程研究项目试点校校长参加研讨。与会者近距离感受了幼儿在游戏中的释放与快乐,发现了幼儿在游戏中的学习与发展。活动结束后,上海大学附属实验幼儿园大(四)班教师俞晓艳根据自己在幼儿游戏活动中捕捉到的信息,和学生共同讨论了积木排列的问题,帮助学生将数学与生活建立起联系,积累后续学习所需要的丰富的感性经验。这一环节充分呈现了幼儿园基于幼儿已有发展表现和水平推动幼儿主动学习的情况。

多位小学教师和教研员就小学课程如何更好地与幼儿园对接展开了讨论。小学艺术学科教研员认为学生在幼儿园已经积累了艺术欣赏和表达的丰富经验,基于学生原有基础开展艺术教育才是关键。体育教研员发现幼儿园的运动富有挑战,这引发了他对小学体育器材配备和使用的思考。小学自然学科教研员发现幼儿园有很多科学和自然元素,但幼儿园更注重实践感知,而不是专业知识的灌输,坚持这一点,非常了不起。

二、探索跨学科联合教研

随着小学低年级主题式综合活动课程、跨学科主题学习、项目化学习的推进，培育学生综合应用多个学科的知识和经验来解决问题的能力越来越得到重视。但与此同时，教师跨学科设计与实施能力欠缺的问题逐渐暴露。由于小学以分科教学为主，教师个体跨学科教学实践经验匮乏，学科之间缺乏沟通与相互了解，如何在跨学科视角下，改变教师的传统角色，打破教师的思维局限，逐步提升教师的管理、协调、信息处理等能力成为实施课程的关键。

为此，上海市教委教研室组织开展了以"重视入学适应 做好科学衔接——上海市小学各学科'小幼衔接'实践与思考"等为主题的跨学科教研活动，促进学科间的经验分享。在主题论坛上，小学语文、数学、英语、道德与法治、自然、科学与技术、美术、音乐、体育与健身等学科的教师代表交流分享了幼小衔接实践经验。如小学语文、数学、英语三个学科的教师代表围绕"如何帮助一年级学生平稳度过学科学习的适应期""在学科教学中如何主动顺应学生的年龄特点和身心发展规律，做好小学和幼儿园的衔接工作"进行了发言。三个学科的实践经验与成果展现了教师在帮助学生逐步适应从以游戏活动为主向以课堂学习为主转变方面所做的努力，也反映了上海在长期的实践研究中是如何践行零起点教学和等第制评价理念的。小学自然、科学与技术、美术学科的教师围绕"小学教师该怎样尊重学生的好奇心和探索愿望"这一问题展开讨论并达成共识，即教师要积极转变教学方式，强化以学生为主体的探究性、体验式学习，努力优化学习的环境、内容和资源，促进学生主体参与。各学科都重视缓解一年级新生入学初期的焦虑感，努力用游戏化、情境性、生活化的学科学习活动和综合活动引导学生学习，构建师生相互信任的良好关系，促进学生协同合作。很多教师既关注到了幼儿园和小学的不同阶段特点，又关注到了从幼儿园到小学学生发展的连续性。

上海市教委积极引导区、校立足实践问题推进跨学科教研，以跨学科教研破解实践问题。如上海市崇明区向化小学在小学低年级主题式综合活动课程推进过程中，针对学校教师知识储备不够、角色转变意识不强等问题，构建了"主题式联动"跨学科研修模式。

📖 **案例**

"主题式联动"跨学科研修模式

上海市崇明区向化小学　倪　静

"主题式联动"跨学科研修模式是指教师在跨学科视域下将学习内容整合到一个主题或任务中,并对学习内容、教学实践问题进行分析与研讨,其目的是综合运用各学科整合而成的新知识,设计解决教学问题的具体方案并付诸行动。因此,该教研模式注重各学科知识的融合,注重教学研讨中教师综合知识和技能的获得,以提升教师的问题解决能力和创新合作意识水平。在实践中,我们主要采取以下行动流程。

一、聚焦主题,融合学科知识,在明晰路径中构建跨学科共同体

学校成立了以校长为组长、以分管校长为副组长的"小主综"项目校本研修工作小组,多次研究和讨论项目的发展目标和方向,对学校的办学特色、师资队伍发展现状进行分析梳理,确定低年级主题式综合活动"缤纷花韵 绽放童年"的主题。以"主题式联动"跨学科教研模式全面提升教师综合核心素养,精耕细作好"小主综"项目教师队伍建设这块"责任田",为课程的推进夯实基础。

(一) 基于真实问题,设计主题情境

在调研排摸师资队伍及前期开展活动的基础上,学校成立以校长为组长、课程负责人为副组长、各学科负责人为成员的跨学科项目组核心团队。在厘清"小主综"主题学习的内涵、特征等思路的基础上,深度研究设计课程中需要解决的主要问题,如"适合跨学科学习的主题如何选取""主题学习设计的一般路径如何厘清""关键环节中的跨学科实践技术与策略如何融合、联动",以此保证通过在真实情境中的复杂问题,聚焦真实问题,在抓住关键问题中确定活动目标、选取主题,并寻找与之相关联的学科与教师,形成相应的跨学科共同体。

(二) 基于真实任务,潜心融合学习

基于教师教学中存在的知识专业、能力、管理不足等专业素养问题,项

目组成员围绕主题进行不同层次、多渠道的融合学习。

团队成员通过有主题、有侧重的多样化学习,在个人自学、集体解读、互动交流中学会从任务的设计、学科的融合、实践的关联等方面开展理论分析。如在"足球俱乐部招募"主题下,美术教师、语文教师、体育教师分别从各自学科特点设计真实任务,并以理论学习、案例分析等手段来获取学科融合点与联动点的理性认识。

在此基础上,邀请相关专家为团队成员围绕主题进行解读、辅导。从主题目标、活动内容与实施、活动评价体系等维度提升团队成员对跨学科的理解,运用多门学科知识设计学习活动的基本结构。通过展示其他学校优秀的设计案例引发团队成员深刻的思考和感悟,专业的指导为学习活动的设计与实施指明了方向,提供了思路。

（三）基于问题解决,灵动组合,多元联动

在"主题式联动"研修活动中,教研的对象是灵动组合,可以是因一个活动案例设计联动其他学科教师的小团队,也可以是因教学研讨联动的多团队;还可以是因学习培训联动的群体教师。

如在设计"花韵"主题式综合作业的过程中,语文、音乐、美术、道法等教师基于学科教学实践进行了专题教研。全体成员达成共识:在设计作业时,除了需要思考本科学作业目标问题、作业时间问题、作业类型问题、作业难度等要素,更要打破学科的边界,思考对其他学科学习资源的重新整合。如"配乐朗诵、诗书画"作业就是语文学科与音乐、美术学科的联动;而撰写观察日记、自然笔记又让语文教师与自然教师共同指导学生……全体成员在经历了一次次研讨、反思、实践的团队研修后,将课程理念转变为一种具体的可操作的跨学科作业实践活动,全面提高了教师活动设计、实施等综合能力。

二、结对深研,互动对话,在展示交流中指向实践改进

（一）目标化行动

对教师来说,"小主综"课程是新课程,需要更新教育观念、教学理念及相关知识。因此,我们以本学科内容为起点,充分发挥他们的专业特长,以提升为目标,以一至两个学科的知识为载体,基于问题解决的策略研究,进

行跨学科课例展示与研磨,激发内部活力,唤醒内在潜质,以此带动教师队伍整体素质的提升。

如语文教师兼班主任季老师根据学校低年级主题式综合活动课程方案,在"节气有约"主题下面向二年级学生开展了"万物生长,立夏有约"综合活动。季老师通过设计内容丰富、充满童趣的"立夏之美、立夏之趣、立夏之乐"系列活动,充分激发学生的学习兴趣。在"立夏文化习俗教育"活动中,季老师引导学生体会传统节气的魅力,让学生深入了解立夏的来历、意义、风俗等知识。在活动过程中,季老师充分融合语文、数学、自然、美术等学科的知识,让学生通过观察自然、诵读诗词、探究谚语、习俗实践等活动丰富学习经历和体验,提升核心素养。体育教师赵老师将运动、学习与生活相融合,开展了不同形式的趣味运动锻炼,用各种"花式"运动展示健康、自信、阳光的"花样"少年风采,在"五育"融合中促进学生快乐学习、健康成长。

学科无界限,融合促发展。每节主题式综合活动展示后,跨学科团队成员纷纷发表自己的见解,从所教学科角度畅谈对跨学科的理解。活动中,教师深切感受到应当把握课程标准,积极打开思路,转变教学方式,聚焦核心素养,树立全科意识,构建知识融合的课堂。

(二)互动式对话

在第一轮行动的基础上,团队成员聚焦实践活动中存在的问题,以典型课例为载体进行跨学科现场剖析,诊断共性问题以达成共识,分享解决个性问题的方法。

如"灶花风韵"原是我校的特色课程,我们把它作为低年级主题式综合活动课程的一个主题,但是在具体实践中,大家发现,原有的我是灶花制作家、我是灶花创意师、我是灶花探秘者三个综合活动,不符合低年级学生的年龄特点,因此,团队成员针对如何在低年级开展主题活动进行互动交流、智慧碰撞。最后达成共识,即牢记"守护童心"的价值追求,基于低年级学生的年龄特点和认知水平,依据三个维度的目标要求,全体成员对综合活动和与其对应的任务进行反思与重构。我们设计了寻找灶花韵、拼出灶花韵、贴出灶花韵等符合学生年龄特点的综合活动,让学生用在美术学科和劳技学科中学到的知识进行创作,发展学生的观察力和发散性思维能力,培养学生发现美和创造美的能力。

(三) 目标化再行动

在第一轮行动的基础上,我们围绕主题对问题的表述、任务的设计、活动的实施、成果的展示等进行思考和优化,并开展了第二轮行动。

如青年教师洪老师在"四季有时,花开有序"主题下,在第一轮行动时,与自然学科教师共同设计任务和开展学习活动,发现学生更喜欢用画画的形式表达古诗中描绘的美景和自己在生活中观察到的美景。于是,第二轮行动时,在项目组成员的指导下,洪老师与美术学科教师、音乐学科教师一起进行融合教学。洪老师引导学生朗诵关于春天的古诗、观察春天的节气变化,让学生在"感知—表达—体验—游戏"的过程中以多样的视角、灵活的方式体验和学习,在内容丰富、充满童趣的系列化活动中学会观察和思考,喜欢提出问题,亲近并探索自然,并能用艺术的方式发现美、欣赏美、表现美、创造美,初步形成对自我、社会和自然的整体认识。洪老师引导学生从聆听知识转变为体验和发现知识,从记忆知识转变为运用知识来发展创新思维与创新品质。

在教研活动中,除了安排听评课活动,我们每次还会组织一个小型的项目研究沙龙活动,项目组团队以研课的方式参与项目研究,一方面了解各学科项目研究开展的情况,发现亮点及时推广;另一方面有针对性地指导、帮助各学科调整和改进工作。从主题选取、方案设计等方面开展理论分析,通过一次次的课堂实践与研磨,初步形成了各学科富有特点的模式流程基本操作步骤。基于理论分析与实践研究,提炼出了主题式综合学习设计的一般架构,即"创设主题情境—设计活动任务—解决真实问题—实践体验学习—展示交流评价"。

三、分层分类,循序渐进,在创新实践中提升课程品质

(一) 合作支持学科联动

主题式综合实践课程不仅把多个学科融入一节课中,还通过颇具特色的教学设计、灵活多样的教学方法,有效地激发学生学习的兴趣,让课堂更

加有序、有料、有效,促进知识体系向更深、更广的方向发展,让学生在更广阔的课程活动中迈向深度学习。

如在"一班一花,一花一品"主题综合活动内容中,德育室组织全体班主任通过花卉养护、班级校园文化布置,主要以花品为载体,以花的品性形成班徽、班训、班风,在形成"一班一花,一花一品"的过程中,引导学生了解不同花的品性,鉴赏有关花的古诗词,体会花的情韵,培养鉴赏美、内化美的愿望和能力。

活动中,需要更多学科教师参与到跨学科融合课程的研发中,全体成员围绕主题合作研讨,鼓励团队成员在组长引领下合作研讨,以主题下的主要学科为基点轮流主持,开展综合系列性活动的教研模式。活动中,教师重组教学内容,明确教研活动顺序,保证跨学科的综合教学活动设计具有关联性、逻辑性和层次性。从学生的生活出发选取主题、设计活动和任务,遵循学生的身心成长规律与心理特征,以花为媒,解决真实世界中的现实问题,向学生传递科学探真、合作探究、勤于思考等精神价值,培养学生的批判性思维能力、分析能力、合作能力、沟通能力与创造性问题解决能力。

(二) 基于特长展示个性

低年级主题式综合课程着眼于多个学科,针对一个有趣的主题开展综合活动。教师的专业特长有差异,我们在基于学校特色、儿童立场的同时,也注重教师发挥教师的专业特长,探索提升教学实效,坚持实践跟进,希望不断创新活动方式,打造多维学习实践的空间,助力学生成为更好的自己。

如基于学校特色项目"灶花"及自身美术特长,在非遗传承、充满童趣的"小小灶娃我来捏"系列活动中,围绕"认识灶娃""创作灶娃""探究灶娃"设计活动与任务。引导学生在"感知—表达—体验—游戏"的过程中以多样的视角、灵活的方式体验和学习,感受灶文化的魅力,在内容丰富、充满童趣的系列化活动中,学会善于观察和思考,喜欢提出问题,探索自己感兴趣的、与日常生活和社会密切相关的现象和浅显的规律,能用简单的工具进行创作不同的灶娃等,以此使学生获得有积极意义的价值体验,落实立德树人根本任务。

小学低年级主题式综合活动课程有别于传统的课程，其独有的活动样态推动了学校对教研模式的探索与创新。上海师范专科学校附属小学在逐步探索中形成了适应不同主题式综合活动课程学习特质的教研模式，即 Jigsaw（拼图）式教研模式、"1＋N"式教研模式、"X"式教研模式，促进教研活动从最初"量"的增加转变为如今"质"的转型。这三种模式建立在活动主题相对确定的基础上，其中，Jigsaw 式教研模式是指随着教研任务的推进，学科背景不同的教师如同一张张拼图，逐步拼接完整，实现跨学科教研。"1＋N"式教研模式是指以一位教师为中心，多位不同学科背景的教师围绕问题解决与该教师发生关联，与此相应的教研模式如同一张蜘蛛网，由中心教师向外蔓延。"X"式教研模式是指多位不同学科背景的教师以任意形态交织，在教研过程中产生核心主题并最终解决问题，与此相应的教研模式形态多变，如同神秘未知的"X"。

 案例

"研"无定法，随"学"赋形

上海师范专科学校附属小学　张奕春

一、问题聚焦

　　在探索小学低年级主题式综合活动课程时，我校一直坚持其核心理念：坚持儿童立场，强化生活性、综合性、实践性。儿童立场意味着我们应该顺应儿童的身心发展规律，站在儿童立场观察与理解世界，帮助儿童整体感知认识自我、社会、自然。生活化、综合性、实践性都是我们引导儿童整体感知认识的策略与方法。在儿童真实的生活世界里，问题的解决与探究必然是整体的、综合的、活动的，而非片面的、单独的和静止的。

　　传统的教研组往往由同一学科的教师组成，以研究本学科教学为主。通过剖析主题式综合活动课程的活动理念，我们最终聚焦如下问题。

　　（一）单一的学科背景难以涵盖综合活动课程所具有的特性

　　主题式综合活动提倡从学生真实的生活世界中选取主题，以主题统整活动，以任务的形式推进活动。而绝大多数教师的单学科背景决定了其固有的知识经验不足以涵盖问题的整体解决过程。即使加上网络信息检索，单学科教研组往往也难以筛选、评估、解释相关主题式综合活动中涉及的某些非本学科的知识与技能，更不用说让学生理解、体悟后用于问题解决。

（二）简单的多学科研讨方式难以适应多种活动课程样态

在具体设计与实施过程中，我们尝试过由单学科走向多学科，组织相关学科教师进行研讨。但问题也随之产生：教师受分科教学的影响，彼此之间较难融合，有主题的壳而无综合的质，有活动的形而无实践的意。简单的多学科研讨方式显然难以适应以问题解决为中心的主题式综合活动课程样态。

二、问题解决策略

为解决上述问题，我们对学校低年级主题式综合活动课程中显现的课程学习样态等进行了梳理。

（一）主题式综合活动课程的主要学习样态

1. 阶梯式任务体验学习

该类主题式综合活动课程具有几个较为明确的阶段，学生在每个阶段中基于不同任务进行学习体验。在这样的课程中，学生的学习如同拾级而上，步履分明。如在"给风姑娘照相"这一主题式综合活动课程中，学生先通过阅读童话，感受风在自然界中的存在，再到校园实际体验，用符号图文记录"自然笔记"，最后汇总信息，用创意的艺术形式表达观察结果。

2. 跨学科探究学习

该类主题式综合活动课程以一个中心任务的探究为主线，以某一学科教师为中心，但随着任务逐步展开，需要其他学科背景的教师给予知识和技能支持。这类课程样态更多地指向跨学科、跨学段。如在"可择时空"这一主题式综合活动课程中，学生对"时空是否可以选择"进行了探究。表面上，这是一个物理探究任务，但随着探究的不断深入，道德与法治、美术等多个学科也自然融入其中。

3. 超学科任务学习

该类主题式综合活动课程通常以生活中的一个任务为主线，需要系统整合多学科的知识，以超学科的眼光解决问题。如在"美丽的藻井"这一主题式综合活动课程中,学生从如何修复一片具有对称特性的瓷砖开始研究,整合并运用数学、美术等学科的核心概念来完成修复瓷砖的任务,并对同样具有对称特性的敦煌仿制品进行探究和修复。

(二) 相应的教研模式

1. Jigsaw 式教研模式

Jigsaw 式教研模式对应的是阶梯式体验学习。对于这种清晰且每项任务相对分明的课程样态,教研时主要采用"综合分析—切割任务—分步教研—整体拼接"的流程(见图 5-2)。以"给风姑娘照相"为例,在教研中,语文、自然、美术等学科的教师先整合为教研团队,对整个主题的目标、流程、评价方式等进行研讨。随后,教研团队分割活动任务,分段分步重点设计和实施其中一项。而在拼接阶段,所有教研团队成员对每个阶段的活动进行反馈和改进,确保任务串联后,将其整合成前后衔接、互相配合的体验式活动整体。这种教研模式如同拼图一般逐步推演完整,因此被称为 Jigsaw 式教研模式。

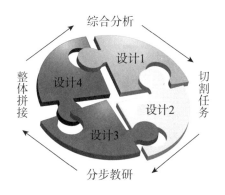

图 5-2 Jigsaw 式教研模式

2. "1+N"式教研模式

"1+N"式教研模式对应的是跨学科探究学习。对于这种以一项任务为中心,由领衔教师主导,以分支任务为支持的问题探究式活动课程样态,教研时主要采用"综合研讨—单项引领—多项融合—整体呈现"的流程(见图 5-3)。如在"可择时空"这一主题式综合活动课程中,物理(小学自然学科)、道德与法治、美术等学科的教师整合为教研团队。在综合研讨后,以小学自然学科的教师为引领,项目团队教师进行研讨,并议定在哪个环节需要哪个学科的教师提供相应的支持。在实践中,教师需要注意淡化学科知识逻辑。教研团队反复对活动进行设计、实施、反馈、修改后,最终整体呈现教研成果。

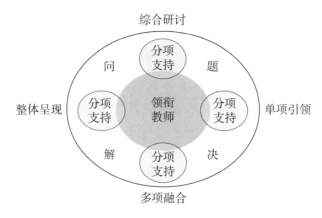

图 5-3 "1+N"式教研模式

3. "X"式教研模式

"X"式教研模式对应的是跨学科任务学习。对于这种围绕中心任务的完成,多学科背景的教师以任意形态交织的主题式综合活动课程样态,教研时主要采用"综合研讨—融合设计—联合实施—任务达成"的流程(见图 5-4)。如在"美丽的藻井"中完成敦煌复制品修复任务时涉及图形对称等核心概念,需要教研团队形成深度的"超学科"合作。因此,相关教师组成教研团队后,先结合任务分解核心概念,再将核心概念融入任务实施的整体设计中,以此促进问题解决。教研团队在挖掘出该任务中的核心概念后,回到该主题活动的中心任务"瓷砖修复及敦煌仿制品修复",以中心任务的推动来实现多项内容的融合设计和联合实施,呈现"超学科"教研视野。根据这一中心任务,教研团队把整个主题式综合活动课程分为"瓷砖修复""重回敦煌""修复展品"三个阶段进行设计和实施,每一阶段均把相关内容融合其中,学生的体验是完整、连续的。

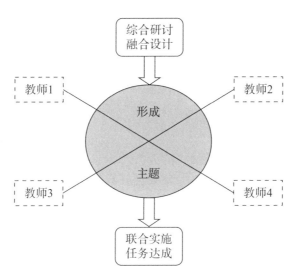

图 5 - 4　"X"式教研模式

"X"式教研模式所涉及的内容、合作形式会因综合活动本身的中心任务的变化而变化。每个成员随时、随地都能利用网络平台发起相关研讨,组成全新教研团队,如同方程式中的"X"没有固定赋值、千变万化,因此将其命名为"X"式教研模式。

三、效果与反思

(一)有机组合的教研团队有效拓宽了课程设计与实践的视域

主题式综合活动课程的特性决定了教研方式的改变,传统教研的组成人员及研究内容等均无法满足综合活动课程的实践需求。伴随着教研活动的开展,我们教研团队有机组合,开合有度。不同学科背景教师的相互融合不仅激活了实施课程所需的教学资源和教学技术,还提高了教师落实主题式综合活动课程的使命感与职业热情。它推动教师深度挖掘课程资源,不断拓宽主题式综合活动课程设计与实践的视域。

(二)不断创新的教研模式有力提高了课程设计与实践的效度

根据低年级主题式综合活动课程的多种样态而形成的多项教研模式,是我校的重要收获之一。这些创新的教研模式符合以体验式、探究式、任务式为主要学习方式的综合活动课程的实践需求,极大地提升了我校教师的综合素养。今后,我们将继续通过"聚合问题—确立主题--关联内容—设计方案—迭代改进—评估反思"的流程,完善已有教研模式,深入实践小学低年级主题式综合活动课程。

三、用工具实现深度教研

教研解决教育教学实践问题、助力教师专业发展,关键在于经验和知识的转移与更新。通过教研,可以实现从他人经验到本人经验的转移,从个体经验到群体经验乃至知识的转型,从一般知识到个体经验的转化。教研重在获得经验,生成知识,坚定或更新理念与方法。为促进教师生成与更新知识,提升教研的获得感,推动教研走向深入,在实践中需要把握和凸显三个要点。

一是指向真实问题。问题是教研的起点,也是教研活动有无价值的重要考量因素。项目校多能从学生学习需求、素养培育需要、政策落地需要等角度,找准育人方式转型和教学数字化转型等大方向下的真实问题,并把问题转化为教研主题,形成聚焦主题、持续推进的系列教研活动。

二是用工具支持对话。教师的知识多为内隐的实践性知识,需要引导教师使用工具,通过做、说、写把内隐的知识外化。相关工具要支持追问对话,促进教研活动中人与人的对话、实践中人与情境的对话、人与文本的对话。项目校伴随教研全过程,充分应用各类教研工具并进行校本化改造,切实发挥了工具的作用。

三是促进知识生成。教研重在生成指向问题的新的经验和知识,形成问题解决方案,让教师带着问题来,带着问题解决方案走,并将知识应用于实践,促进知识内化与持续更新。

我们希望学校结合新教研项目研究契机,将伴随教研推进过程的系列教研工具应用于幼小衔接教研活动中,引导教师带着任务参与教研,带着思考记录数据,带着证据参与研讨,带着反思改进教学,以此提升教研品质。

案例

基于学生实际问题解决能力培养的活动设计主题教研

上海市虹口区第三中心小学　王佳麒

一、教研活动的背景与设计

学校探究型课程教研组在日常教学中着力培育学生的核心素养,让学生在各项活动中开阔视野,改变单一学习方式,通过多种多样的活动形式和技能训练让学生获得科学研究和解决问题的能力,展现创新精神,增强实践能力。教研组根据教育教学改革新形势、教师专业发展新要求、学生素养培育新趋势,依托《上海市小学生公共安全行为指南(试验本)(低年级)》第二课《安全行走——日常天气过马路》相关内容,确定了教研主题——基于学生实际问题解决能力培养的活动设计。教研组围绕教研主题进行了跨学年的实践与研究,重点关注学生"科学精神""学会学习""健康生活"等方面素养的发展。基于学生实际问题解决能力培养的活动设计见表5-1。

表5-1　基于学生实际问题解决能力培养的活动设计

教研分主题	内容	预期目标	问题与策略	待解决的问题
1. 确定活动框架与学习支架	1. 课例:"安全行走小标兵" 2. 设计研讨	明确活动目标,明确活动设计的框架结构,搭建适切的学习支架	1. 问题:如何设计适合学生的活动内容和活动形式 2. 策略:通过集体研讨,发挥集思广益的作用	如何设计真实的过马路场景,引导学生沉浸式体验
2. 以学生为本,提高活动设计的有效性	1. 课例:"安全行走小标兵" 2. 说课 3. 课例研讨	优化活动环节,设计合适的活动场景,强化信息技术的运用	1. 问题:如何设计真实的活动场景,丰富活动的形式 2. 策略:发挥执教教师的作用,设计场景图纸,搭建模拟场地,通过集体备课呈现丰富的活动形式	如何在活动中凸显学生的主体地位,并巧用视频,增强学生的认同感和获得感

（续表）

教研分主题	内容	预期目标	问题与策略	待解决的问题
3. 以学生实践体验为主，提高活动设计的真实性、趣味性和挑战性	1. 课例："安全行走小标兵"试教1 2. 课例研讨	增强学生在活动中的体验感，提高学生适应社会真实生活的能力	1. 问题：如何确保学生在活动中的主体地位，并运用视频提高学生的参与度和体验感 2. 策略：布置模拟场地，准备游戏工具，自行录制学生在学校周边过马路的各种视频	如何把活动中的故事架构主线贯穿始终，让学生的实操训练真实有效
4. 加强实操模拟，提高学生的实践能力	1. 课例："安全行走小标兵"试教2 2. 课例研讨	进一步明确教师在活动中的引导作用，强化学生的实际操练	1. 问题：如何用学生喜爱的故事贯穿活动，强化学生模拟训练的效果 2. 策略：通过集体研讨，展现集体智慧	—

为实现系列化、深层次、高参与的深度教研，我们设计了系列教研活动（见图5-5），并充分利用教研工具。

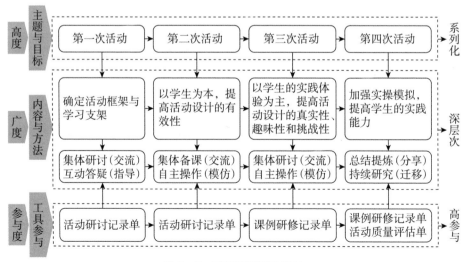

图5-5　系列教研活动设计

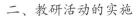

二、教研活动的实施

（一）教研活动的主题与对象

选择在二年级开展"安全行走小标兵"活动，是因为交通安全教育属于素质教育的重要内容，并在相关法律中作了明确规定，使中小学生的交通安全教育成为社会和学校的法定义务。我国学生发展核心素养要求学生应具有安全意识与自我保护能力，而学生在日常生活中做到安全出行是"珍爱生命"的具体表现之一，因此从小树立交通安全意识，养成良好的交通出行习惯是学生能够适应终身发展和社会发展需要的必备品格和关键能力之一。

我校探究教研组共五人，全体成员共同参加了四次基于该主题的教研系列活动，从研讨、筹备、试教到最后的定型，每位成员都积极参与研讨，就如何在活动设计中着力培养学生解决实际问题的能力开展了深度研讨。

（二）活动场景

本次教研活动为课例研修，教研主题为"以学生实践体验为主，提高活动设计的真实性、趣味性和挑战性"，由罗老师执教"安全行走小标兵"，为该课例的第一次试教，其余成员听课，记录《课例研修观察单》，课后开展集体研讨。

她带领二十位二年级的小朋友分四组在场馆内开展以争做"安全行走小标兵"为目标的安全教育课，通过多种游戏形式，让学生在情境体验中了解并掌握有关安全行走的规则和注意事项。学生所需掌握的安全知识点贯穿于活动的各个环节，并以朗朗上口的儿歌加深学生对于安全知识的认知，做到知行合一。除了在活动尾声根据各组在活动中的团队表现评选出"安全行走小标兵"外，课后每位学生还要完成自评，对自己掌握的安全行走的应知应会情况进行评价。

（三）活动过程

根据事先集体备课商讨达成的共识，罗老师在学校的精武馆先行布置了模拟真实马路环境的活动场景，即具有机动车道、非机动车道、人行道的四岔马路，配有红绿灯以及适配的交通标志，用于学生根据"一停二慢三通过""红灯停绿灯行"的要求练习过马路的真实环境和各种道具，还准备好了供学生演示正确过马路的几种方式游戏的沙盘。她提前录制了在学生熟悉的学校周边的道路上,由小朋友"出演"的各种正确和不正确的路上行走的小视频供学生辨一辨。场馆内还放了五台供教师演示课件和供学生分组完成认识交通安全标志游戏的学习机以及鼓励学生积极争取的"得分榜"。

在场地和硬件得到充分保障后,罗老师带领学生开展了一场有趣、逼真的交通安全教育活动。罗老师以交通规则的重要性引入活动,出示活动主题和得分榜,阐述活动要求。随后,以"连一连"(认识交通安全标志)、"放一放"(交通安全标志适配正确场景)、"走一走"(安全规范过马路实操和沙盘演示正确过马路的几种方式)、"判一判"(判断三个小视频展示的路上行走是否安全)等活动环节串联起整个活动过程。每个活动环节,教师都有明确的活动要求以及学生和教师的互动评价,在前几个活动环节中由学生喜爱的小鸭子过马路来做串联,同时以儿歌的形式帮助学生分段记住过马路时要注意的事项。活动最后,罗老师根据各组得分情况颁发"安全行走小标兵"徽章,并出示根据今天活动所要学生掌握的安全行走规则要领设计的"安全行走星星榜"让学生课后进行自评。

教研组其他成员在观课的同时,根据教研主题记录《课例研修观察单》,重点观测:(1)学生在活动中是否具有主体地位,即学生的模拟训练是否基于真实的生活环境,以及指导学生在真实生活环境中面对可能遇到的各种问题该如何解决;(2)借助真实环境录制的视频是否提高了学生的参与度、体验感和认同感,能否显著提升交通安全意识。

听课结束后,每位教师根据自己的观测和学生的现场反应与罗老师做了沟通和交流。如姜老师认为,安全行走的活动内容在生活中十分重要,极具真实性;活动分为四个游戏环节,在"玩中学"被充分展现,游戏设计极具童趣;安全规则意识从小灌输,绝大多数规则在活动前已能掌握,挑战性有所欠缺;"连一连""放一放"的环节比较仓促,应有更充裕的时间让学生进行交流。

(四)重要环节

教研组全体成员聚焦明确的活动主题,分别就活动中学生的实操训练不够扎实有效和以小鸭子为主角的故事线不够完整提出改进建议。罗老师对原设计进行了二次设计,改进如下。

教师进一步明确过马路实操的具体要求,增加不同形式的练习次数。为了让学生清楚掌握过马路时的要领,教师在示范过马路时要边走边停边念口诀,做到要求明确,口号要响亮:过马路(停),停一停,绿灯了,往左看(扭头),没有车,可以走(走),到中间(停),停一停,往右看(扭头),没有车,可以走(走)。有了清楚的分解动作和顺嘴的口诀,能够强化学生过马路时的行为记忆,从而提升安全防范意识。此外,训练的形式包括个人示范、小组示范、各组轮流行走等,加强评价,务必做到每个学生都有两至三次的操练机会。

我们以教会小鸭子过马路的故事线为主,进行了完整的活动设计。从活动引入到活动的各个板块再到活动尾声,皆以"小鸭子学过马路"为主线,避免故事线的割裂。"小鸭子学过马路"活动设计见表5-2。

表5-2　"小鸭子学过马路"活动设计

活动环节		故事设计
活动引入		鸭妈妈要带小鸭子们过马路。小鸭子们是第一次出门,完全不了解交通规则。今天,我们就来教小鸭子们学习安全行走的规则。
活动板块	连一连	这些安全标志在马路上很常见,小鸭子们要先认识这些安全标志。接下来,我们做"连一连"的游戏。
	放一放	通过游戏,小鸭子们认识了这些安全标志,可是马路上的环境太复杂了,小鸭子们有点心慌。这可怎么办呢? 我们先来看一看马路上的环境吧。
	走一走	现在,鸭妈妈要带小鸭子们过马路了。请大家猜一猜在过马路前,鸭妈妈会和小鸭子们说些什么。 …… 鸭妈妈就是这样和小鸭子们说的,她准备给小鸭子们做一个示范。大家要看清楚哦,等一会儿,老师要请你们来给小鸭子们示范一遍。
		(沙盘投影)大家看一看这个路口,这只小鸭子要到对面的公交车站去乘车。谁来教它正确的过马路方式呢?
	判一判	你们都是好老师,教会了小鸭子如何安全地过马路。转眼间,小鸭子们长大了,它们马上就要背上小书包去上学啦。可是鸭妈妈有点担心小鸭子们上学和放学路上的安全,它在学校附近拍了几段视频,我们一起来看一看鸭妈妈想要告诉小鸭子们什么信息。
活动尾声		老师把刚才说的几个要点编成了儿歌,请大家一起唱给小鸭子们听……

（五）结合工具应用分析活动

低年段学生的交通安全意识相对薄弱，自我保护能力较差，对于真实生活中复杂的交通环境缺乏准确的判断能力和遇险的应变能力。但他们拥有无穷的求知欲、强烈的好胜心和高超的模仿能力，便于更好地学习、获取新生事物。通过观测罗老师执教的课例，教师发现，通过实景操练、实践体验以及游戏、观看视频等多样的形式，让学生在活动中能更直接更主动地形成安全行走的规则和意识，提高安全自护的能力。

整理和归纳工具表《课例研修观察单》的信息后，大家对本次教研活动中的试教达成了以下共识：一是教师在每次活动前要提出明确的要求，活动中有指导，活动后有评价，增强引导性；二是安全教育要落实到生活中去，让学生勇敢面对复杂多变的社会环境，增强实操性；三是设计鸭妈妈教小鸭子过马路的故事使活动引入简捷有效且直奔主题，该故事线贯彻活动始末，增强了氛围感。

（六）利用本次活动成果改进教学的建议

本次教研活动预期目标为"增强学生在活动中的体验感和适应社会真实生活的能力"，罗老师也确实为大家展示了一堂注重学生体验，并使学生获得了能够在真实生活环境中得以应用和提升的关于交通安全方面的能力。教师在今后的活动设计中根据学生的年龄特点和心理特点，可以从低年级学生好奇心强的特点入手，从学生的身边挖掘问题的源泉，通过收集资料、实验验证、调查研究来探究问题，逐步发展到高年级从社区、从社会生活出发，探究较为复杂的问题，并逐步发展问题发现和解决的能力。研究型课程增加了开放性，学生的活动方式、学习方式、评价方式等都有了改变，因此拓展这一领域，学生的潜能和创造性就会得到前所未有的发展。

三、活动评估与反思

（一）活动评估

一是高度。教师对于本次教研活动的主题"基于学生解决实际问题能力培养的活动设计研究"及教研分主题"以学生实践体验为主，提高活动设计的真实性、趣味性和挑战性"都非常认可,不仅非常契合"双新"的理念,而且融合了学校项目化学习的研究项目,解决了教师亟待突破的瓶颈问题。

二是广度。研究内容与当前教育发展趋势紧密结合,研究过程合理高效,重点突出。

三是参与度。本次教研活动为校教研,做到了全员参加活动,有主持、有演示、有互动,全体成员能够聚焦教研活动主题,运用工具,基于证据发表观点。

（二）活动反思

从教师的反思中可以看出,本次教研活动从"以学生为本""活动设计"两方面入手,将一次看似普通平常的"家常"教研活动打造成一个主题鲜明、过程清晰的深度教研。通过聚焦核心问题,解决了前一次教研活动提出的问题"如何确保学生在活动中的主体地位",同时发现新的问题"如何使活动中的故事架构主线贯穿始终,学生的实操训练真实有效",使下一次的教研活动有新的研究方向和内容。

在这次研讨过程中,通过《活动质量评估单》,每位教师都全身心地参与学习和思考,对于"双新"提出的"突出实践育人,强化课程与生产劳动、社会实践的结合,强调知行合一,倡导做中学、用中学、创中学,注重引导学生参与学科探究活动,开展跨学科实践,经历发现问题、解决问题、建构知识、运用知识的过程,让认识基于实践、通过实践得到提升,克服认识与实践'两张皮'现象"有了更深刻的认识。

第三节　教师角色转变

"传道、授业、解惑"是对教师角色较为精练和深刻的概括。当我们以现代的眼光审视这一角色认识时,不难发现,教师的角色已经超越了传统的界限,变得更加多元和复杂。

随着信息技术的飞速发展,知识的获取途径日益多样化。但教师作为专业知识的传授者,其地位依然不可替代。教师不仅教授学生书本上的知识,还引导学生掌握学习方法,培养学生的自主学习能力和批判性思维。教师还会关注学生的个性差异,因材施教,帮助每个学生找到适合自己的学习路径。此外,面对复杂多变的社会环境和日新月异的科技发展,学生在学习和生活中难免会遇到各种困惑和难题。教师作为解惑者,不仅要解答学生在学科知识上的疑问,还要关注学生的心理健康和成长烦恼,为他们提供必要的心理支持和指导。在这个过程中,教师需要具备丰富的知识储备、敏锐的观察力和良好的沟通能力,以便更好地理解和帮助学生。

"传道、授业、解惑"不仅是对教师角色的传统定位,也是在新时代背景下对教师职责和使命的深刻诠释。但不可否认,在课堂教学过程中,以往教师主要扮演知识传授者的角色。随着学生自主学习、合作学习、探究学习的深入,随着小学低年级主题式综合活动课程的推行,把课堂还给学生、给学生更多活动的时间和空间等呼声愈加高涨。

一、课程视野中的教师角色

小学低年级主题式综合活动课程在为教师提供"再创造空间"的同时,也促使教师的角色由课程执行者向课程开发者转变,由知识的传授者向学生发展的促进者转变,由权威的独白者向平等的对话者转变。教师要根据课程定位和学校追求,设计好玩、有趣、有意义的综合活动,创设有利于活动开展的支持性环境,引导学生在活动中感受生活、亲历实践、主动探究。教师要在活动中观察与评价学生的表现,适时给予学生指导和学习支持,并根据课程实施情况调整活动,根据学生兴趣、需求和主题课程实施需要生成新的活动,甚至生成新的主题。

 案例

教师角色转变,完善课程发展

上海市杨浦区打虎山路第一小学　王羽馨　付梁琴

杨浦区打虎山路第一小学主题式综合活动课程"我与'摇篮'共成长"以一至二年级学生的身心特点和生活实际为依据,在综合考量学科特点和师资力量的基础上,对学校已有资源和新建资源进行深度开发,形成了涵盖"我与自己""我与社会""我与自然"三个领域的十六个课程主题。本课程立足小学低年级学生特点,关注学生已有经验,利用学校扩建的摇篮农庄,结合摇篮农庄兴趣课程、学习准备期活动和健康教育特色课程,通过创设儿童情境开发实践活动环节、拓展探究渠道,给学生提供丰富、综合性强的学习实践活动,以引导学生在活动过程中体验和感悟,实现"五育"融合发展。

一、问题聚焦

在课程的实施过程中,教师团队不断学习,不断成长,同时也经历了诸多挑战。主题式综合活动课程以课堂活动为导向,通过任务群驱动,引导学生自主学习,与传统的课堂有着一定的区别。同时,团队中的很多教师没有上探究课或活动课的经验,教学形式的转变也需要在实施中不断摸索。此外,考虑到学生的进阶发展趋势与需求,很多的任务内容在两个年级的同一主题活动下是不同的,它们之间存在递进关系,这也为教师在课前准备和课后总结完善上增加了不少难度。综上,教师角色转变作为本课程实施的重要一环,是本课程在推进中的一大难点,也是实现教师自我发展的重要突破口。

在课程实施中,教师角色转变遇到的困难大致可分为以下几点:一是教师如何打破学科壁垒,在结合学科特点的同时进行课程活动设计,以满足综合活动课程设计的需要;二是教师如何在课堂中让学生充分动起来,达成活动目标,实现学生自主探究,发展学生综合素质;三是教师如何有效实施课程,在课后及时调整活动内容,完善活动设计。

二、问题解决策略

(一)活动前,做一名活动的设计者

在传统课堂中,教师只需要把知识教给学生,让学生把知识弄明白就可以了。主题式综合活动课程则要求教师对活动进行科学的设计与安排,力求从真正意义上打破传统课堂教学方式,实施真正有利于学生全面发展的教学。因此,其目标聚焦于保护和激发学生浓厚的学习兴趣,不断丰富和发展学生的经验、情感、能力、知识,帮助儿童养成良好的生活、学习和交往习惯。

实现教师角色的转变,这是一个漫长的过程。每节课中的活动任务需要围绕单元目标、课时目标展开,单元设计也需要有连贯性。因此,学生自主性学习活动的设计者将是教师必须扮演的角色,同时,能够设计出具有科学性、实效性的学生自主性学习活动是教师展开教学的重要前提。

在活动设计时,我们尽力转变传统的"教书本"的观念,认同学生的主体地位,尊重学生的主体性,转变传统的"以教师为中心"的做法,站到学生中间去,从学生的经验出发去开发活动课程,并指导学生进行实践活动。其次,要面向全体学生,了解、研究每一个学生的需要及其发展的可能性,注重个别指导,尽可能满足学生的不同需求。成员教师集思广益,在合作参与中相互依赖,在互补、整合的课程研发过程中突破单学科边界,充分发挥学科特长,挖掘本学科中与健康教育相关的内容,形成开放性视野,生成跨学科聚合思维。

以"泡沫小战士"这一课为例,我们在对学生进行前期调查的过程中发现,大部分学生已经掌握了洗手七个步骤。但根据日常观察和学生调查结果,我们发现,能规范洗手的学生少之又少。所以,在活动设计中,我们充分发挥学生的主体作用,将活动难点从掌握洗手的方法调整为"为什么要规范洗手",并设计了"洗手标识我来拼"的活动,将"什么时候需要洗手"和"洗手环节中有哪些关键步骤"两项内容相结合,以便有针对性地解决学生的洗手问题。

(二) 活动中,做一名学习的引导者

考虑到学生的年龄特点及身心发展水平,"我与'摇篮'共成长"以游戏、交流、参观、实验、制作、体验、表演等形式为主,让学生在做一做、玩一玩中形成对真实世界的真实体验,逐步形成自己的世界观和价值观。这就要求教师在课堂中扮演好"旁观者"的角色,引导学生通过自主观察、实验、讨论或体验形成经验,转化为知识和能力。其次,教师还要为学生创造良好的学习氛围,给学生以心理上的鼓励,这样学生的思维会更加活跃,热情也会更加高涨。

以"泡沫小战士"中"洗手提示我来画"这一活动任务为例。教师通过请学生绘制洗手标志图,充分地激发学生的学习兴趣,同时也是引导学生将所学知识进行反馈的一个过程。在活动过程中,教师放手,让学生成为课堂的主人,在分享中汲取灵感,在创作中实现知识的内化。在活动中我们也发现,要想为学生搭建自主学习的平台,还要注重培养学生的自律能力,引导他们按照要求参与学习活动,并及时完成学习的评价和反馈。

(三) 活动后,做一名活动的改进者

教师作为综合活动的设计者、亲历者,收集活动中出现的问题,及时优化活动设计也是尤为重要的。本课程贯通一至二年级,在活动内容的准确度上也需要细致地考量,这些光靠前期调查是不够的。同时,课程在成熟后需要在校内实施,过多次数的试教会影响学生的上课感受,所以每一次试教都要非常谨慎,课后需要反复盘点。

以"地上大力士"这一活动为例,一至二年级都有对应的内容,经过试教我们发现一年级学生在描述蜗牛构造时存在困难,仅有个别学生能用自己的话把蜗牛的各个部分描述清楚,所以我们将这一活动调整至二年级,同时在二年级的试教中发现效果更佳,对学生后续理解蜗牛实验的原理也更有帮助。

在磨课的过程中,成员教师互相沟通交流,立足自身学科优势的同时,又凸显个人特长优势。全员参加备课及试教观摩,针对课堂中出现的问题,教师们集思广益,反复推敲,力求设计出更具有融合性、趣味性、学科特点的教学内容与活动,不断推动低年级主题式综合活动课程的开发与研究。

在课程改进的过程中,学生也扮演着不可忽视的角色,我们关注学生的课堂评价,通过分析学生的反馈及学生在课堂中呈现出来的活动作品,发现活动设计中存在的问题,并以此调整活动任务要求,以更好地设计精准有效的目标。

三、效果与反思

小学主题式综合活动课程作为一门综合性课程,非常考验教师的教学水平。教师若不及时更新固有的教育理念,势必难以适应素质教育的需要。教师作为终身学习者,在参与活动设计的过程中,也要不断学习,不断进步。随着课程开发的不断推进,希望更多的教师加入我们综合性课程的研究团队,共同助力学生的全面发展。

二、活动实施中的教师角色

新课程教学改革落地实施对教师角色提出了更高的要求,希望教师能够成为学生的引导者。在小学低年级主题式综合活动课程中,教师是活动的组织者、观察者、指导者和促进者,甚至是活动的直接参与人、问题解决者、矛盾调解员。

 案例

"班级扑克牌"低年级主题式综合活动实践中的教师角色转变

上海市徐汇区康健外国语实验小学　庾郑扬

"班级扑克牌"是我们为一年级学生设计的综合活动课程。我们以扑克牌为桥梁,把全班学生聚集在一起,呈现学生的基本信息,反映学生的性格特征,以"在玩中学"的方式为学生搭建微型社会的交际网络。我们通过小组讨论交流,让学生互相了解和勇敢表达自己的看法;通过采访活动,让学生学会倾听和记录;通过互评作品,让学生学习欣赏他人和多元化评价。

在活动中,教师发挥重要的指导和支持作用。当学生出现矛盾和问题时(如讨论交流时发生争吵),教师会聚焦问题根源,用童趣化的语言调和矛盾,创设类似的情境,帮助学生获取问题处理策略,掌握沟通技巧,增强倾听意识,为合作学习打下良好的基础。

一、问题聚焦

(一)"大嗓门"和"小安静"

"你要听我的!扑克牌里必须有这三种信息!""凭什么听你的,我就要写血型!""不可以!我不同意!""老师,他们又吵起来了!"

类似的对话时常发生在一年级学生的小组讨论中。在交流中,低幼学生由于缺乏交流技巧和合作意识,容易以自我为中心。有的学生不认真倾听他人的发言,总觉得自己是对的。有的学生倾向于单一宣泄自己的情绪,总喜欢否定他人的想法。这些学生的做法既不能达到说服他人的目的,又容易引发矛盾和争吵。

"小C,轮到你说了!""老师,小C又不说!"

有的学生想让大家都听他的,而有的学生却害怕发言,担心他人否定自己的想法。后者在交流中或者不愿意开口,或者发言声音极轻。教师如果未能及时开导,久而久之,这些学生就会畏惧在小组中发言,错失提高合作交流技能的机会,进而演变为不喜欢综合活动课程。

面对类似的情境,教师是用自身的权威"施压"达到教育目的,还是转变角色,尝试用协调者的身份帮助学生迈出友好交流的第一步?

(二)听不懂和画不好

一年级上学期是幼小衔接的关键时期,学生的各方面能力都在慢慢提升。学生在课堂上出现听不懂任务要求、不知道观察要点、画不好图的情况,是很常见的。

在绘制"肖像画"扑克牌时,学生陷入了困境,无法通过采访同伴获得有效信息进而完成任务。

"老师,我看不懂纸上的字!"采访同伴时,两个学生拿着采访纸和采访互评表,不知道该从何处入手。

"老师,我忘了我写的这个符号是什么意思了。"一个学生采访同伴后,发现自己看不懂采访纸上的符号了。

"老师,我画好了!"一个学生几分钟就画完了,但他只是用铅笔在扑克牌上随意涂抹了几笔,根本看不出画的是谁。

此时,被求助的学生包围的教师,是用任务布置者的身份为学生解释任务,还是换一种身份帮助学生降低任务的难度?

二、问题解决策略

(一)以协调员的身份引导学生解决交流难题

一年级学生的倾听意识比较薄弱。在上主题式综合活动课程时,教师要营造友好、互助的课堂氛围,引导学生学会倾听。如分组后,可以请小组成员一起念一首有趣的诗,然后互相夸奖,营造互相欣赏的氛围。

在班级内出现交流难题时,教师可以请比较有代表性的小组进行讨论展示。如请既有"大嗓门"又有"小安静"的 A 组学生按序进行讨论,保证倾听的有效性。在 A 组讨论时,教师可以给其他小组布置任务,请他们认真观察 A 组学生并选出"最佳讨论者"。

教师把"小安静"的发言顺序排在中间,以缓解其焦虑情绪。当"小安静"因害羞而不愿意发言时,教师引导其他学生给予其善意的微笑和大拇指鼓励。教师把"大嗓门"的发言顺序排在后面。"大嗓门"果然否定了其他组员的部分说法,发言内容与其他组员的内容有所重复。在"大嗓门"超时后,教师轻轻拍一拍他,示意他停止交流。等全部组员讨论结束,教师鼓励其他学生针对 A 组的讨论情况发表自己的看法。最后,获得"最佳讨论者"称号的既不是"大嗓门",也不是"小安静"。教师随即开始协调。

"刚刚 A 组讨论时,小组成员没有互相打断。这说明他们都善于倾听,很棒! 大家掌声鼓励一下!"教师先给予正面鼓励,接着抛出问题:"不过,有几位组员发言的时间比较长,发言的内容也不全是自己的想法,很多时候是在重复或者否定他人的看法。这样做好不好?"

"不太好。"A 组某位被"大嗓门"否定的组员摇了摇头。

"老师提议,大家以后在小组讨论时要学会看计时器。比如,老师一共给大家六分钟发言，一个组有六位组员，每个人的发言时间便不能超过一分钟，时间到了就要停止发言，把机会留给他人。为了有效地表达自己的想法，我们先要做什么？"教师作倾听状。

"倾听！"学生齐答。

"是的，我们先要听清楚他人说了什么。发言时，我们要用什么音量呀？"

"大的音量！"

"我们要大声发言，但不能喊叫。最重要的是，我们的发言不要重复他人的内容。你可以说我同意×××同学说的，然后补充自己的观点。如果你的观点和他人的观点不一致，也不要大喊×××同学的观点是错的，这样，他人听了会难过的。你可以把自己的观点分享给组员，看看他人是否同意你的观点。"教师说罢，在黑板上写下了注意倾听、注意音量、乐于分享的沟通原则。教师带着学生朗读这些原则，同时使用肢体语言帮助学生加深理解。

在接下来的讨论中，教师设置好计时器，以协调者的身份倾听学生的发言和提问，帮助学生解决交流难题。

（二）以合作伙伴的身份帮助学生降低任务难度

在完成任务时，小学低年级学生容易出现理解困难的情况。这时，教师可以合作伙伴的身份，引导学生分工合作，各自记录一部分的要点，降低任务难度。

"我们现在要准备采访了，让我们一起来记一下采访内容！"教师一边说一边展示采访纸的内容："第一项内容是'采访对象的中文名'，第二项内容是'采访对象的英文名'。"

教师示范记忆前两项内容并提问："谁能记住第三项内容和第四项内容？"

"我知道，第三项内容是'最喜欢的数字'，第四项内容是'最喜欢的花色'。"有学生自信地举起了手，教师随即跟该生握手。接着，B组两位组员和教师通过一人记两项内容的方式，合作记住了全部采访内容。

接着,教师展示了采访互评表。B组另外的四位组员通过合作,顺利理解和记住了评价内容。

下发采访纸和评价互评表时,师生合作,实现了共赢。学生高兴地互相握手,为自己在组内的贡献而感到愉悦。

教师及时关注制图有困难的学生,先对其进行宽慰,然后引导他们关注被采访者的特点,如戴眼镜、发型有特色,激发他们的创作兴趣。在制图能力强的学生完成任务后,教师还引导他们建立"互帮互助"小分队,带动缺乏兴趣的学生,帮助绘画基础薄弱的学生。

三、效果与反思

通过灵活运用交流和互助策略,我校一年级主题式综合活动课程取得了较好的效果。学生在有趣的综合活动课程中学会了有效倾听、友好交流、互相理解和积极合作,其合作学习能力得到了充分的锻炼。"大嗓门"学会了控制音量和安静倾听,"小安静"勇敢发言并收获了掌声。受限于年龄和知识背景,学生在活动中依然会遇到各种各样的问题,但他们几乎很少用大喊大叫来宣泄负面情绪。他们学会了自我安抚,积极寻求教师的帮助,并尝试解决问题。

在实践中,教师要设定好课堂规则,为学生营造轻松、有安全感的氛围,并使用童趣化的语言引导学生主动交流讨论,为合作学习打好基础。教师不仅要做好任务引导者,还是做好交流讨论的协调者,帮助学生拆解任务,降低任务的难度。

三、促进角色转变的团队建设

为引导教师充分认识幼小科学衔接对学生发展的重要价值,支持教师转变角色,上海市教委教研室及时把研究成果转化为幼小科学衔接系列培训课程,并把幼小科学衔接系列培训课程纳入幼儿园和小学教师培训学分管理体系。很多学校在课程教学实践中不断探索教师角色的转变,努力提升教师的课程胜任力。

案例

从一棵树到一片林

上海市奉贤区思言小学　尹彩丽

课程的发展需要优质师资的支撑,教师的专业素养和实践智慧一定程度上决定着课程的未来前景和发展状态。学校把教师团队的建设与研修作为保障主题式综合活动落地的抓手。

一、问题聚焦

我校建校时间较短,五年内职初教师占比接近一半,他们在教学上是新手,在实施主题式综合活动课程时,往往用教师的教替代学生的学,不能从儿童立场出发,充分关注学生的学习经历。

主题式综合活动课程的设计与实施涉及不同的学科领域,是一种具有开放性、综合性、实践性、挑战性的课程。而我国目前义务教育阶段采用的是分科机制,某一学科的教师往往只专注于一至二门课程,可能并不熟悉其他领域的知识。这不利于教师创造性地设计与实施课程。

因此,我们聚焦信息时代"核心素养"背景下的师资队伍建设,提出了以下问题:(1)如何提高教师的综合素养,提升其胜任主题式综合活动课程的能力? (2)如何引领教师共享资源,深入实施主题式综合活动课程? (3)如何形成共研机制,赋能教师发展,提升主题式综合活动课程的品质?

二、问题解决策略

(一) 着眼发展,勾勒出主题式综合活动课程教师素养画像

1. 调查分析,了解教师现状

通过问卷调查和访谈,我们发现教师接触主题式综合实践活动课程的时间普遍不长,对课程的理解有待深入,且缺乏具体的实施方法和经验。我们还发现,这些青年教师有理想,有活力,有特长,有激情,乐于合作,信息技术和适应能力较强。因此,教师研修应拓宽研修主题,采用理论与实践相结合的方式,提升教师的综合素养。

2. 基于课程特点,提炼基本素养

我们组织教师围绕主题式综合活动课程的内容及实施路径进行了讨论并邀请专家进行指导。基于课程特色,我们明确了教师应具备的四类素养,勾勒出了主题式综合活动课程教师素养画像,见图5-6。

情意素养
1. 乐于挑战
2. 勇于实践
3. 勤于学习
4. 善于合作
······

知识素养
1. 学科本位知识
2. 跨学科知识
3. 生活经验
······

理论素养
1. 教学理论
2. 课程理论
······

能力素养
1. 课程开发能力
2. 教学指导能力
3. 信息技术能力
······

图5-6 主题式综合活动课程教师素养画像

3. 依据教师素养画像,做好校本教研的顶层设计

明确了主题式综合活动课程教师素养画像后,我们根据区域特点,结合学校特色及发展需求,进行了校本教研设计(见图5-7)。

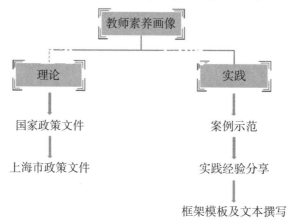

图5-7 指向教师素养画像的校本教研设计

通过理论与实践的研讨活动,培养教师主题式综合活动的设计与实施能力。在理论上,组织教师学习国家、上海市政策文件,并进行解读,提高教师对综合活动课程的认知和理解;在实践上,通过案例示范、教师实践经验分享、框架模板及文本撰写等多种方式对参与综合活动的教师进行课程培训,组织不同学科的教师针对同一综合活动主题进行交流和研讨,共同设计综合活动主题内容,提高教师综合活动课程的设计能力。

（二）优势互补,成立综合活动教师团队

1. 多学科融合的教师团队

基于前期的调查问卷,学校排摸了教师的特长与兴趣点,并给出组队建议,让团队中的教师优势互补。例如,在一次"我与自然"板块的主题为"下雨天,我最害怕打雷了"的综合活动中,由一名自然教师主要负责指导学生开展主题式活动,同时组建不同学科背景的教师团队,促进教师之间的优势互补,共同协作。各学科教师各自发挥专业优势,以更好地设计和实施主题式综合活动课程。自然老师通过设计静电小实验、体验电池放电过程和猜想雷电威力等方式,让学生认识雷电;美术老师引导学生通过想象描绘出闪电的颜色形态并表达交流对闪电的感受;音乐老师启发学生用乐器和生活中的物品模拟雷声效果;体育老师则利用游戏方式引导学生了解和学习雷雨天的正确"打开"方式;最后美术老师再以画面布局的思考引出惊蛰节气"春雷响,万物生"的特点,让学生进一步减少对雷电的恐惧。

学校教师们携手整合已有课程内容,设计情境化、故事化的实践活动任务,吸引学生积极主动参与,同时通过项目解构为每个活动的子任务提供实施阶梯,助力学生在综合活动中个性化地成长。

2. 专兼职结合的校内外专业教师团队

主题式综合活动课程是一门综合性很强的课程,一些综合活动课程的主题非常具有挑战性,当校内教师无法胜任综合活动课程中某一部分的活动设计和实施时,需要借助校外的师资力量。因此,学校聘请了校外的师资力量,如有关领域的专家学者、学生家长、课后服务教练等,作为学校主题式综合活动课程的兼职教师,组成校内外、专兼职结合的教师团队,逐渐壮大主题式综合活动课程的教师团队,为学生提供全方位的帮助。

例如,学校聘请上海市工业美术协会会员、"一云书画"创始人唐逸赟老师为学校设计低年级主题式综合活动课程——"节气"。唐老师与本校的教师组成主题式综合活动课程教师团队,共同参与低年级主题式综合活动课程教学研讨,并依据"我与自然"板块的目标,确定了"节气"课程的目标与主要内容,从而确保了课程的丰富性和适切性。

(三)协同合作,形成教师团队合作共研文化

主题式综合活动课程的设计和实施需要团队中各位教师协同合作,因此,形成教师团队合作共研文化尤为重要。

1. 合作共研的教师文化特征

一是自发性。教师根据设计和实施主题式综合活动的需求自发地形成团队。团队自主确定合作的任务与目标,并且自发地维护群体的秩序。

二是共享性。教师之间没有主次之分,关系平等。团队成员共享信息,在完成任务的过程中形成良好的合作关系。

三是灵活性。综合活动课程的实施不受时间与空间的限制,因此,教师可根据工作任务灵活选择研修的时间与空间,使研修随时随地发生。

四是生成性。主题式综合活动的开展过程中,会有许多难以预料的情况发生,教师要在合作研讨中进行思维碰撞,因此,生成性也是主题式综合活动的特点之一。

2. 形成机制,激发教师自我革新内驱力

一是借助信息技术搭建合作平台。负责主题式综合活动课程的教师往往还承担着其他任务,因此,可以利用信息技术形成非正式学习场域,搭建适合主题式综合活动课程的教研平台。学校借助网络平台,组建微信群,搭建云平台等,方便教师及时地进行交流和学习,促进教师更好地合作,以保障主题式综合活动课程顺利实施,提升学生的素养。教师通过微信工作群内分享的文字资料和影像资料,进行延迟观课。

二是思维碰撞,"深度会谈"促交流。"深度会谈"作为学校课题,在教师

中已有一定的认知与接受度。"深度会谈"要求一个团队的所有成员说出心中的假设,一起思考,自由交流,以形成更深入的见解。学校将"深度会谈"的研讨模式运用到综合活动课程团队教师的研修中,营造平等、公开的氛围,让教师各抒己见,通过充分的悬挂假设,柔性碰撞思维,优化主题式综合活动的设计与实施。

三是知识建构,遵循"721"法则。信息时代,知识的迭代非常快,要保证主题式综合活动课程内容的活力,教师就要有持续的学习力、一流的实践力、坚定的变革力、持久的研究力,不断自我革新,主动建构知识,提升课程品质。为了增强教师终身学习的意识,学校以"721"法则为导向建立研修机制,即"70%的实践""20%的交流""10%的学习",引导教师在做中学,通过主题式综合活动的设计、实施、交流与反思,提升课程领导力与执行力,逐渐提高自我价值认同。

后记

　　幼小衔接的课程行动基于儿童立场,顺应儿童学习与发展规律,从国家课程教学衔接和专门的衔接课程建设等角度,架构了儿童从幼儿园到小学平稳过渡的"童心桥",助力儿童"软着陆"。"童心桥"实际上也是一座"同心桥",是多年来一批批教育人同心实践和合力探索的智慧结晶。思考与经验蕴含在完整的实践探索过程中,我们有幸参与其间。自 2007 年起,上海在小学阶段推行学习准备期,成果颇丰,本书从课程教学视角总结了幼小衔接的探索经验,是对包含先行者在内的实践探索智慧的提炼与呈现。向所有参与其中的领导、专家、校长、教师和教研员表示感谢。

　　衷心感谢上海市教委尹后庆、贾炜、杨振峰等分管领导对幼小衔接工作的持续重视、顶层设计与大力推进。感谢上海市教委教研室王厥轩主任、徐淀芳主任和上海市教师教育学院(上海市教委教研室)王洋院长、纪明泽副院长等领导的专业引领。感谢席恒、赵伟新、徐则民、贺蓉、薛峰、章敏、祁承辉、徐敏、王立新、费宗翔、沈慧丽等同仁的探索研究与专业支持。只有始终围绕促进学生健康快乐成长这一核心,始终坚持学科课程和活动课程"两条腿"走路,促进幼小衔接的课程行动才能逐步深入。

　　热忱感谢各区教育局和教育学院,尤其是小学教研室和幼教教研室的各位教研员对幼小科学衔接的实践推进。各区幼小教研负责人常有变动,但不变的是大家对幼小衔接工作始终如一的重视。正是因为有区域的中介、培育、催化,理想的种子才能在广阔的校园开出现实的花朵。感谢学校和教师立足实际积极探索,贡献了丰富而生动的实践案例。由于参与研究和实践探索的教研员、校长、教师面广量多,这里不再一一感谢。

特别感谢华东师范大学胡惠闵、崔允漷、李召存、华爱华等专家在幼小衔接研究与经验提炼过程中的专业指导。正是因为有一批专家的方向引领,我们的幼小衔接课程行动才能始终走在正确的课改之路上。

特别感谢"上海教育丛书"编委会的信任,感谢吴国平教授在编写过程中提供的专业指导,感谢上海教育出版社刘芳副社长、公雯雯主任、杜金丹编辑对书稿出版的全力支持。

本书的出版不是为幼小衔接课程行动画上句号,而是以此为基础,在义务教育课程教学改革中进一步丰富实践案例,丰厚实践经验。期待教育同行能够协同探索,共同为儿童的健康快乐成长而努力。本书粗疏之处不少,期待读者不吝赐教。

图书在版编目（CIP）数据

促进幼小衔接的小学课程行动 / 陈群波，谭轶斌
著. 上海：上海教育出版社，2024.12. —（上海教育丛
书）. — ISBN 978-7-5720-3230-1

Ⅰ. G622.3

中国国家版本馆CIP数据核字第2024EG2082号

责任编辑　杜金丹

封面设计　王　捷

上海教育丛书

促进幼小衔接的小学课程行动

陈群波　谭轶斌　著

出版发行　**上海教育出版社有限公司**

官　　网　www.seph.com.cn

地　　址　上海市闵行区号景路159弄C座

邮　　编　201101

印　　刷　上海展强印刷有限公司

开　　本　700×1000　1/16　印张 16.75　插页 3

字　　数　266 千字

版　　次　2024年12月第1版

印　　次　2024年12月第1次印刷

书　　号　ISBN 978-7-5720-3230-1/G·2870

定　　价　46.00 元

如发现质量问题，读者可向本社调换　电话：021-64373213